学人

宁夏师范学院学人文库·第五辑

固原历史文化研究（第四辑）

刘衍青·主编

安正发　于永森　王兴文·副主编

黄河出版传媒集团
阳光出版社

图书在版编目（CIP）数据

固原历史文化研究. 第四辑 / 刘衍青主编. — 银川: 阳光出版社, 2016.12
（宁夏师范学院学人文库. 第五辑）
ISBN 978-7-5525-3412-2

Ⅰ. ①固… Ⅱ. ①刘… Ⅲ. ①文化史—固原—文集 Ⅳ. ①K294.33-53

中国版本图书馆CIP数据核字(2016)第315327号

刘衍青 主 编
固原历史文化研究（第四辑） 安正发 于永森 王兴文 副主编

责任编辑 李少敏
封面设计 晨 皓
责任印制 岳建宁

黄河出版传媒集团
阳 光 出 版 社 出版发行

出 版 人 王杨宝
地 址 宁夏银川市北京东路139号出版大厦（750001）
网 址 http://www.yrpubm.com
网上书店 http://www.hh-book.com
电子信箱 yangguang@yrpubm.com
邮购电话 0951-5014244
经 销 全国新华书店
印刷装订 宁夏凤鸣彩印广告有限公司
印刷委托书号 （宁）0004037

开 本 889mm×1194mm 1/16
印 张 18.25
字 数 240千字
版 次 2016年12月第1版
印 次 2016年12月第1次印刷
书 号 ISBN 978-7-5525-3412-2
定 价 38.00元

前　言

时间如涓涓细流，悄无声息地从我们身边流过。蓦然回首，宁夏师范学院“学人文库”已经成功出版、发行了四辑，第五辑正向读者翩翩走来。本辑有六部作品，分别为常志勇著《秦王朝与加洛林王朝政权结构比较研究》；刘霞著《恐惧与反思——美国“后9•11”小说研究》；吕超峰著《油画风景之意境》；陈彦平著《中国写意画笔墨探索与研究》；宁夏师范学院教师教育研究中心编《教师教育研究（第二辑）》；刘衍青主编，安正发、于永森、王兴文副主编《固原历史文化研究（第四辑）》。

“学人文库”出版项目于2012年设立，五年来，得到了学校的大力支持，设专款予以资助。每一辑作品从组织申报、选题评审、编辑审稿到首发研讨，都倾注着作者、学校领导、科研处及相关部门的心血，而作者（编者）无疑是最辛苦、最重要的。在这里，要感谢每一位作者（编者）对“学人文库”的支持与信任，是他们的勤奋耕耘，为“学人文库”奠定了良好的学术基础，产生了不俗的社会影响。

“学人文库”为宁师人架起了一座桥梁，通过它，教师的学术著作和文学艺术作品走出书斋，走向社会；“学人文库”也为宁师开启了一扇学术交流的窗口，通过这个窗口，宁师“升本”以来的科研成果得以集中展示。如今，“学人文库”已经成为宁夏师范学院最重要的学术品牌之一。

五年固然短暂，然而“学人文库”在不间断的努力中，从青涩走向成熟。它如同莘莘学子，在稚嫩中起步，在求真务实的追求中走过青葱岁月，接受社会的检阅。《礼记·学记》有云：知不足，然后能自反也；知困，然后能自强也。毋庸讳言，“学人文库”的学术品质还有较大的提升空间。宁师人从来不敢懈怠，他们将继续发扬“不到长城非好汉”的精神，安心从教、悉心钻研、稳步提升，与这所年轻的学校一起走好新的“长征”路。相信在下一个五年，“学人文库”会吸引更多学人的垂青，会得到学术界更多的关注。我们翘首以待。

学人文库编委会

2016 年 11 月 1 日

目录

村落文化研究

固原历史文化研究

回族研究

皇甫谧研究

地方语言民俗研究

村落文化研究

宁夏历史文化名镇名村的保护与发展路径

郭勤华①

摘　要：由村镇构成的庞大自然社会形态，成为传统中国社会结构的主体和劳动人民展现生存与发展智慧、安身立命并创造色彩斑斓文化的空间，是展示和演绎各地村镇文化遗产最集中，最显唯一性、真实性、完整性的场所。这些历史文化村镇承载着丰富生动的传统文化和历史记忆，传承着中华文明血脉，在各地经济、社会、文化发展进程中发挥着重要作用。改革开放以来，伴随着全国城镇化建设的日新月异，宁夏基层政区变动频繁，一些历史文化名镇名村甚至千年古镇所承载的重要历史文化信息不断消亡，乡土文化和民俗文化不断流失。在探索和谐宁夏、美丽宁夏的建设过程中，留住乡音、乡思、乡风，保留乡土文化记忆，继承传统文化精华，挖掘历史智慧，让老百姓望得见山、看得见水、记得住乡愁，成为推进宁夏特色新型城镇化建设的重要内容。

关键词：宁夏历史文化名镇名村　保护　发展　路径

中华文明璀璨夺目，绵延不断。以农耕文明为主体的中国传统社会，人们绝大多数劳动生息在乡村，久而久之，这种以地缘性、血缘性为纽带的聚居地形成，这便是村落。乡里交流、城乡交汇逐渐演进为集镇。由村镇构成的庞大自然社会形态，成为传统中国社会结构的

①郭勤华（1967—　），宁夏海原人，宁夏社科院地方志办公室副编审，研究方向为地方历史文化。

主体和劳动人民展现生存与发展智慧并创造色彩斑斓文化的空间，是展示与演绎各地村镇文化遗产最集中，最显唯一性、真实性、完整性的场所。这些历史文化村镇承载着丰富生动的传统文化和历史记忆，传承着中华文明血脉，在各地经济、社会、文化发展进程中发挥着重要作用。改革开放以来，特别是当前进入全面建设小康社会的关键时期，伴随着全国城镇化建设的日新月异，宁夏基层政区变动频繁，一些历史文化名镇名村甚至千年古镇所承载的重要历史文化信息不断消亡，乡土文化和民俗文化不断流失。在探索和谐宁夏、美丽宁夏的建设过程中，留住乡音、乡思、乡风，保留乡土文化记忆，继承传统文化精华，挖掘历史智慧，让老百姓望得见山、看得见水、记得住乡愁，成为推进宁夏特色新型城镇化建设的重要内容。

近年来对历史文化名镇名村文化遗产的保护、传承与合理运用成为全社会特别关注的焦点。

一、背景及现状

宁夏历史文化名镇名村，是由住房和城乡建设部与国家文物局自2003年起共同组织评选的，指保存文物特别丰富且具有重大历史价值和纪念意义，能较完整地反映一些历史时期宁夏境内传统风貌和地方民族特色的镇和村。《中华人民共和国文物保护法》第十四条规定："保存文物特别丰富并且具有重大历史价值或者革命纪念意义的城镇、街道、村庄，由省、自治区、直辖市人民政府核定公布为历史文化街区、村镇，并报国务院备案。"因而就有了区别于自然村镇属性的"历史文化村镇"概念，并以法律条文的形式确定了其在我国文化遗产保护体系中的地位。2003年，住房和城乡建设部与国家文物局公布了中国历史文化名村、名镇评选办法，标志着"历史文化名村""历史文化名镇"两个概念及其内涵的确定。2008年，国务院第524号令公布《历史文化名城名镇名村保护条例》，规定"历史文化名城、名镇、名村的申报、批准、规划、保护适用本条例"，显示了保护监督管理工作日趋规范化。2012 年 4 月，住房和城乡建设部、文化部、财政部联合发出的《关于加强传统村落保护发展工作的指导意见》，2014 年 4 月，住房和城乡建设部、文化部、国家文物局、财政部联合发出的《关于切实加强中国传统村落保护的指导意见》及随附的《地级市传统村落保护整体实施方案编制要求》，将保护的对象扩展到“传统村落”，强调了对“传统村落”保护的具体要求和必须采取的措施。

宁夏历史悠久，农村传统文化资源十分丰富，但历史文化名镇名村保护工作起步较晚，在住房和城乡建设部与国家文物局于 2003 年、2005 年、2007 年、2008 年、2010 年、2014 年联合公布的前后六批共 528 个中国历史文化名镇名村中，宁夏仅在第四批中国历史文化名村中有一个村入选，这就是中卫市香山乡南长滩村。2012 年 12 月，在住房和城乡建设部、文化部、财政部三部委联合公布的第一批 28 个省共 646 个中国传统村落名录中，宁夏有固原市隆德县城关镇红崖村一组、固原市隆德县奠安乡梁堡村一组、中卫市沙坡头区迎水桥镇北长滩村、中卫市沙坡头区香山乡南长滩村 4 个传统村落入选，占核定总数的比例仍很小。住房和城乡建设部与国家旅游局根据《关于开展全国特色景观旅游名镇（村）示范工作的通知》（建村［2009］3 号）等文件的相关要求，先后于 2010 年、2011 年、2015 年三次公布全国特色景观旅游名镇名村示范名单，其中，宁夏有银川市兴庆区掌政镇、银川市西夏区镇北堡镇、吴忠市青铜峡市青铜峡镇、吴忠市青铜峡市峡口镇、固原市泾源县泾河源镇、固原市泾源县六盘山镇、中卫市沙坡头区迎水桥镇、吴忠市利通区东塔寺乡穆民新村、固原市隆德县城关镇杨店村、中卫市沙坡头区迎水桥镇北长滩村、中卫市沙坡头区香山乡南长滩村 11 个镇（村）入选，在总数上有了突破。

据冯骥才先生披露的资料，“自 2000 年至 2010 年，我国自然村落由 363 万个锐减到 271 万个”，平均每年减少 9 万个，“其中不乏历史创造、文化景观、农耕时代见证的乡土建筑”。住房和城乡建设部村镇建设司曾经统计过，如今全国“有较高保护价值的村落已不足5000个”。预计 2030 年，中国城镇化率将从 2012 年的 52.5%增加到 65%左右，这意味着还会有3亿农村人口进入城镇工作生活，自然村落锐减的压力诚然不容乐观，颇有价值的历史文化村镇正日益疏于保护而濒临损毁，宁夏也不例外，尤其是“十二五”生态移民迁出区的村落保护及生态恢复更为突出。本文对宁夏历史文化名镇名村进行了客观梳理，以期使人们对宁夏历史文化名镇名村的历史文化与建筑景观有一个清晰的认识和了解，同时也为今后保护和合理利用历史文化名镇名村的物质文化遗产和非物质文化遗产、构建和谐社会主义新农村、建设美丽宁夏提供科学的依据与参考。

二、历史文化名镇名村的特点

宁夏历史文化名镇名村类型多样，其形成大体可归纳为四类：一是以农耕生活为主体，由人口的自然集聚而形成的传统聚落村镇，如宁夏境内的传统村庄、集镇等。二是特定历史时期的交通节点，辐射周边范围增大，形成的区域性交通枢纽、贸易城市或集镇，如固原市的三营镇、单家集，吴忠市青铜峡市的峡口镇等。三是基于历代王朝政治和军事目的，不断完善相关功能或为自卫而增强了典型性防御设施的据点、堡寨、卫所等形成的聚居性村镇，如宁夏境内的明长城、固原古城、石嘴山市大武口区韭菜沟的军事防御体系等。四是在历史上因某个事件或某位人物，其内涵及各个方面特征获得提升，成为带有纪念意义的村镇，如银川市西夏区镇北堡镇、固原市泾源县泾河源镇、固原市泾源县六盘山镇等。

将宁夏的历史文化名镇名村按其核心内涵进行区分，可归纳为传统聚落类（山地型、平原型）、区域中心类（城镇型、集市型）、军事城堡类（卫所型、堡寨型）、纪念类（事件型、人物型）等。不同类型的历史文化名镇名村的遗存类型和数量有较大差别，表现在：

第一，传统聚落类历史文化名镇名村，除了宅第民居外，其他类型建筑数量较少。特别是单姓聚落，除了本村的清真寺和土地庙外，很少有其他公共建筑。这主要是由于这类传统聚落本身规模较小，历史上人口数量并不多，经济模式和历史职能相对单一。

第二，区域中心类历史文化名镇名村，除了宅第民居外，店铺作坊等商业建筑、坛庙祠堂等公共建筑较多，时空布局多样化，聚落容纳性较强，承担着区域政治中心、经济中心和文化中心等众多职能，人口数量相对多且集中，是众多家族、经济利益团体发展的舞台，经济文化发展相对较快。

第三，军事城堡类历史文化名镇名村，防御性突出，至今普遍都残留一段城墙或者仅存城墙遗址，遗存类型比较多样，有城堡、贸易场所、公共通道、哨卡关隘等。至今城内街巷清晰，建筑密集，功能分区相对明显。

第四，纪念类历史文化名镇名村，纪念性往往居于中心位置，且表现出一定的排他性，村落的遗存类型相对单一，有纪念碑、遗址和多年沉淀下来的文化氛围等。

三、历史文化名镇名村存在的问题

宁夏历史文化名镇名村的保护、传承和发展，到目前为止还尚未形成一套科学合理而又完整有效的方法。保护、传承与利用之所以陷入困境，往往是由于这些村镇的保护与发展手段贫乏，基本都是依靠单一的投入或微薄的旅游收益得以维系，而旅游带来的负面影响却不可小视，主要表现在以下几个方面。

一是由于旅游配套设施如餐馆、商铺等的接踵而至，以及部分景观的随意复原建造，历史文化名镇名村最为重要的真实性正逐步丧失。如中卫市香山乡南长滩村，自 2008 年被命名为中国历史文化名村之后，政府重视，民间也很积极，结果商人蜂拥而至，大兴建筑，现在的南长滩村除了桃树外基本是一个很现代的旅游休闲场所，村落的印记并不多见，相传的拓跋姓氏人家的房舍基本被现代的建筑湮没。二是由于村落建设普遍存在急功近利的短视行为，历史进程中幸存的颇具特色的传统风貌景观屡遭破坏，历史文化名镇名村最为重要的完整性受到严重蚕食，如石嘴山市20世纪三线建设时期的西北轴承厂旧址，政府于2015年10月为了平田整地把山里的厂房及山外的职工生活区全部铲平，在文物局等相关单位的干涉下，在工厂区仅存两个宣传壁和还在利用的一座桥——先锋桥，厂区内的树木突兀地守望着逝去的岁月，原来的生活区仅剩路边废弃的学校、招待所和旧商店。三是由城乡二元化结构带来的发展问题依然存在，大量从历史文化名镇名村中获益的资金被投资主体截取他用，居住在历史文化名镇名村的高素质人群陆续向城市转移，历史文化名镇名村可持续发展的助推力日益匮乏。如中卫市北长滩村，自从20世纪70年代恢复高考以后，一些有知识有文化的人逐渐脱离了土地，离开了家乡。如今青壮年劳动力也基本外出务工，村里只剩下年老体弱者守着故土，村落内庄院破败，各种文化元素日趋消失。

历史文化名镇名村作为客观的社会存在，其保存现状是自然力与社会力相互作用的结果。总体而言，自然力是破坏因子，其结果必然是村落形态不断弱化；社会力包括维护和破坏两种因子，是不确定的波动因素。就历史文化名镇名村传统风貌破坏的一面而言，交通闭塞、经济落后地区的自然力和社会力相对均衡，而交通便捷、经济发达地区主要以社会力为主。从历史文化名镇名村的保护、传承角度考察，宁夏历史文化名镇名村实施有效保护的过程中存在很多问题，大致可归纳为以下几个方面。

第一，历史文化名镇名村中的古建筑数量众多、类型多样，如何对它们实施持续的维护，始终是保护的第一要务。经年累月的修缮与维护，无疑需要相对稳定的资金与技术支持。此外，针对古建筑的保护与利用，一些长期争执不休的原则性问题尚未得到明确的界定，其中，不仅有文物部门与规划部门在保护范围与建设控制地带划定上的不同意见，也有文物界与建筑界的“保护”与“利用”之争，以及文物维修“不改变文物原状”“整旧如旧”“可识别性”等原则之争，甚至维修材料、技术工艺与手法、材料配比等各式分歧也不少，再加上政府各种政策具体实施中建设和保护本身有不可避免的冲突。凡此种种，都是目前尚未形成明确评判标准并困扰着历史文化名镇名村各项保护手段的采纳以及保护过程顺利进行的因素。

第二，历史文化名镇名村中存在的各种改建、添建、拆建行为，归根到底还是因为传统住宅条件不能满足农民日益增长的居住需求。农民的居住需求，最初源于家庭人口增长、组建新家庭的压力，人均居住空间过于狭小，生活设施不足，但更高层次的需求是基于经济条件的改善，以及农民对现代家居环境的追求。从换位思考的角度考虑，农民的居住需求是时代变迁的必然结果，是不能被抑制的，应该有相应的解决方法，如可以依据建筑物采取改善传统住宅的居住条件或者寻求新的宅基地等方法，否则，肆意无序的扩建、改建、添建现象只会越发严重，不断蔓延，直接威胁历史文化名镇名村的生存。因此，一方面需要历史文化名镇名村的保护、传承者们转变观念，在不影响传统住宅真实性、完整性的基础上，积极探索局部功能更新的途径与办法，以满足新时代农民的基本居住需求；另一方面需要相应的实事求是的土地政策，为农民提供新的宅基地，或是通过产权置换的形式为农民提供免费的新宅基地，将历史文化名镇名村中具有保护价值的传统旧宅产权合理作价，收归或捐献给政府或集体所有，用于相应的其他社会需求。

第三，历史文化名镇名村需要发展，而发展的目标必然是产生利益。新利益的生成前提，往往是因为引进了新的运营模式，或是有了新投资主体的强势介入，如水洞沟、六盘山、火石寨等风景区的对外包租。于是就产生了新的有关利益分配的问题，这一矛盾在已经有了收益的历史文化名镇名村之中屡见不鲜，从而也极大地影响到历史文化名镇名村的前景预期。按照谁投资、谁受益的原则，投资主体或经营主体自然占到收益的主要部分，而获得开发的属于村民集体或个人所有的资源主体往往收入甚微，由此就产生了投资主体、经营主体与资源主体之间的收益分成矛盾。在现行的经济体制下，既得利益集团在各种改革之中参与分配，都占有制度上的诸多收益，而“权力贫困”者们却往往只能承受这一利益分配的既成事实，历史文化名镇名村的治理危机也就由此不断地滋生蔓延。即使在政府主导下可以让资源主体获得较大比例的收益，然而在历史文化名镇名村中价值较高的部分往往都是体量庞大、装修精美或年代久远的祖屋、书院、祠堂、宫庙之类，这些建筑的产权，有的很难界定，有的则产权人数众多，如何在资源主体之间进行合理的收益分配，仍然是一个难题。

第四，历史文化名镇名村的城镇化，是人口由农村向城镇转移聚集的过程，同时又表现为地域景观的变化、产业结构的转变、就业生活环境的变革，是人口、地域、社会经济组织形式和生产生活方式由传统乡村型社会向现代城镇社会转化的过程，是一个国家或地区经济社会发展进步的主要反映和重要标志。历史文化名镇名村既是一种生活形态，也是一种文化现象，它总是处在不断消长与传承中，如果仅仅局限于保护某些特定年代的建筑与历史环境，往往会导致主观上的偏见，从而失去历史文化名镇名村固有的完整的传统形态。因此，对作为传统村落文化载体的历史建筑、遗迹和古树名木等，切不能因为害怕农民生活方式的变更造成文物古迹的破坏，这种情况下，实施博物馆式的静态保护是非常必要的，宁夏境内左公柳的保护就说明了这个道理。对历史文化名镇名村而言，最需要提倡的，应该是农村传统生活方式在现代保护理念上的合理延续，而绝对不应该只是城市生活方式在这里的简单重复。

第五，历史文化名镇名村开展的新农村建设，是一项旨在缩小城乡两极分化并与农村人口分享国家发展资源的系统性工程，主要是通过政府在政策和经济上的扶持，改善传统村落面貌，提高农村居民的生活水平。但具体到分布地域广泛、形态各异、内涵丰富的历史文化名镇名村时，却往往遭遇无所适从的局面。最大的困惑就是历史文化名镇名村保护过程中无所不在的新旧之争。历史风貌需要的是全面保护，还是建设新的扬弃旧的，是破旧立新，还是抑新护旧，在传统历史文化面前，历史文化名镇名村建设如果仅仅局限于传统村落面貌的整治，显然无法破解传统村落历史文化保护与传承的困局。同时，宁夏在“十二五”期间的生态移民村建设，对整体搬迁出的生态移民村，表面上达到了搬得出、稳得住的目的，却造成了原有传统村落文化根基的断裂。因此，寻求在历史文化保护前提下开展历史文化名镇名村的新农村建设新思路，在现阶段尤为重要，也更加迫切。

第六，历史文化名镇名村的“空壳化”现象日趋严重。我国正处于经济高速发展阶段，以工业化和城镇化为主要手段的经济发展模式使城镇成为主要受益者，城镇与农村在社会、经济等方面的两极分化现象日益明显。面对城镇在就业机会和收入方面的巨大吸引力，大量农村人口向城镇集聚，直接导致农村人口特别是青壮年人口的减少，随之出现的传统村落物质的、精神的“空壳化”日益成为非常严重的社会问题。历史文化名镇名村与一般传统村落相比，由于受到历史文化保护和需求的各种限制，发展相对缓慢，在我国城市经济和城镇化水平不断提高的背景下，客观上存在着与城镇争夺人口、避免消亡的深层问题。

四、历史文化名镇名村保护传承与发展

对历史文化名镇名村的保护性开发，应建立在对传统村落历史资源进行全面、深入的考古调查，并形成准确综合评价的基础上。每一处的历史文化名镇名村都需要在客观、全面登录的基础上予以区分、归纳，从中提炼出有利于传统村落原生态历史与人文保护的发展路径。这一发展模式，可以适度开发观光旅游，依照原生态原居民的生活体验，在对传统村落形态完整性保护的同时，进行功能更新及生态修复，这是多年来对历史文化名镇名村保护、传承与发展的基本方向。为此，应该采取相应的措施。

第一，编修历史文化名镇名村志书，留下名镇名村的文化记忆。针对一些名镇名村所承载的重要历史文化信息不断消亡、乡土文化和民俗文化不断流失的现状，近年来，全国地方志系统掀起了编修乡镇志书的热潮，积累了宝贵的经验。宁夏应该适时启动宁夏历史文化名镇名村志文化工程，全面、翔实地记录城镇化发展历程，既能适应我

国新型城镇化建设的需要，展示改革开放的成果，又能传承名镇名村的文脉，重塑特色，抢救和保护传统文化、乡土文化、民俗文化，满足乡镇居民的文化需求。这对于展示村镇个体发展脉络、摸索村镇发展经验、提炼发展思路、梳理发展模式和发展道路非常必要。记录历史是文化传承的重要组成部分，对于启发并引导人们培育爱乡、爱国情怀具有重要的意义。

第二，采取适度灵活的政策措施，科学合理地制定村镇建设规划。编制历史文化名镇名村土地利用规划和建设规划，科学合理地安排历史文化名镇名村的建设用地和宅基地，根据区域资源条件修订历史文化名镇名村的宅基地使用标准。在编制历史文化名镇名村的土地利用规划和乡村建设规划时，充分考虑保护具有深厚历史文化沉淀的古街古巷、古树名木、古建遗迹以及传统村落内外环境风貌，不能将历史文化名镇名村内的宅基地“复垦为耕地”，需要在历史文化名镇名村整治过程中合理规划，另辟新区或将新旧建筑相互融入整体规划中，以最大限度地传承历史文化名镇名村原有的历史价值。在进行城镇化建设的过程中，改变“先基建、后招商”和依靠贱卖村落土地置换基础设施的路子，要在切实保护传统村落各项历史资源的基础上，推行在增值中推进整合的发展思路。

第三，坚持适度开发的建设原则，使传统村镇传承符合其历史规律。历史文化名镇名村的最大特点，就在于自身具有的历史风貌格局、传统建筑与生活气息，如果说一般的农村也许可以用几张图纸、几个式样、几种格调来进行大体一致的村庄建设的话，那么每个历史文化名镇名村都是能充分体现各自风范的不同建筑群体，以大拆大建、白纸画图、撤村并村的“大手笔”进行开发是不符合历史文化传承规律的。

历史文化名镇名村的底蕴越深，幸存的物质、非物质文化遗产就越多，保护、传承的方法可以多种多样，但是开发利用的手段却需要严格控制、谨慎实施。目前，宁夏财力本来就很有限，农村居民收入水平也不高，尽管中央已经和正在采取一系列措施逐步增加财政向

"三农"的投入，但短期内不可能有大量增加，历史文化名镇名村的发展主要还得立足于自身已有的基础，积极谋求解决村镇发展中急需解决的紧迫问题，逐步改造并提升宜居指数，加大对水（饮用水和灌溉用水）、电网（电、路、通信网）、气（液化气）等带有政策形势的基础设施的建设性投入，在有效保护历史文化名镇名村的基础上，引导并推行符合传统村镇传承、发展规律的适度开发。

第四，进行专项特色维护，突出名镇名村的文化特色。历史文化名镇名村是最具民族和地方特色的传统村镇，在改善农村人居环境的同时，必须保留原有村落格局、原有历史风貌、原有文化传承。对传统村落发展要素的科学提炼，是历史文化名镇名村保护发展的生命线。为此，相关的生产生活或纪念要素就可以在一个历史现象或几个阶段性发展现象的基础上得到凝聚与概括。每个历史文化名镇名村只有具备了真实的、完整的发生、发展的过往，它的鼎盛或遗留才会有血有肉，令人追思、流连忘返。

第五，培育传统产业，复兴名镇名村的经济文化。宁夏历史文化名镇名村在现代社会环境下，发展前景是相当严峻的，除了已经较好地开展了传统特色旅游的历史文化名镇名村取得一定成效外，大部分历史文化名镇名村还处在日渐衰败、无力维护的处境。究其原因，往往是曾经成就这些历史文化名镇名村发展繁荣的社会历史因素已经变化，有的甚至还转变为阻滞其发展的因素。诸如，曾经的军事重镇因险峻而无人涉足、交通要衢因路网改变而商旅绝迹、桃花源式的田园村落因环境闭塞而乏人问津等。应对这些历史文化名镇名村及其传统产业进行合理培育，提升相关的文化内涵与就业机会，引导合乎规律的历史文化名镇名村经济文化复兴，以期达到处于现实之中的发展前景。

对历史文化名镇名村而言，只有实施符合其自身发展的指导方针，依托传统产业资源发掘新的发展机会，才有可能达到现代与历史的相互融合、相互依存。对饱含历史记忆的历史文化名镇名村进行保护，才有可能使传统产业焕发生机，使这些凝聚着千百年发展优秀基因的文化家园得到保护开发，造就更多人与自然和谐共处的原生态传统空间。

为了有效保护宁夏的历史文化名镇名村，传承其淳朴民风、民俗和节庆活动、文化艺术等历史传统，应确立每个历史文化名镇名村所根植的文化、风格、个性与形象基调，支持城镇化进程中对传统村落的可持续保护与合理利用，实现现代的人与传统的村落在生态、人文、适应中和谐发展，成为发展地方经济文化的新的增长点。宁夏社会科学院积极倡导，依托历史研究所进行宁夏村落文化研究，组织专业人员、学科组成员，组成宁夏村落文化研究课题组，通过对宁夏境内全部村落近一年的全面考察，基本形成《宁夏村落文化概览》，主要包括宁夏传统村落的社会经济和历史人文内涵，具体包括传统村落的生态环境与地理位置、聚落成长与行政建制、市场网络与生计模式、人口发展与家庭婚姻、宗族发展与社会阶层、宗教信仰与仪式活动、年节行事与日常礼俗、民间故事与社区记忆等内容。同时，也包括传统村落的物质文化与建筑形制特点，具体包括传统村落的空间构成与聚落格局、民居建筑和宗祠、寺庙道观等各种公共建筑，以及桥梁、塔幢、牌坊等单体和小品建筑的勘察分析。

一个村堡的历史记忆

——宁县盘克镇罗堠堡实地考察记

马　啸[1]

一、考察罗堠堡：起因与目的

罗堠堡位于宁县盘克塬，地处子午岭林区的边沿地带，是“老东山”地区一个很有特色的村堡。

史料表明，这里曾经是一个极不平凡的地方。

在近代风云变幻的严酷岁月里，这个小小的村堡一度支撑了庆阳的一段苦难历史，成为数千年地方历史演进的紧要时刻难得一见、不得不为一述的支点。

同治六年至同治七年（1867—1868 年）间，罗堠堡及其附近盘克塬上的其他一些堡寨，一度是陕西回民“董志塬十八营”久攻不破、孤立仅存的地方；在庆阳粮食短缺的当口，这一带孤存的村堡，还是驻庆清朝防军雷正绾部“寄居就食”、残削百姓的去处；在庆阳孑遗难民拿出最后气力逃命的时候，又是奔向陕境“生命之路”上一个咽喉和中转站。

作为地方史研究者，我很早就注意到这个地方，想了解它的周边

①马啸（1966—　），男，甘肃西河人，博士，陇东学院历史文化学院教授。

环境、村堡构造、防御体系、交通路线、民间记忆等。正是这种关注和兴趣，促使我去考察那里，一探究竟。

二、历史记录中的罗堠堡：《庆防记略》的揭示

应该说，《庆防记略》让历史记住了罗堠堡，成就了它的一段传奇。而要了解其中原委，就不得不说一说这本书及其作者的情况。

《庆防记略》是一部重要的地方专史著述。同治年间，西北地区发生了反抗清朝统治的陕甘回民起事，对这一件大事，著名历史学家白寿彝先生在20世纪50年代曾编辑出版了《回民起义》（四卷本），作为中国近代史资料丛刊之一出版，其中辑录了不少官私记述这次事变的文献，但这些资料对清朝陕甘总督和固原提督在陇东的军事行动（包括弛防祸民之事）、陕西回民军在甘肃东部的活动，尤其是对陕西回民“董志塬十八大营”等重要事件的记录，都存在缺漏或错误，《庆防纪略》对此具有较大的弥补与订正作用。而这样一部非常有价值的书籍，由于特殊原因，长期得不到公开出版，几致淹没于民间。这本书对与罗堠堡有关的史事记述甚详。

惠登甲，字胪三，号莲塘，庆阳府安化县（今甘肃庆城县）人，生于道光十七年（1837年）。七岁（1844年）入私塾，受教于邑优廪生王国珍。“读倍常儿，旁观多非笑之，盖以不能供修资也”。“尝以针刺书若干篇，必烂熟于胸而后已。”由于学习刻苦用功，很受老师器重，不仅免收学费，还提供给书籍。十八岁（1855年）时，父亲去世，母子相依，家景窘迫，他常常白天打柴、汲水，甚至到百里外背米以维持生计，晚上则挑灯苦读。二十一岁（1858年）考入县学（获得了秀才资格），第二年在合水县固城镇开设私塾，授徒自修，家境略有好转。同治初年，陕甘回民事变致地方局势大乱，其母也于此时去世。惠登甲“备受艰辛，几濒于危”，一度避难于宁州罗堠堡，开馆授业。堡破后逃亡陕西，入关中书院肄业。后中己巳（同治八年，1869年）补行乡试（因同治年间陕西乡试多次停考，此科为补考）举人，

光绪丙子（1876 年）考中进士，分发广东，共在广东任州县各职 20 余年。惠登甲在繁忙的公务之暇，勤于著述。早在同治五年（1866 年），便著有《精选义论》一卷。光绪九年（1883 年）至光绪十四年（1888 年）任饶平知县期间，续修《饶平县志》25 卷，为饶平历史上第二部县志。光绪二十三年（1897 年）著、二十四年（1898 年）刊印《庆防记略》两卷，此为其最重要的著述。

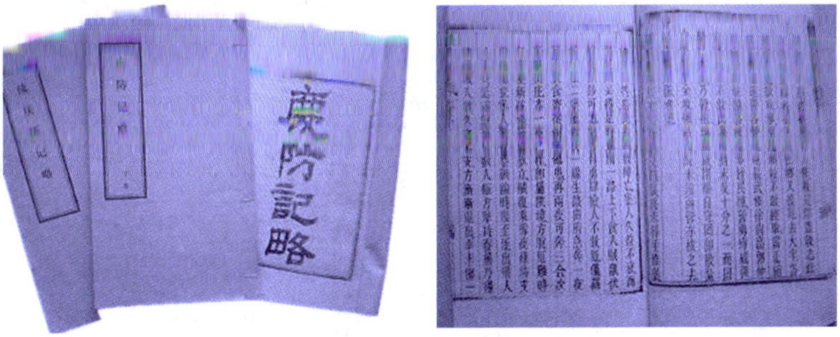

图 1　惠登甲《庆防记略》及对罗堠堡的记载

从上面的叙述可知，惠登甲曾在固城开馆教书，乱后又曾在罗堠堡避难，期间似乎也曾开办过私塾，正是这段特殊的经历，使其熟知这一带的情形，又身逢乱离，“几濒于危”，对发生在这一区域的变故了如指掌，也使他记住了这个地方。《庆防记略》以较多的笔墨记述了罗堠堡 10 公里范围内发生的事件。在这个范围内有合水固城、宁州盘克两镇，均为当地中心村堡，而罗堠堡恰是连接两地的咽喉要道。在考察的过程中，我们将惠登甲对罗堠堡周围相关记载与实地情况进行比照，以进一步探究原委，洞幽发微，形成较为丰满、感性的认识。

三、走向田野：考察队与探查路线

2015 年 8 月 28~29 日，我们组成了村堡遗址考察团。由庆阳范仲淹研究会会长刘文戈带队，参加成员有我，陇东学院中文系副教授齐社祥、历史系青年教师侯普慧。刘会长是市内知名的地方文史专家，在诸多领域有自己的建树。我由于参加《庆阳通史》的撰写，对地方史也有很多的了解，对各种问题的探查抱有浓厚的兴趣。齐社祥副教授是一个对地方文史很有造诣的学者，虽然他偏重于对文学的研究，但熟知地方历史与掌故。侯普慧硕士毕业，是一位青年才俊。考察由刘会长组织实施。

29日早上八点以后考察队出发。

又是一个晴朗的天气。2015年多雨，能够遇到两个连续的晴天，真是天公作美。初秋的合水川塬，到处郁郁葱葱，田野秋禾丰茂，生机盎然，尤其是玉米，个头长得出奇高，棒子结得非常大。秋田丰收，已成定势。

由于昨天没有实现对木瓜、平戎二寨的探险，今天对古堡的考察成了一大兴奋点。以前考察队员都没有到过固城川、宁县盘克塬，所有的了解都来自于地方资料与方志，所以一路上都试图印证以前的点滴知识与落实时空概念，气氛非常活跃。因为需要拍摄典型的古堡建筑遗迹，合水县陪同的领导先带我们去店子塬看了北掌堡。北掌堡保存较为完好。民国二十年（1931年）时，陈珪璋部高广仁旅千余人自宁县早胜至合水，经北掌堡时，居民恃险抗御，用铁锨打死高部一名营长。高部被激怒，于当天下午攻破土堡，制造了残杀堡内居民70余人的惨案。堡中现已成废墟，但布局尚可寻迹，房屋、废窑鳞次栉比，巷陌幽深，即使是荒烟迷踪、蔓草掩地，仍难遮蔽当年的繁茂景象。看着眼前的一切，不禁感慨系之。

图2　考察店子塬北掌堡

在接下来的考察中，同治年间府城粮道、固城川形势、盘克地形，尤其是罗堠堡构造等情形，成为我们考察的主要兴趣点。

四、沿途见闻：在历史与现实中穿行

此行选择的路线非常好，先是到达店子塬。这正是我们需要看一看的地方。据《庆防记略》记述：同治六年（1867 年）春，驻庆城雷声远部怯战退缩，致庆城十里铺及对山牌楼洼成为回军粮道，自合水之太白坳、打火店子塬、固城川，宁州之九岘塬，正宁之三合塬（今山河）一线，“络绎往来，昼夜驰骤”，回军之“粮路大通，而庆属饷道永塞”，府城粮食渐尽。

太白坳在板桥附近。店子塬就是曾经的打火店子塬，是当时庆城通往陕西的必经之地，也是回民军和庆阳防军争夺的粮道。从前述可知，董志塬被回军盘踞之后，不论去陕西运粮还是负贩，都须从庆城十里铺过河到十里坪（又称对山牌楼洼，因其地有达官显贵的墓葬碑铭、牌坊而得名），再到合水板桥的太白坳，经打火店子塬、固城川，宁州之九岘塬，正宁之三合塬（今山河镇附近）而达陕境。所以，接下来所走的路，基本上循当年路途而走——从店子塬下到固城川，向东经丈八寺而至固城。

固城川为东西走向，直通子午岭主脉，不远处就是大山门林场。其川道宽度堪与宁夏彭阳一带之茹河川比肩，而晴翠满川，生态优良过之。所以我们都以为合水是庆阳的生态大县——植被覆盖最佳县。在固城，我们踏勘了一处古堡（见图 3），其他堡群

图 3　固城城堡遗址

没有多看，感觉过去所说这里是义渠戎古都的说法，推测的成分较大，很值得商榷。《庆防记略》对固城的记录较多，兹录如下。

同治四年（1865年）春，雷恒马队大肆杀掠合水固城居民，一度酿成屠村残民的大惨案。事起当年正月十五，回军夜破萧金镇之后，各处“闻风警备”，加紧举办团练武装，以防不测。而雷正绾所部义字三营与雷恒马队皆声称追击突袭萧镇之回骑，其实“兵贼杳不相及，不过尾之以图抄掠而已”。一日，雷恒马队“追贼”经合水固城川（不知为何不去县川追击，而到固城川游弋，显然别有所图），先派五骑进镇侦测，固城团练疑其为回军，即扣押了五骑。不一时，雷军大队毕至，“马嘶人喊，扬旗执戈，直似贼至”。镇人以为回军无疑，团练即至“要隘堵御”，而雷军马队再三扑逼，终不得进镇。北塬村民闻回军攻镇，聚集三四千人赴援，而雷军“亦秣马蓐食，终无去志”。雷恒马队于翌日惨杀窥探形势的村民数十人，伤数百名；而雷军将弁张某亦被村民击伤而亡。后马队攻入市镇，救去五骑，并大肆掠抢，“妇女断手割耳，掺取银镯银环等物”。次晨，拔营去合水，在北塬偶遇十数村民赴援团练，雷恒即令“杀一人赏银五两”，村民均遭不幸；雷军“复转入（固城）镇，逃出回家者悉为搜杀”。可怜固城百姓，不意遭此惨祸，竟无处申辩；雷恒至县城，竟威逼合水县令以“固城民反，已带兵屠之”为辞，向上呈报。县令不从，派兵将其劫持，但仍“抗辩不挠”，雷恒遂“怏怏而去，抵郡城屯数日，由西路归大营”。雷正绾怒失将弁，严饬地方官逮捕团首解送大营，后因知府明辨其事起于马队胡作非为，乃将团首“羁留不遣”，其人始得释放。

同治五年（1866年）秋，董福祥部众高万镒、李双梁等，分统其众，沿途东下，掠抢苗村、太白各镇市，以及固城。镇人猝不及逃，堡市陷，妇女多陷贼中。“董等不为已甚，掠取财物而止。惟唐银之一营嗜杀不恤，且横行奸污。故孝廉大挑湖北知县史公简之妻郑氏并二女被掳。唐贼顿起淫心，郑氏两手携二女极口叫骂，贼大怒，杀二女及郑氏。宁州之罗堠、任庄堡约团练在山上堵御，见贼来追，即多惊散。刘万镒等十数人御敌被杀，遂皆胆怯弃堡逃去，任贼搜掠饱飏。”

雷正绾所部营官秦登怀带勇丁前往固城，“百姓尚以为追匪，而勇丁等声言此来为雷么（四川人以小为么，因雷恒为雷正绾之小弟，故称）大人、张四大人（前被村民所杀雷军将弁）报仇。拷掠抢劫，比匪更甚。至是，固城人无家可归。”可叹固城之民，连遭官军、土匪荼毒，竟无人能申此沉冤！

同治六年（1867 年）春，固城一带土匪投靠回军，使合水东部一带堡寨多被诱溃。固城川的崔生阳聚众五六百人，金村庙（今宁县金村）的赵万选汇集两万余人，又有安化西乡的何大帅据宁州北乡。他们均投附回军，当说客、做刺探、充内应，同回军一起谋攻村寨堡塞。凭借这种手段，回军很快攻陷了宁州东北乡和正宁一带的堡寨。只有盘克附近的十多个堡寨仅能维持，“屹然中立，为庆郡咽喉。回逆、土匪两相垂涎，而百计不可摇动。崔生阳等至吴乐堡（今宁县武洛）索粮被诛，又有宁州禀生江一元为赵匪谋师，诱溃多堡。至罗堠不敢入，遁去，为下店堡人擒杀。此后各堡有来说者，辄诿以先去罗堠、下店两堡，相与约从。匪知两堡人不可犯，各堡亦不堕其术”。这时，有冒险贩粮者都取道盘克、罗堠堡，“而中途不为贼杀，即被土匪所劫。营勇于要路虽屯一两哨，而贼至固无如何。一遇负贩经过，必尽数抢夺，甚或杀以灭口，人以出门为必死，忍饥待毙。庆郡由此水泄不通”。

冬季，就在回军攻打宁州北乡子午岭边沿孤堡存寨的时候，土匪之间的报怨仇杀及防军哗变附回事件也此起彼伏。固城川崔生阳的儿子因与何大帅有仇，暗结回军欲诱杀何。但何大帅处事更奸猾，闻讯即请回骑诛崔生阳。回军趁此进兵固城，不分崔、何，全部杀戮，使固城“满川尸骸堆积，树枝皆悬首级”。而屯驻在邓家堡之曾得胜防营“利民所有”，乘机“袭杀堡人，虏占妇女”，出兵攻陷阎家堡，勾连回军。又与孟营罗堠马队“潜约同叛”，曾得胜煽惑翁得胜营马队反叛未遂。此时，雷正绾已由泰昌移屯早社，胡家堡告急，雷正绾带马步数营前往平叛，“比围邓堡，曾得胜出首，慌以为众所胁，遂受其降”。而叛勇邀约回骑攻堡，雷正绾不敢应战，使叛勇与回骑竟“优游而去”。

以上记载说明，固城所受残害主要系雷正绾部官军造成，其次也受到董福祥所统流民土匪的摧残。而且当地小股匪患频发，土匪与回军勾结，土匪内部发生火并，官军、土匪、回民军之间关系复杂，形势变幻莫测。可以说，固城是受官军、土匪迫害的一个典型地区，而罗堠堡、下店堡在当时已是尚存各堡自卫身家的领头羊。有人来替回军劝降，各堡“辄诿以先去罗堠、下店两堡，相与约从”。这表明了罗堠等堡的领导地位已为各堡承认。罗堠等堡成为特殊时期的一面旗帜，承担了重大的社会责任。

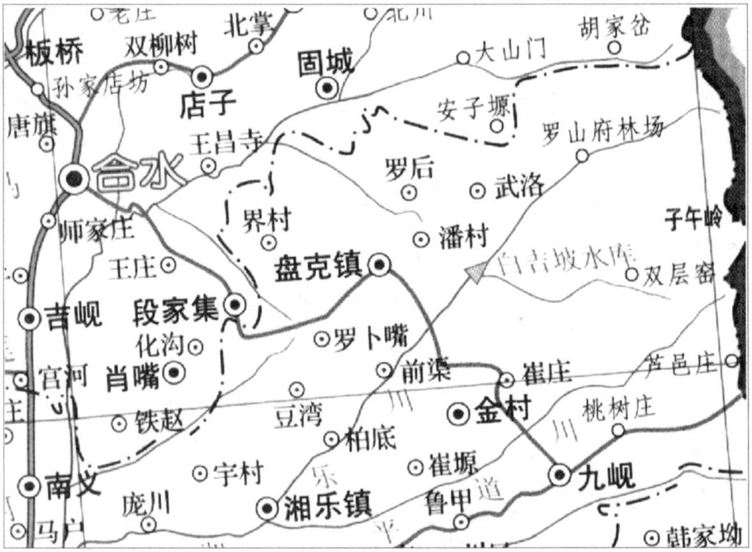

图 4　固城、盘克、罗堠周围地形及路线图

从地图上看（见图 4），由固城至罗堠堡很近，图上也标有乡间便道。本想由此沿沟上塬，直达罗堠堡（约 10 华里），但细询一大嫂，她说步行可以到达，今年多雨，路被冲断，车不能通。遂驱车从塬路返回，经段家集绕道至盘克，多走了近 30 华里。

盘克塬村落密布，人烟繁埠。往东北不远就是罗山府林场，直靠子午岭主脉。惠登甲对盘克塬也有记录：

同治六年（1867 年）秋，因庆属大部分地方村堡为“十八营”回军攻破，“道路梗阻，庆防所需饷项，后路粮台不能给发，一切皆办之民间。兵勇勒索，使民家升斗之积，无不搜刮，至无所仰食。探知盘克塬尚有数堡，雷正绾与雷声远遥商，遣各营就食。翁营屯罗堠，孟营屯胡家堡，曾营屯邓家堡。一到那里，凡谷仓、牲畜，即照数标记，不许少有动移。于是，各堡民一饮一食，皆不能自由，而弁勇肆行粜卖。不久而粮、畜遂至罄净。”

同治七年（1868 年）初，雷正绾带队返回早胜大营时，至十里铺，见回军由牌楼洼运粮，又退回原屯驻之处，第二天回军过毕，才由盘克绕道至早社老营，所留郭仲魁炮队驻市固城川丈八寺，“势使截贼饷道通官运”，但回军粮队照常从此出入，“不稍畏阻”，只是“百姓前或伺机负贩至此，竟不能偷度。每于要隘伏抢杀人，虽弁勇亦惧不敢往”。其状更胜匪盗。

就在庆防最困难，也是最关键的时刻，府城驻军统领雷声远却移师驻盘克之胡家堡（距罗堠堡甚近），分局委员皆相随而去。庆防要地几乎成了一座被人抛弃、无重兵防守的空城。时人所谓“勿徒仗官兵为足恃”之说，到此亦信其实。雷正绾兄弟真是害苦了庆阳百姓！故史乘所谓“雷正绾之独当一面，而为庆属之灾星”的结论，完全符合历史实际。此前，约在同治六年（1867 年）冬间，前述分局委员俱往罗堠堡买粮，而当地驻防各营竟坐视长庄等堡失陷不救，剩余的三五个堡寨皆驻屯营勇，“亦仰食不支”，只好派局员到三合镇采买粮食。其时，三水县（今陕西旬邑县）属之职田、枣砦等处，还可以贩卖到粮食，“惟中途多被回游骑劫抢，不克接济。间或运至罗堠，转运郡城，仅恃勇丁负载。民运皆不敢行”。沿途即使碰不到回军，亦为分扎营勇所劫留。府城中官民则束手忍饥挨饿，而局员杨焘等人，竟乘雷声远转移之机，“皆相逐奔陕西”。

可见，盘克所属的罗堠堡、胡家堡、邓家堡等，成为当时庆阳“硕果仅存”的独立抗敌的村堡，但由此也成为官军寄食的去处。对此，罗堠堡人杨映霄记道：“时董志塬已为贼匪盘踞，郡城赴陕大道梗塞，霄家在郡属之宁州北乡罗堠堡，为赴陕者必由之路。一有不守，即绝郡城之咽喉。先君暨先伯叔辈，力办团防，联络十余堡，誓守不挠。虽危处回逆、土匪之中，数年间尚能岿然自存。后因雷军骚扰就食各堡，胥家系世代耕读，薄有积蓄，被其威逼勒取饷银逾万两，麦、米数千石，由是力不能支。民间食亦尽，人有相食之苦。先伯指南公率团御贼阵亡，堡遂以绝粮而陷。而雷军各营尚然纵兵殃民、肆行掳掠。”就是说，盘克周围十余堡，在土匪和回民军的垂涎夹击之中，尚能自存，而雷军一到，勒索催逼竟至于力尽不保，可见雷正绾对庆民危害之大。正所谓雷正绾“统领全军，不惟莫保坚城，且未救存一堡”。而蚕食民间，食尽堡破，“未闻有饿死一勇者”，民人却死伤无数，命同蝼蚁。应该说，一部庆阳同治兵燹血泪史，有大半部是由驻防清军之庸将劣勇铸成的。

罗堠堡距盘克甚近。盘克向东行，左边是纵横交错的沟壑，主要为南北走向，多直通固城川，右边是平坦的台塬。由此可以说，从固城川到盘克塬、九岘塬，应该有许多条通道。只是当盘克被营勇占据，逃民才向东（即向靠近老东山）经任庄、罗堠堡一线上塬南行。一路上，我特别注意观察了胡堡、邓堡，其地名一如当年。经过荏掌、刘家堡，就到了要找的罗堠堡。刚开始以为荏掌就是惠登甲所说的任庄而音近字误而致，后来查清，在盘克有两个任家庄，一由罗堠堡北行，靠近合水的何家渠，一在盘克西南部，附近还有一个任家台。感觉前一处应是惠登甲所说的任庄。不过，也有待进一步证实。所以，我们只重点考察了罗堠堡。惠登甲曾记述了罗堠堡陷落与庆城难民逃生的情况：

同治七年（1868 年）秋，回军因数年来对罗堠堡明侵暗袭，终未得手，所以攻打更急。“惟堡绅宁州同知杨指南与贼战，阵亡。堡人久益不衰，而贼终期必得。是时，东南一路上下，食人贼鼠伏鲸吞，无路可通。盘克有勇肆抢，人不敢近。仅罗堠、任庄二堡，属难民一线生路，由府急奔，一夜可至，买食寄宿，尚无他患。再两夜可奔三合，次奔职田庄，亦一夜之程，即属陕境，方脱厄难。时任庄堡新破，惟罗堠孤立，贼复乘雪夜疏防，支云梯而登。堡人警觉，巷战逾时，几至逐出，惜人心不齐，退缩偾事。只数人极力擎持，眷属乃得缒后城入沟。久之不支，方渐渐退出，幸未伤一人。与贼相抗，颇未匆猝，尚能携有资财。而盘克营勇见其堡陷，即于对面山上伏截，逃人尽被劫夺。予时同在逃，身无别物，勇恨无所得，剥取身上衣服而去。贼去，堡人甫入，堵塞堡门，而贼骑又至。见有守御，彼此相骂去。嗣堡人渐多逃散，守者仅余。登场新禾以尚湿，贼不能烧，不过杂粮些微。苦粮不给，亦潜送眷入陕，留男子守空堡而已。郡人逃至，更无食物可买。然后逃者仍赖此为走陕咽喉。寻又有两大股取道逃出。此后，郡城一带荒烟蔓草，殆无人迹矣。”

此段记录揭示了以下几个要点：一是罗堠堡成为庆城人逃生的咽喉。齐教授认为，当年庆城难民逃生，实际上是逃入“老东山（子午岭山区）”，由罗堠堡一线循山之边缘逃至正宁，再入陕西三水县境。二是回军于雪夜发动突袭，致堡寨陷落。但由于堡人训练有素，“眷属乃得缒后城入沟”“幸未伤一人”“与贼相抗，颇未匆猝，尚能携有资财”。回民军得到的只是一个空堡。三是雷正绾部官军趁火打劫、抢夺逃人财物。“盘克营勇见其堡陷，即于对面山上伏截，逃人尽被劫夺。予时同在逃，身无别物，勇恨无所得，剥取身上衣服而去。”连惠登甲自己穿的衣服在逃亡中都被官军剥去了，而这正好是严冬雪夜！

上述穿插而叙的历史记载，可以帮助我们了解罗堠堡当时的情形。这一切又使我们产生了一种更加急切地想通过实地考察一探究竟的热望。

五、走进罗堠堡：实地踏勘

到达罗堠堡时间已近中午。看到古堡的背影，我们很庆幸还能找到它。根据《庆防记略》的记载，我们按图索骥，印证记录的真实性。该堡位于荏掌塬向西延伸的边沿突出部分，筑有一道南北向的堡墙，墙西为村堡主体，墙东挖有一道长壕，堡墙与壕堑虽为绿树蒿草所掩映，但痕迹宛然可辨，岁月的朘削难掩古堡的雄姿。堡墙多处塌坏，我们从遗存的堡门进入堡内，街道蜿蜒，铺房尚有存者。我特地蹚过岌岌荒草，观察各处情景，想看一看堡后是否如惠登甲所记为入沟悬崖。发现下面有多级层台。我们从堡寨的顶台下到堡后二级层台，仔细观察周边地形：罗堠堡东面主墙呈南北走向，约长 200 米。南北两沟从主堡墙两翼向西延伸交汇，各长 60~70 米。堡寨北部为深沟阻隔，南部亦为深沟阻断，其势更类悬崖，南北两沿均非人力所能攀缘者。南北两沟向西会合之处，形成了堡西更为宽深的一道大壑，约 2 公里长，始可与对面盘克延伸向东的塬面相接，这大概就是惠登甲所记的官军潜伏抢劫逃亡堡人之处。我和齐教授认真观察堡北的地势，除目测距离、拍摄照片以外，又绕到堡南，进行了观测和拍摄。我还特地从羊肠小道下至堡西底部，进行观察与拍摄。看到有一道长 30 多米的黄土断面形成的悬崖，以为就是惠登甲所记堡破以后眷属坠逃之处。站在此处，向下弥望，直觉得头晕目眩。不禁感叹前人的生存智慧。走出古堡，我们又对堡外长壕进行了踏勘和拍摄。堡门右侧长壕，现已形成了一个涝池。我们根据观察与目测，绘制了一幅堡寨简图（见图 5）。

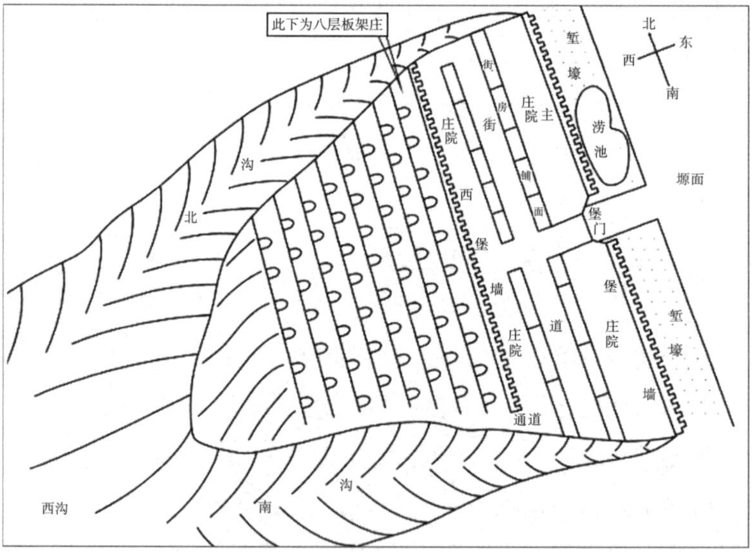

图 5　同治年间罗堠堡形势与防御体系示意简图

罗堠堡具有庆阳村堡的典型特征，就是筑于塬边，两侧有深堑护持，三面沟掌环卫，靠塬一面挖壕筑墙，充分借助了黄土塬峁的地形特点，费工少、取势好、收效大，形成了独立的防卫体系，易守难攻，便于自卫。只是罗堠堡的形势更加险要，尽得地利之便，成为形胜之堡。不实地踏勘，是难以想象其空间布局之严整的。堡后的 8 层板架庄，也是防御体系的一部分。在回军攻克正面主堡墙以后，在向下突入每层板架庄的时候，只要几人防住边侧通道，就可以抵挡一阵。一层一层攻占，是需要一些时间的。故能靠少数人极力撑持，家属有时间得以从容缒后城入沟，还能携带资财。且抗击者渐渐撤出时，“未伤一人”。这正体现了罗堠堡可守、可退的防御优势，恰是其他村堡难以兼具的。

图 6　绿树掩映中的罗堠堡遗址

图 7　主墙北部边沿（堡内侧拍摄）

图 8　主墙南部边沿
（下为数十米深的沟壑）

图 9　第三台板架庄废址

图 10　由南北沟汇合形成的西沟，远处为盘克塬边际

六、民间记忆：对村民的访谈

走出古堡，看到附近槐树下面有一对老年夫妻正在纳凉，我们便走近他们，做了一些访谈。结果取得了意想不到的收获。

老农叫杨世儒，今年 67 岁。问他堡中人的姓氏，他说都姓杨。请他讲一些所知道的同治年间的事情，他说，曾经有个说法，“宁打罗堠堡，不打庆阳府”。当时这里的穷人都逃了，留下来的是富人。这是以前没有听过的。

图 11　采访村民

关于堡寨的情况，他说，以前都住在堡中，在农业社时代，也是一样，里面有街道、铺面，卖饭与出售生活用品的都有。堡后有 8 层板架庄窑面。在十几年前，下五层都塌到沟里面了（见图 12）。我问能不能记起具体时间，他说记不清时间了。当时，一早发现已出现一尺

图 12　版架庄滑坡的断裂印迹

多的缝子，他就赶紧把牲口赶到对面山上，不久就塌了，没有人畜伤亡。我问是不是在包产到户以后发生的，他说是，他那时已养了许多牛。我特别问了一个问题，为什么地名叫罗堠，他说，以前住在子午岭山区的武洛，后来向后挪了20里地，到了现在的地方，所以叫罗后（挪后）。关于堡子的历史，他记得最清楚的是他的爷爷在民国时期被土匪赵文华杀害。问他有没有家谱，他说前几年刚修了一次，今年正好由他家奉祀。我们乘势问能不能看看，他同意了。老伴叫拿出来看，我们觉得还是在家里看比较郑重。于是，一起进了院子。他的房子就建在堡寨边上，北东南有三面瓦房，大门朝西。房屋正面都贴有瓷砖，宽敞明亮。在靠北的一间房子里，我们坐在炕沿，翻阅了家谱，并拍了照。从家谱记载来看，其祖上为铁匠出身，属于杨氏二房。能看到家谱（见图 13），这是一个意外收获。我不知道他们和当时的州同知杨指南及侄杨映霄是什么关系，问他，他也说不清楚。再问有无民国以前旧家谱，他说在侄子杨怀安处，其人在西峰行医，专治疑难皮肤病。我们问了大体的地址，准备日后去访谈。问题虽然回答得不多，但都很重要，对惠登甲的记载有补充作用。

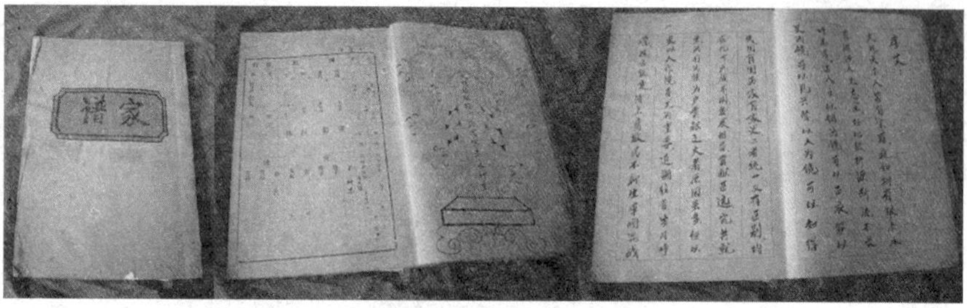

图 13　杨氏家谱

1.“宁打罗堠堡，不打庆阳府”，说明了罗堠堡的富庶。据杨映霄在《庆防记略》跋中介绍，“家系世代耕读，薄有积蓄，被其（雷正绾）威逼勒取饷银逾万两，麦、米数千石，由是力不能支。民间食亦尽，人有相食之苦”。回军攻袭不辍，就是涎其富裕。故有“宁打罗堠堡，不打庆阳府”之说。当时庆阳府已被雷正绾驻军搜刮得财粮一空，而罗堠堡在被雷军逼索之后，回民军认为还有余粮余物。

2. 罗堠堡内有街道铺面，形成了自给自足的生活环境。这可以加深对惠登甲所说府城逃民至此地，还可以“买食寄宿”的理解。表明罗堠堡是一个很大的堡寨，可能居住近百户、上千人。

3. 罗堠堡不仅地险堡固，而且具有典型的板架庄窑洞民居构造，整整 8 层，这是其他村堡很难同时兼具或匹比的。不过，我们看到的那道 30 多米长的断崖，不是当年的后堑，而是前些年由五层板架庄塌陷后形成的断裂带。若不访问，就弄错了。

由于时间的关系，我们的访谈告一段落，踏上了返程。齐教授说，以后应该专门来，多蹲几天，以便进行更加细致的调查，才可能收获更大。他说得很对，毕竟此次时间太匆忙了。

七、结论：历史不会忘记罗堠堡

以上历史记录与实地考察，反映了罗堠堡及其周边地区在当时的重要地位，概括起来有如下几个方面。

1. 同治六年至同治七年（1867—1868 年）间，在“十八营”占领庆属绝大多数村堡、城镇，固城屡被官军残破之后，只有盘克附近的10多个堡寨仅能维持自立，罗堠堡成为幸存村堡中的领头羊，形成了以罗堠堡为中心的抗击回军的自卫体系。

2. 庆城十里铺及对山牌楼洼至合水之太白坳、打火店子塬、固城川，宁州之九岘塬，正宁之三合塬（今山河）一线，成为回军之粮道，而此路也是府城粮道。回军占领这条线路，从周围打粮或去三水购粮。自董志塬失陷，清军后路粮台不能从大路运粮，粮道遂断。而这一线贩粮运粮，要从固城川至宁州之九岘塬，盘克附近村堡（包括罗堠堡）遏其咽喉。前述官军留郭仲魁炮队驻屯固城川丈八寺，“势使截贼饷道，通官运”，但回军粮队照常从此出入，“不稍畏阻”，只是“百姓前或伺机负贩至此，竟不能偷度。每于要隘伏抢杀人，虽弁勇亦惧不敢往”。这说明必走罗堠堡的原因是自董志塬赴陕大道梗塞，位于宁州北乡罗堠堡便成为“赴陕者必由之路。一有不守，即绝郡城之咽喉”。罗堠堡不仅肩负了道义的责任、守御的重担，更付出了生命的代价。

3. 由于粮食短缺，盘克塬尚存村堡（罗堠堡、胡家堡、邓家堡），成为雷正绾部各营就食之处，严重削弱了其实力，官兵又与回军勾结，密约反叛，均成为回军攻陷各堡的原因。罗堠堡的陷落，是雷正绾残民的又一罪证。

4. 前述路线，在府城最危险的时刻，也是居民逃生的路线。罗堠堡即使在被陷以后，“郡人逃至，更无食物可买。然后逃者仍赖此为走陕咽喉。寻又有两大股取道逃出”。此地始终为逃生难民的唯一通道和中转站。

5. 罗堠堡一带成为遭受官军、土匪、回民军交相摧残的地方，是当时庆阳百姓经受兵燹浩劫、结堡自卫的一个缩影，很有典型性。

我们此行访谈所了解的内容较少，没有获得更多的细节，原因是访谈村民太少，也没有走完想去的其他村堡，如任庄堡、长庄堡等，更没有沿任庄堡至罗堠堡徒步穿行一遭，而这是需要以后深入进行的。仅有的访谈，也没有获得更多想要知道的内容，这说明民间历史记忆易于淡漠，人们更容易记住最近发生的事。现在，农村经济繁荣，农民生活水平提高，很少有人住窑洞了，都搬离了堡寨，盖起了宽敞明亮的瓦房。古堡的传奇，已成为不为人知的过往烟云。但历史不会忘记罗堠堡——这个庆阳历史曾经的支点。

图 14 笔者及专家在罗堠堡内考察、拍摄

面对废弃的古堡，我产生了与刘禹锡《西塞山怀古》一样的感慨："人世几回伤往事，山形依旧枕寒流。于今四海为家日，古垒萧萧芦荻秋。"只是这里山形枕的不是江流，而是台塬，但四海为家、天下太平，没有哪个时代可以与今世相若。愿民族团结、社会安定的局面更加稳固，人民更加幸福安康，而让灾荒与罹难永远从人们的视线中淡去。

谨以此文献给前辈学人惠登甲和罗堠堡及庆阳所有含辛茹苦的先民们！

（本文所用文献资料全部来自惠登甲《庆防记略》，在此，特别鸣谢合水县政府、县政协、县文化局、县博物馆的鼎力支持）

撒台村纪实

余贵孝①

2016年5月28日，我们一行考察了丝绸之路上著名的古村落——海原县郑旗乡撒台村。在这里我们看到了古城（寨）古堡，还有当地一种名叫“嘎拉木”的珍稀植物。

一、撒台村是丝绸之路上的一个节点

汉唐时期，丝绸之路的起点从长安开始后，途经咸阳、彬县、长武及泾川、平凉进入宁夏固原境；过三关口，再由瓦亭折而向北，经青石嘴至开城抵达固原城；沿清水河向北行，再经三营、黑城，沿苋麻河谷至海原的郑旗、贾埫，过海原县城、西安州、甘盐池，再次进入甘肃；从甘肃靖远县东北的石门附近渡黄河，经景泰县抵凉州（今甘肃武威）。丝绸之路从原州区进入海原县后有三条通道，即南线——杨明河谷道，中线——苋麻河谷道（古没烟峡），北线——清水河谷道。郑旗乡的撒台村正是当年中西文化交流的途经之地，它处在中线——苋麻河谷道上，即从原州区沿清水河到黑城后，折向西北，沿苋麻河谷到郑旗、贾埫，到海原县城、西安州，从甘盐池再到甘肃省靖

①余贵孝（1947— ），宁夏固原人，宁夏师范学院固原历史文化研究中心研究员，研究方向为固原历史文化。

远县，直至西域。

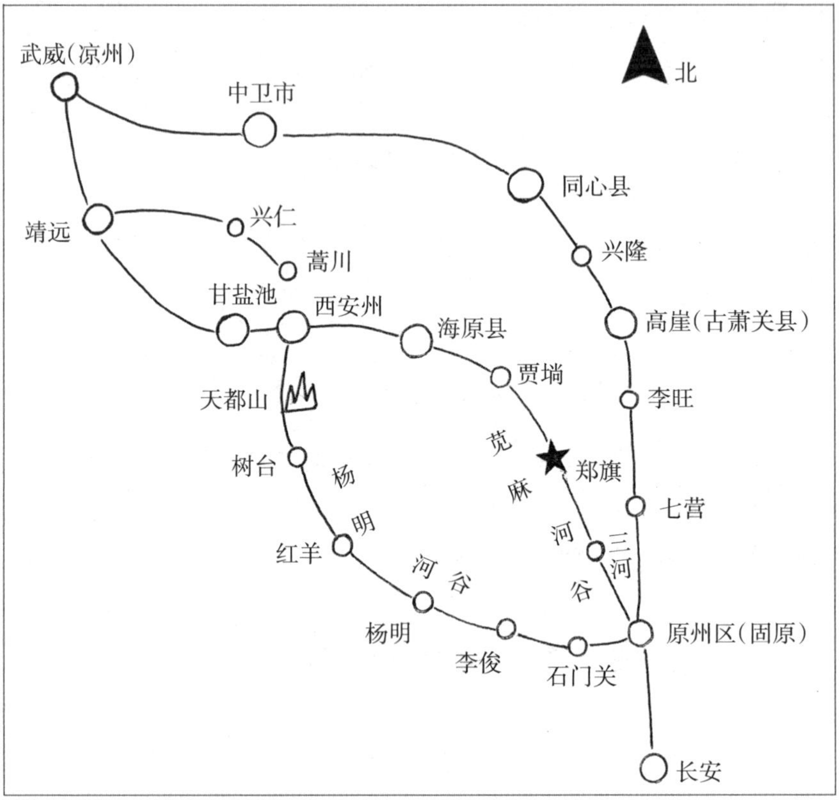

图 1　丝路海原（马明葆绘）

二、没烟峡是宋夏时期的军事线

北宋仁宗景祐五年（1038 年），李元昊称帝，建立西夏政权。李元昊为扩充疆域，不断侵略宋朝边境，先后与北宋在固原境内发生了好水川之战、定川寨之战、三川寨之战，其中多次兵行没烟峡谷。为了防御西夏，宋朝在固原境内修筑了很多堡寨，驻兵防守。宋哲宗绍圣五年（1098 年），西夏见宋朝在葫芦河下游修筑了平夏城（今黄铎堡古城）、灵平寨（今黄铎堡王浩村古城），对西夏人在葫芦河下游活动构成威胁，西夏岂能坐视不救。当即，西夏主李乾顺及其母梁氏亲自率数十万大军从天都山（今海原县西华山、南华山）进军没烟峡，发动平夏城战役，企图夺回失地。鏖战十余日，西夏大败而归。可以想象地处没烟峡谷的撒台村也经受了战争的创伤。

三、荡羌寨是防御西夏军队的军营

西夏，自李元昊建立政权，宋夏战争相持已久，从宋神宗元丰四年（1081年）始，北宋转入战略反攻，至元符二年（1099年），为北宋在今宁夏南部军事防御的第三阶段。其间，北宋进一步加强镇戎军熙宁寨以北陇山两侧防务体系的建立，于元符元年（1098年）在没烟峡筑荡羌寨，又名没烟后峡。荡羌寨修筑后，宋朝政府即派兵驻守。明清沿用，民国九年（1920年）在海原大地震时坍塌。至今，荡羌寨城址保存基本完好，周长约一华里，唯东南角城址因河水冲刷塌毁。当地老百姓称荡羌寨为撒台古城。城内建筑物如砖瓦、生活用具如盆罐碎片随处可见，也曾出土铜钱等。现在，荡羌寨是自治区级文物保护单位。

四、双堡犹如姊妹城

在撒台村王家树沟自然村，有东西两座建于清末民国初年的土堡，相距不足50米，不同处是东堡建于山顶，西堡在山脚下沟的另一边。东堡略小于西堡，约有两亩地。堡内无人家，砖块散落一地。两堡呈荒凉状态。

王家树沟，顾名思义，过去因王姓家族居住于此而得名。据当地老百姓讲，民国年间到新中国成立初期，这里树木成林，沟里全是杨树、柳树。这里还生产一种红根韭菜，特别有韭菜味，是其他品种的韭菜无法比拟的。

现在，这两座土堡保存完好无损。东堡建于形似馒头的山顶，堡内面积约两亩，住房全部拆除，夷为平地。20世纪60年代打水库时，偌大一座山的四周土全都被用来打了水坝，发现阳坡有很多坟墓。这次考察时，我们看到很多青砖散落于山坡地头，都是用来箍坟墓的。有人一镢头下去将一面唐朝铜镜劈为两半。当我们问及有无出土文物时，在场的村民缄口不言，非常忌讳这一话题。

五、珍稀植物嘎拉木

在撒台村一带的盐碱地山崖、山坡、河滩上生长着一种多年生植物，当地人称嘎拉木。显然，嘎拉木不是汉语，可能是吐蕃语（藏语）或蒙古语。唐朝时吐蕃占据三关口以北地区 80 多年（唐代宗广德元年至唐宣宗大中三年，即 763—849 年），吐蕃的语言、习俗一定会影响到这个汉族地区。元朝时（1271—1368 年）蒙古族统治近百年，无疑蒙古族的影响又会加深。所以，嘎拉木是少数民族的语言。

嘎拉木是一种独特的天然野果。每年农历四月下旬到五月上旬是嘎拉木开花时期，八瓣小白花爬满整个枝条，七月时红色的圆形果实晶莹剔透，一串一串犹如玛瑙。无论是花开季节还是果实成熟季节都有很好的观赏价值。嘎拉木的枝叶形似枸杞，但比枸杞枝叶柔软，果实是红色的，不同之处在于枸杞的果实是椭圆形的，嘎拉木的果实是圆形的。

嘎拉木浑身是宝。红果酸甜酸甜的，品尝时略有咸味，既解渴又解馋。同时还有药用价值，人身上有疮或瘙痒，将红果水涂抹于上，炎症迅速缓解，所以当地人都喜欢采摘。果实未成熟之前，用枝叶水涂抹，也会起到消炎作用。

六、发展战略

2016 年 6 月 4 日，郑旗乡政府在撒台村举办了海原县郑旗乡嘎拉木节暨文化旅游采风节。来自自治区、中卫市、海原县、原州区文化旅游单位的 50 多名代表建言献策，就“保护古城堡，发展嘎拉木”提出了很好的建议。尤其是像这样保存完整的土堡已为数不多，要纳入县级文物保护单位，继而争取中卫市级文物保护单位。嘎拉木是珍稀植物，又有药用价值，要广泛栽培，扩大面积，开发嘎拉木果实产业，增加经济收入。

撒台村地处原州区至海原县公路沿线，交通便捷，人民群众朴实勤劳、踏实肯干，只要努力打造，定会成为一块旅游观光胜地。

黄土高原西北边缘上的宁夏窑洞村落文化浅析

贠有强[①]

摘　要：本文聚焦宁夏中南部窑洞及窑洞村落发展的历史脉络梳理，以陇东窑洞文化和陕北窑洞文化为参照进行比较研究，深入探析和发现宁夏窑洞及窑洞文化的地域特色和特点，进而对科学发展和保护传承好宁夏窑洞及窑洞村落进行思考和探讨。

我国城市化进程不断加快的过程中，大量人口涌入城镇。同时，伴随着新农村建设步伐加快，大量农村人口从之前的自然村落移到政府新规划的居住地。这就使得千百年来人们赖以生存居住的自然村落开始走向消亡，村落里各种形制和特色的建筑房屋、黄土窑洞也开始被自然遗弃，有的还因各种发展需求被人为消除。早在 2012 年，中国文联副主席、中国民间文艺家协会主席冯骥才就曾根据官方公布数据指出“中国每天都消失 80 至 100 个村落”，可见其速度之快。从 2013 年调查的相关数据来看，上报的 1.2 万余个村落中，传统村落仅占全国行政村总数的 1.9%，而具有较高保护价值的传统村落现存不到 5000 个。[②]

黄土窑洞是黄土高原上自然村落除建筑房屋外主要的民居形式之一，根据目前研究发现，这种穴居窑洞形式早在 4000 年前就已经开始了，要

①贠有强（1975—　），宁夏盐池人，宁夏社会科学院地方志办公室主任。

②方莉，胡彬彬．传统村落急剧消失意味着什么[N]．光明日报，2014-01-09.

比建筑房屋早得多。在我国，窑洞村落主要分布在河北、河南、山西、陕西、甘肃、宁夏六大区域。① 宁夏地处黄土高原西北边缘，紧邻陕北、陇东地区，域内中南部分布着大量的黄土窑洞村落。这些黄土窑洞村落已经成为这个时代最后的记忆，目前也正在以非常快的速度消亡。黄土窑洞村落是中国农耕文明留下的最大遗产，其中所蕴藏的丰富的历史信息和文化景观也不可避免地随之消亡。可以说，窑洞及窑洞村落在人类社会发展进程中做出过巨大贡献，发挥过重要作用，正在或即将退出人类历史舞台。宁夏地域虽小，老房子、黄土窑洞、古村落却有不少，宁夏的自然地理环境与其特殊的地理位置，使得村落文化的传承同样具有地域特色。对此，新农村建设与城镇化的过程，包括生态移民之后村落的处置，实际上并没有引起足够的重视，更缺少有效保护。② 如何在快速的社会发展变化中，保护好、开发好、利用好、传承好这一特色民居文化和村落文明，是广大地方历史文化研究人员、地方志工作者，公共管理部门乃至全社会共同面临的重大课题和任务。

一、宁夏窑洞村落发展轨迹和脉络

我国北方黄土高原地区是世界上分布最广的黄土区，按照地质学分为马兰黄土、离石黄土和午城黄土三类，其中马兰黄土和离石黄土比较适合开挖窑洞，午城黄土质地较硬不适合开挖窑洞。宁夏的中南部黄土高原地区多属离石黄土，厚度在 90 到 100 米之间。③ 从北而南，盐池、红寺堡、同心、中宁、海原、西吉、原州、彭阳、隆德、泾源 10 个县区都有窑洞村落分布。吴忠市辖区内的盐池、红寺堡、同心和中卫市辖区内的中宁、海原窑洞分布较少，在所在县区内民居形式中所占比例较低；固原市辖区内的西吉、原州、彭阳、隆德、泾源窑洞

①董永刚，董永哲. 穴居文化的嬗变与演进 [J]. 忻州师范学院学报，2009 (4)：78.

②薛正昌，郭勤华. 城镇化与传统村落文化遗产保护——以宁夏为例 [J]. 北方民族大学学报：哲学社会科学版，2015 (5)：12.

③竺可桢. 中国近五千年气候变迁的初步研究 [J]. 中国科学，1973 (1)：168-189.

分布较为密集，在所在县区内民居形式中所占比例较高。

宁夏中南部窑洞村落规模小的有三五户，多数为一二十户，大的达到几十户，村落里的窑洞多数为靠崖式窑洞，少数是下沉式地坑窑洞，还有少数砖土草垫为材料的人工箍制窑洞。据田野调研和有关资料显示，20 世纪 80 年代之前，这些地区人们基本以窑洞居住为主。窑洞多临坡、靠沟、沿河道修建，施工量小，窑内及院落设施简陋，更多地受外部环境的制约，基本上是人们对外部环境的简单适应。80 年代以后，随着经济社会快速发展，人们的物质生活水平不断提高，一些条件好的农户率先开始在窑洞院落里，紧靠着窑洞修建土木或砖木结构的平房，配合以前的窑洞一并居住使用，并逐渐推广开来，这在当时也成为一个家庭是否能干、是否富有的标志。于是开始出现窑洞和房屋共同存在的民居村落。新世纪开始，人们开始在老窑洞、老房子附近，或稍远的平坦的地方，修建土木或砖木结构的房屋，窑洞继续留用于牛羊牲畜圈养、粮食草料储备、农具杂物置放等方面，这个时候，新式房屋和老窑洞共同存在的新式村落逐步产生成型，并基本形成今天我们所能看到的窑洞村落。

新世纪以来，在城市化进程的大潮中，大量农村人口通过求学就业、进城务工等形式，涌向城镇居住生活；同时一些人口有计划地迁入政府规划建设的新农村集中居住；特别是固原地区一些交通闭塞的山区贫困人口整体搬迁移民到川区或其他条件较好的城镇居住生活。为此，人们之前赖以居住生存的传统窑洞村落也与其他房屋村落一样，开始被遗弃，并且自然消亡的速度不断加快。自治区民政厅 2005 年对宁夏中南部山区窑洞村落摸排调查后发现，仍供居住使用的属于危窑的总共有 13375 孔，由此反映出可供居住窑洞数量的锐减，也进一步折射出窑洞村落的消减问题。

二、宁夏窑洞村落及文化特点探析

（一）窑洞类型及村落

1. 靠崖式窑洞及院落。在宁夏中南部山区，黄土厚实，沟壑纵横，靠崖式窑洞最为普遍，数量最多。《太平经》记载：“古者穴居云何乎？同贼地形耳。多就依山谷，作其岩穴，因地中又少木梁柱于地中。地中少柱，又多倚流水，其病地少微，故其人少病也。”① 这体现了古人对窑洞选址问题的认识和理解。人们多选在东西向的沟畔崖面或者斜坡面，坐北向南，借地势就地向下开凿出一个横断面，基本形成一个三面黄土断面包围、正面开口的立体空间，在开口处筑起一米多高的土墙，中间留门，这样就形成了一个独立的院落。院落的大小，准备开挖几孔窑洞，视家庭人口及实际需要而定。人们在院内三个立体断面上开凿窑洞，正北面黄土断面一般高六七米，个别的还要高几米，主要是自然地形的原因，人们一般以三、五奇数为单位开凿窑洞，中间的窑洞为主窑洞，供家庭中的老人长辈居住，两侧窑洞稍比主窑洞小一些，供孩子小辈居住。左右两侧的断面上，由于立体高度随崖面、坡度逐渐走低，成为斜断面，一般各开凿出规模更小的窑洞，一两孔不等，主要用作厨房，或储备粮食、置放农用工具和农用机械的库房等，有的还用于圈养鸡、鸭、兔等小家禽。大型的牛、羊、驴、马等会在窑洞院子外边就近安置。上述窑洞院落的选址及形制是较为理想的窑洞院落，也是普遍存在的窑洞院落。但事实上，在许多地方，由于受地形、土质结构、人口结构、经济条件、窑洞匠人技术等各种因素影响，现实中存在大量看似不规则的窑洞院落，有正面为扇形正断面的，有窑洞大小不一的，有没有土围墙的。

2. 下沉式地坑窑洞及院落。下沉式地坑窑洞院落在宁夏彭阳、隆德等地分布较多。这种窑洞院落由于开凿工作量大、地形不太好选等因素，数量较少，但比较独特。这种形制的院落，简单地说就是在一个地势整体较高又较为平整的平面上，人工向下开挖一个长方体的立体空间，深度一般为五六米，人们在这样一个封闭的空间内，在坐北向南的断面上开凿院落主体窑洞，东西两侧开凿各种辅助窑洞，北边断面也要开凿一些形制较小的窑洞，主要用于置放各种杂物。但一定要留一个相对居中的位置，开凿院落通向外面的斜坡式出口，有的会以窑洞通道形式体现，

①王明．太平经合校［M］．北京：中华书局，1960：120.

有的则直接开凿露天通道。总体来看，这类窑洞院落安全隐蔽性强，形制规整，四面都可以开凿窑洞，利用率较高，最大的问题是下水处理问题，因此人们多选择在地势较高、周边排水比较畅通的地方修建。

3. 人工箍制窑洞及院落。人工箍制窑洞在宁夏中南部地区都有分布，但不多，这类窑洞主要是黄土地质条件不是太好，但人们又受经济条件影响，缺乏砖块、木材等盖房原材料，这个时候通过专业的匠人用黄土泥浆人工箍制而成。这种箍制窑洞产生较晚，无论是从使用上，还是从坚固程度上，都不可与黄土窑洞同日而语，不占窑洞村落的主体。箍制窑洞一般与砖土结构的房屋共同组成一个院落，有院墙包围。这种窑洞与黄土窑洞相比，最大的问题就是需要一定的原材料，如黏度和韧性较强的泥土、柴草、砖块等，要请专业的窑洞箍制匠人修建，且箍制窑洞的耐用度不强，漏水、塌陷等是经常存在的问题，总体上箍制窑洞的成本较大，因此箍制窑洞院落不具普及性。

上述三种类型的窑洞及院落相对集中到一起就基本构成了窑洞村落。村落的选址服从窑洞院落的选址，总体因人口少、住户稀疏，窑洞村落密集型低。一般同为一家兄弟或同姓的窑洞院落会靠得近一些，不同姓氏的窑洞会分开远一些。总体上，一个村落可能就是一道沟崖，东西向一字排开来，有的又会是一个非常大的坡面，自上而下呈现出阶梯状的窑洞格局，站在视野开阔的位置远观较为壮观，还有的村落，上述两种形式交错在一起。在这些窑洞村落里，窑洞院落之间大都有山间小道连通，多的就地势自然行走踩踏而成，有的简单修挖一下而成，供人畜行走。在窑洞崖脑上、院落里、院落之间会种植柳树、杏树、榆树、松树、沙枣树等西北地区常见树种，成为村落里不可缺少的风景。窑洞村落还有一个非常明显的特点，那就是平面性，不会凸显出地表来，只能是凹陷，因此置身很多窑洞村落会觉得没有人，甚至有荒芜感，具有“上山不见山，入村不见村”① 的特点。如果细心

①方李莉. 陕北人的窑洞生活：历史、传承与变迁［J］. 广西民族大学学报：哲学社会科学版，2003，25（2）：26-30.

观察的话，可以通过崖脑沟畔上矗立的一米多高的水桶粗的圆柱形烟囱及烟雾，判断村落里住户的密集度。窑洞村落里一般都会有一条较为宽阔的倚地形而修建的土路，这条土路基本上贯穿全村，能够行走农用三轮车、两轮摩托车等，有的还可以通行小轿车。每户窑洞院落都会通过自家小道与这条土路连通，然后才能出行和进入，内部的粮食、土特产和外部的各种物资都通过这条道路进行运输。

（二）窑洞建制及文化特色

宁夏窑洞及窑洞村落是黄土高原窑洞村落文化的重要组成部分和基本内容之一。经过与临近的陕北、陇东地区窑洞村落的对比研究发现，除了基本的居住、储藏功能一致外，宁夏窑洞村落及窑洞具有自己的特点和地域特色。总体上，宁夏由于地理位置原因，历来为西北边塞地区，处于黄土高原的边缘，经济发展滞后，窑洞建筑及村落文化具有建筑简单化、文化元素单一的特点。

1. 窑洞规模形制差距。与陕北、陇东地区的窑洞相比较，宁夏中南部的窑洞，在开凿技术、窑室规模、门道高低以及内部结构等方面都有区别，宁夏中南部窑洞整体上开凿技术显得不够成熟或较为粗糙，从洞窑断面的凿痕纹理及窑洞内部的规则来看比较明显。窑洞整体显得低矮，内部较浅较窄，不够宽敞。如果以甘肃庆阳市为中心向西北宁夏方向扩展，有越往北越往西窑洞规模形制越狭小的特点。经过分析比较，除了一些地方由于处于黄土高原边缘地带地质构造逐步不适合开凿窑洞的因素外，主要原因还是宁夏中南部地处西北边缘，历史上频繁受战乱影响，物产贫乏，经济落后，人们没有足够的经济实力去开凿较为宽敞的窑洞。还有就是优秀的开凿窑洞匠人较少到宁夏中南部地区开凿窑洞，先进的窑洞开凿技术到不了边缘地区。当地人们大多自已简单学习一下，就开始开凿窑洞了。而在陕北、陇东地区，开凿窑洞是一门非常吃香的行当，由于开凿窑洞的需要，当地锻炼成长了许多优秀的开凿窑洞人员，这些人同修建房子的匠人一样，很受当时社会的欢迎。

2. 窑洞的断面开口加固程度。窑洞修好后，人们会在窑洞开口处进行加固处理，然后安装木质门窗。宁夏中南部早期的窑洞很难看到用砖块加固窑洞开口，一般都是用土制块垒加固，然后右侧留门，左侧留窗，个别的也有中间留门，左右两侧留窗。条件较好的家庭则用砖块对窑洞开口进行加固，并安装门窗，显得比土制块垒加固的要结实、美观一些。整个开凿窑洞的断面一般保持土质原样，很少加固处理。陕北和陇东则非常讲究窑洞开口的加固处理，包括开挖窑洞的横断面的加固。在陕北人们习惯把窑洞开挖的横断面全部用砖块加固，最上面则处理成一行帽檐，有的还镂空处理成菱形、圆形等各种图案，整体看是一面带有帽檐的砖砌的长方形横断面，非常美观气派。窑洞开口则用砖块随窑洞开口半圆形形制，也加固处理成半圆形，最后安装门窗，效果很好。陇东地区的窑洞断面也用砖块加固处理，但较少修建帽檐；然后用砖块进行窑洞开口加固处理，安装门窗。此外，陇东地区的窑洞开口形状处理较陕北、宁夏丰富，除了通行的半圆形形制外，还有一种上窄下宽的长方形形制，比如房屋方形门窗的开口。

3. 窑洞文化体现的不同。陕北和陇东地区窑洞门窗非常讲究，传统文化元素的传承很明显。窑洞门头上，特别是主窑洞门头上，一般会有一块木制或砖门匾，上面会有一些雕刻或撰写文字，如“耕读人家”“幸福和谐”等。门框上有时会有对联，一般都是祝福的内容，大都是直接撰写到上面的，一年四季都在，不同于过年贴的对联。直到今天，仍然能够看到字迹。这方面，陇东地区表现得明显一些。在陕北，窑洞窗格上习惯贴窗花，各种各样的窗花每年都贴，每年都有新的内容，民间很多妇女都会剪窗花。宁夏中南部也有一些门匾、窗花，但比较少，不像陕北、陇东那样普遍。窑洞内部装饰布置上，由于宁夏中南部聚集生活着大量回族群众，受伊斯兰宗教文化信仰影响，窑洞内部墙面上一般不贴人物画、年画之类，最多在窑洞的后部墙面上挂一副阿拉伯语对联。而陕北、陇东的窑洞喜欢用各种人物画、年画、书法作品装饰内部墙面。

4. 窑洞功能设置的区别。宁夏的窑洞功能相对单一，主要供人们居住使用。陕北、陇东一些偏远地区的窑洞，由于地理位置偏僻，历史上兵荒马乱，为了防盗防贼，在窑洞功能设置上考虑得比较多，如窑洞门头上除了基本的门窗外，上面要有采光窗，再上一层要有防贼观测窗，这样在盗贼上门抢劫时，可以居高临下通过观测窗查看来贼人数，同时也可以通过观测窗用自制的土抢打击盗贼等。在窑洞内部，宁夏的窑洞一般会在窑洞的后部、侧面适当的位置，再开凿出若干小的窑洞，存放粮食或其他生活用品。陇东和陕北窑洞由于形制较大，内部开凿这样小的窑洞比较普遍。特别是在陇东一些窑洞中，除了上述情况外，还开挖一个通往外面的暗道，主要用于盗贼抢劫时逃窜，这是个非常聪明的做法，宁夏的窑洞较少这方面的设计。

三、宁夏窑洞村落文化发展的思考

宁夏中南部窑洞及窑洞村落是黄土高原传统村落文化的重要组成部分之一，其窑洞及窑洞村落的形制既有黄土高原中心区窑洞及窑洞村落的基本文化元素，也有自身的特点和区域特色。在窑洞及窑洞村落的发展保护中，要有这一基本的认识和思考。要理性认识，不可盲目。此外，要有总体保护传承的思想，科学研究，合理规划，对整个宁夏窑洞及窑洞村落进行总体规划布局。把窑洞及窑洞村落文化的保护传承置于宁夏古村落文化保护传承的大格局中思考定位。

1. “留住乡音，记住乡愁”，要通过方志较为详细的记载留存窑洞村落文化，传承民居文化。我们要充分借助文字和图片的优势，通过志书的形式很好地记载和传承村落文化。志书是我国独有的文化形式，在悠久的历史长河中，为传承中华文明发挥了重要的作用。新的历史时期，党和国家高度重视修志工作，国务院先后出台了《地方志工作条例》《全国地方志事业发展规划纲要（2015—2020年）》等法规性文件，明确了方志工作的目标和方向，明确了方志的职责和任务。党和国家领导人习近平总书记、李克强总理、刘延东副总理多次对方志工作进行指示。因此，我们要充分利用好志书这一载体，有针对性地，带有抢救性地，对那些已经消失或即将消失的窑洞村落开展有计划的修志工作，通过一部部窑洞村落志，把窑洞村落的历史、现状以及窑洞的特点和文化元素都记载下来，供后来人了解窑洞民居的情况，为后来人研究窑洞民居的文化传承提供翔实准确的历史资料。宁夏彭阳县一位退休老教师在目睹自己从小长大的村落的消亡过程后，毅然启动了《崖堡村志》的撰写工作，得到了市、县级地方志工作机构的大力支持，并于2014年正式出版。志书以文字和图片的形式较好地记载了村落的发展历史、民居等方面的情况，成为我区乃至全国首部村级志书，得到自治区地方志办公室、中国地方志指导小组的高度肯定，并在全国范围内推广。因此，充分认识志书的重要作用和载体优势，高度重视窑洞村落的修志工作，无疑是保护和传承窑洞村落文化非常有效可行的一种做法。

2. “加强研究，挖掘历史”，要加强对宁夏地区窑洞村落的研究力度，挖掘宁夏地区窑洞村落的源流、发展及特色，弘扬宁夏民居文化。宁夏窑洞及窑洞村落文化是个大课题，一两次田野调研，短时间查阅资料，远不能全面深入地掌握窑洞的情况。据了解，目前从事窑洞及窑洞村落研究的人员较少，研究力量比较薄弱，全社会关注度较低，对保护传承窑洞的认知度低，这对保护和传承窑洞文化非常不利。这就需要文化管理部门、社科研究部门、城镇建设部门高度重视，加大对窑洞及窑洞村落的研究力度，挖掘历史传承，弘扬优秀文化元素。通过研究，弄清楚窑洞及窑洞村落的历史渊源、发展脉络、开凿技术、文化传承、作用价值等，为传承和保护窑洞文化提供理论咨询和智力支持。

3. “保护开发，发展旅游”，要有针对性地保护开发具有一定规模和特色的窑洞村落，在城市化进程中，发展窑洞村落旅游。对窑洞村落文化的保护传承，目前，比较通行的做法是修建博物馆，如遗址博物馆等。不可否认，这至少是当前一种被人们认可的较为可行的办法。但对窑洞及窑洞村落的保护传承，一定要结合实际，要创新，不可盲目跟风、不切实际。结合旅游经济开展保护和传承应该是基本思路和原则。目前，陕北的窑洞及窑洞村落保护传承工作走在了前面，如我国首家窑洞博物馆——陕北延川县土岗乡碾畔村民俗博物馆，充分利用12间遗弃的窑洞，陈列了6000多件不同年代民间生产的农具、生活用具，见证了黄河流域居民从伏羲氏到当代农业社会生产、生活的发展历史。[①] 此外，还可以立足西北红色文化的优势，发展窑洞爱国主义教育基地，利用窑洞民居的优势发展窑洞休闲度假经济，等等。这样既实现了保护传承的目的，又向人们普及宣传了窑洞文化，还发展了旅游经济，增加了收入，达到了多赢的目的。首先，要弄清楚宁夏窑洞及窑洞村落的特色、宁夏窑洞需要保护的重点、宁夏的外部环境和经济条件适合进行什么程度的保护，这些都需要认真思考和研究。其次，保护和传承工作如何与发展旅游经济结合起来，特别是宁夏南部的窑洞如何充分利用六盘山旅游资源带动发展。再次，要充分考虑到宁夏南部山区生态移民的特点，即整村移民，留下的比较完整的窑洞和窑洞村落比较多，地域特色明显，是整体保护还是有选择地保护，要有前瞻性和战略眼光。最后，在经济社会全面发展的今天，尤其要重视民间智力和资本的利用，通过合作或者契约形式来保护和传承窑洞文化。现实中的成功案例比较多，他山之石可以攻玉，该学习的学习，该借鉴的借鉴。

①白凯，吴成基，苏慧敏，马彦飞，姚宏．陕北黄土高原窑洞文化与旅游开发探讨［J］．地域研究与开发，2006，25（6）：78．

宁夏回汉族建筑文化融合探析

赵耀锋①

建筑是一个民族冻结的文化，是一个民族文明的物化象征，宁夏回汉各族人民在漫长的历史进程中创造了光辉灿烂的建筑文化。由于回汉各族共同的自然地理环境、“大集中，小杂居”的居住方式、族际通婚等原因，回汉族建筑文化不断互动采借，促使回汉族建筑文化相互融合。

一、宁夏回族建筑文化的历史扫描

清真寺最能够体现宁夏回族建筑文化的特点。清真寺的阿拉伯语是“麦斯吉德”，意为“敬拜真主之地”，清真寺是回族最重要的宗教活动场所，它对增强回族民众的团结和凝聚力起着重要作用。在宁夏地区，清真寺承担着多种社会功能：清真寺是回族民众做礼拜的地方，在古代，它也是一些回族儿童接受启蒙教育的地方。黑格尔认为：“宗教往往需要利用艺术来使我们更好地感到宗教的真理。”清真寺是伊斯兰文明的物化象征，它是伊斯兰文化最完美的体现。受地理环境影响，宁夏地区的清真寺大多依地而建，清真寺礼拜大殿的顶部是穹窿，多是四角式或六角式，穹顶是绿色的，顶上有宝瓶或钢球，穹顶上还置有一弯新月。穹窿下边是窗户，一般是尖拱，或是马蹄拱、多叶拱，

---

①赵耀锋（1977—　），男，甘肃庆阳人，文学博士，宁夏师范学院文学院副教授。

这些窗户与穹顶相呼应，拱形的中心部位一般雕有精美的古兰经经文。礼拜大殿也有建成中国传统宫殿式的，除此而外，殿堂一般都很典雅，雕塑和彩画等装饰性纹样不多，这是它与汉族庙宇建筑显著不同的地方。大殿一般都是砖混结构，屋顶为蓝瓦。因为回族不讲个人崇拜，所以清真寺内没有雕塑、壁画。有些礼拜大殿受汉族文化的影响，有四角挑檐，檐上有精心雕刻的花纹。大殿内，正面墙中间设置有领拜用的壁龛，清真寺无论建在哪个地方，其礼拜大殿必须建在坐东朝西的方位，壁龛均背向正西，这是由于麦加是伊斯兰的圣地，全世界穆斯林礼拜时都必须面向它。殿内一般较宽敞，明柱较少，地板上铺有拜毡或地毯。厢房都是民房式的。而且，至明代，清真寺内的碑石“完全汉型制化了”，有的碑石上刻有龙纹装饰，这是伊斯兰文化和汉族文化融合的典型标志。

在民居建筑文化方面，因为回族大规模移居宁夏是在元、明、清代，在建筑文化方面主要受自然环境的影响，同时也受汉族建筑文化的影响，所以和汉族并无多大区别，只是在室内具体装饰上有差异而已。

二、宁夏汉族建筑文化的历史扫描

从古代到现当代，宁夏地区汉族的民居建筑，依其建筑式样，可以分为以下几种。

（一）房屋

近现代以来，随着宁夏地区经济文化的发展，家家户户都盖起了人字形房屋，一般坐北朝南或坐西朝东，这种房子分土木结构和砖木结构两种，经济条件较好的家庭通常建砖木结构的房子，经济条件不好的家庭只好建土木结构的房子。土木结构或者砖木结构的房屋可以分为这样几种类型：①人字形房。这种房子宽敞美观，内部光线较好，是经济条件较好的家庭理想的居处。和其他文化区的人字形房屋相比，宁夏地区的人字形房坡度较小，因为宁夏地区天气干旱，一年中降雨量较小，不必建成那种坡度较大的人字形房屋。②三角形房。这种房子的屋顶是直角三角形的，故谓之“三角形房”，这种构造的房屋比人字形房屋窄小得多，因而可使用面积要小一些，选择这一类型主要是这种房子在修建时可以节省大量材料、工作量，而且一些经济困难的家庭要考虑冬季取暖的问题，宁夏地区一年中寒冷的季节持续的时间特别长，房子面积小而且屋顶低的话可以节省取暖的费用。③平顶房屋。这种房子建筑时省时省原材料，它和三角形房子一样室内面积较小，可以节省用于取暖的能源。

（二）窑洞

窑洞是古代人理想的居处，这是由落后的生产力水平所决定的。宁夏地区地处黄土高原中部，大部分地区尤其是宁南山区的地形决定了人们只能依山造屋，而不可能像平原地区那样在广阔平整的土地上修建规整的院落。山区土质密集，不易漏水，不易受风雨的作用而蚀化，再加上窑洞可以省去建房所需的各种材料，因而在漫长的古代社会，窑洞在宁夏地区是最基本的住宅样式。除了自然环境的影响、经济条件的限制以外，窑洞里冬暖夏凉，冬季住在窑洞里比较暖和，可以节省取暖用的柴火，夏季又比较凉爽，可以免受炎热之苦，因而在漫长的古代社会窑洞成为这一地区人们理想的居住方式。进入现代社会以后，随着人们生活条件的改善，窑洞已经逐渐退出了历史的舞台。通常人们都是依山挖窑洞，而不是平地挖坑然后再挖窑洞，这样可以节省劳动力，而且依山挖窑，可以使水道畅通，免去大洪水的威胁。在宁夏地区，人们一般挖三口窑洞，没有院墙，中间的窑洞比两边的窑洞稍微高些，称“大窑”，供家中长辈居住，有尊贵的客人来时用作客厅，这种高体现了家长的尊严，是儒家伦理思想的反映；大窑右侧的窑洞称作“偏窑”，供小辈居住，同时里边用于储存粮食；大窑左侧的窑洞称作“家”，用作厨房。偏窑和家在结构形式上相对称，高度一样，所有的窑洞洞口正中偏左装有木门，门的右侧是一扇窗户，门和窗户上都雕有花纹。窑洞正上方通常都会留一个小洞叫作“天窗”，用来通风，因为窑洞一般都有二十米深，会有潮气，天窗可以将洞内潮气排到室外。窑洞进门靠右边墙壁是一口大土炕，一般称“火炕”，因为它要用柴火方能烧热。炕上有一个小木方桌称“炕桌”，一家人通常在炕桌上用餐。炕上里边靠墙的地方通常都放着一个大柜子，用来盛放衣物。窑洞的每一道小小的设计都是为了应对自然的限制，或者说是对自然界的利用，每一道设计都巧夺天工、实用经济而富于智慧。近现代以来，随着宁夏地区经济文化的发展，家家户户都盖起了砖木结构的房屋。

三、宁夏回汉族建筑文化的融合

回族建筑文化的特点是建筑物多为圆顶或拱式，现在宁夏回族的民居圆顶或拱式建筑很少，因为这种建筑形制耗时、耗财，而且掌握这种建筑技术的人越来越少，其建筑式样在很大程度上是学习汉族建筑文化的结果，和汉族大致相同。回民一般把窗户做成半圆形或者拱形来体现回族建筑的特点，只有清真寺最能体现回族建筑文化的典型特点，而且宁夏的清真寺在建筑风格上典型地体现了回汉文化的融合。宁夏清真寺的穹窿一般是木起脊式的，带半拱，这是其与其他文化区清真寺明显不同的地方，体现出伊斯兰文化与汉族文化的完美融合。有些清真寺的礼拜大殿受汉族文化的影响，有四角挑檐，檐上有精心雕刻的花纹。在空间布局上，宁夏的清真寺也更多地体现了伊斯兰文化与汉族传统文化的融合，区内大部分清真寺为传统的四合院布局，清真寺大门也完全是中国传统的寺宇大门形式。在整体布局上，或者围绕礼拜大殿，东、南、北方均为厢房，西方是主体建筑——礼拜大殿，东西、南北对称；或者以清真寺大门和礼拜大殿为轴线，其他建筑围绕这一轴线依次推进，例如宁夏海原县清真大寺共有两道院落，第一道院落里分布着礼拜大殿、望月台和经堂，经堂有五间，大殿为七间，均为砖木结构，经堂是一座三层小楼。第二道院落内建有正房三间、东西厢房六间、过道学房五间。整个院落布局，明显受到汉族建筑艺术讲究对称、方正的风格影响。又如宁夏同心清真大寺是佛教建筑风格与伊斯兰教建筑风格的完美统一，它本身是明朝初年由佛寺改建而成的，其现存的建筑物上保存着佛教的建筑艺术，大殿前的八字墙右壁中间刻的图案为一圆环，以牡丹花饰边，中间刻有伊斯兰教、道教和佛教日常生活中的器皿。

宁夏汉族的佛寺也受到了回族建筑文化的影响。例如，佛寺内的墙壁上较少有绘画，这是受清真寺内崇尚洁净的观念的影响；境内佛寺一般都建在半山坡上或者山顶上，这固然是受山区或者川区地理环境的影响，但更主要的是受回族文化思想的影响，回族清真寺的穹窿高高耸立，直耸云霄，给人一种威严之感。汉族受回族影响，在修建佛寺时，也尽量将其置于半山坡上或者山顶上的显眼之处，因而显示出与其他文化区佛寺不同的建筑风格。

乡土固原与乡村旅游策略试探

冯　敏①

摘　要：固原地处中原文化与草原文化的过渡地带，又是河套文化与丝路文化的交融区，古老深远的移民文化和浓郁粗犷的边塞风情共同凝聚在这块神奇的土地上，为后人留下了许多珍贵的遗迹和探寻不尽的奥秘。固原文化本质上是乡土性的，随着乡村旅游的日渐升温，固原地区要发展旅游应结合历史悠久的多民族文化，提炼边塞文化旅游特色，开拓乡村旅游事业。

关键词：乡土固原　乡村旅游　边塞文化

固原地区自古就是边疆游牧文化与中原农耕文化的重要分界线。近年来，随着人民生活水平的提高和物质生活的极大丰裕，旅游事业越来越兴旺。发展固原地区的乡村旅游，笔者以为最好能够展示固原历史文化中特色鲜明的边塞文化，展开对固原古村落的保护和维修，打造区域品牌性的旅游新亮点，这对于适应中产阶级追求旅游品质、关注地方文化、突出民俗等深度旅游具有重大意义。

一、乡土固原

（一）固原文化的乡村底蕴

固原的文化底蕴是乡村而不是都市，正如著名人类学家费孝通指

①冯敏（1982—　），女，宁夏固原人，历史学博士，宁夏师范学院学报编辑部副编审。

出的："从基层上看去，中国社会是乡土性的。"[①] 地方性和乡村性是乡村旅游的核心。[②] 其中，乡村性是区别于城市生活的根本特征，如较低的人口密度、较低的开发强度、亲近大自然和田野、以传统生活方式为主等，是传统耕读文明的集合体现，蕴含着独特的绿色生态文化、安逸和静谧的田园风光。

固原地区主要以农业与畜牧业为主，工业发展缓慢，城市化进程较为滞后，从发展旅游业的角度来说，固原老百姓的商业化意识不强，因此大量保留了原生态的民俗风情，这也是最独特最有优势的资源。固原地区较少工业厂矿与企业污染，因此雾霾很少，湛蓝湛蓝的天空，碧绿碧绿的草地，一望无垠的原野，清水河流淌其间，青山、绿水、蓝天相映生辉。另外，气候温和，没有酷暑之弊，六盘山地区历来有"春去秋来无盛夏"之说，自古以来便是帝王们避暑休闲之胜地。登上主峰远眺，朝雾迷漫，云海苍茫，日出云开，只见重峦叠嶂，影影绰绰，环境极佳，引无数英雄竞折腰，历史上翻越过六盘山的帝王级别的人物有秦始皇、汉武帝、宇文泰、忽必烈等，蒙古大汗成吉思汗也曾在此坐镇指挥蒙古攻灭西夏的军事行动，更增添了固原的历史底蕴。

固原地区拥有丰富的边塞文化资源，文化内涵深厚的历史文化遗产、遗存、出土文物等。固原是一座历史名城，汉武帝时曾在此设安定郡，南北朝至唐代设原州，明代为固原州。1913 年改固原县，1958 年设固原专区，1970 年改固原专区为固原地区行政公署，2002 年撤地建市，改固原地区为固原市。固原古城的规模在西汉时就已形成，后经历代不断修缮，尤其是在明万历三年（1575 年）大兴土木建成砖城，成为北方屈指可数的砖城之一，有"高平第一城"之称，为屯兵用武之要地。如今城墙西北角的砖城还保存完好。在固原停留，可以参观固原博物馆，了解固原的历史和文化，还可以游览小西湖、观战国秦长城、登东岳山。

---

①费孝通.《乡土中国》之无讼[J].法治资讯,2009(1).

②丁培卫.近 30 年中国乡村旅游产业发展现状与路径选择[J].东岳论丛,2011(7).

（二）汉风与胡俗交融

固原市位于西安、兰州、银川三个省会城市的三角地带中心，境内公路四通八达，独特的地理位置使其成为前往六盘山的咽喉要道。又因其处于丝路东段北道上，是回民聚居区，因此我们还可领略边塞文化与中原文化交汇融合而形成的独特民俗风情。正如佘贵孝先生指出的，固原具有“胡汉相交的边塞民俗”[①]，固原地区在历史上一直是农、牧业均较为发达的地区。历史上固原的文化属于开拓型的外向文明，汉人驻边也好，屯田防守也罢，都为固原地区文明的近进与定居农业的发展立下了汗马功劳，奠定了固原地区汉家天子脚下的汉人文化归属。

司马迁《史记·货殖列传》载：“天水、陇西、北地、上郡与关中同俗，然西有羌中之利，北有戎翟之畜，畜牧为天下饶。”[②] 这里不仅记载了固原境内秦汉时期民俗民风同于关中，而且从历史地理文化的视角描述了畜牧经济对关中农业经济的支持与补充。[③] 司马迁通过实地考察指出固原“与关中同俗”，《史记》亦载：“关中自汧、雍以东至河、华，膏壤沃野千里，自虞夏之贡以为上田，而公刘适邠，大王、王季在岐，文王作丰，武王治镐，故其民犹有先王之遗风，好稼穑，殖五谷。”关中乃汉代之统治核心区域，“好稼穑，殖五谷”系中原汉族农业文明的优秀典范，因此可知汉代的固原农耕文化之深厚，且民风习俗与关中地区较为相近。

同时，固原地区接近北方游牧民族居住地区，习染胡俗胡风，也形成了以粟特人为代表的丝路商业贸易重镇，经商的传统在固原绵延千载，至今仍生生不息，擅长贸易的固原回族就是有名的商业民族。固原属于文化边疆地区，“不同的民族，其对生活、社会、道德的理解迥然有别，而且构成他们自身和确定他们民族性的价值观也完全不同。

①佘贵孝，郭勤华.论固原边塞文化[J].宁夏师范学院学报，2014(2).

②司马迁.史记·货殖列传[M].北京：中华书局，1972：3262.

③薛正昌.固原文化地理与历代风俗文化[M]//中国人民政治协商会议固原市委员会.固原文史资料（第一辑），内部资料，2005：160.

边疆还是军队对峙的地域、商人进行贸易的市场和政治家们冒险的乐园”①。虽则边患高发，然顽强尚武的固原人民以无与伦比的坚韧与拼搏打造了非凡的边塞文化意象。

大约在夏商周时代以前，西北地区开始了向以畜牧业为基础的游牧生活转变的历程。在这一转变过程中，还仍然明显保留着混合型经济的特征，但畜牧业生产已经占据了绝对支配地位，并最终转变成一种真正意义上的畜牧生活。② 固原地区的文化特征反映出，从春秋末期到战国时期，固原地区的文化是一个文化复合体，这一文化复合体与青铜文化为特征的文化具有相当大的同质性，其青铜文化与鄂尔多斯地区的青铜文化非常相似。“在这一文化区的青铜器物中，发现了具有特征性的动物纹饰牌饰，马和马车具，以及一些北方风格的武器。靠近秦国西北部的地区是游牧—军事文化的故乡，这里可能发展了半游牧甚至是完全的游牧文化，但是绝对是非周族的文化。”③

秦汉以来，固原是抵御匈奴的重要阵地；魏晋南北朝时期，匈奴、鲜卑、羯、氐、羌诸族，陆续入华，在固原上演了民族征战、交流融合的大戏；隋唐以降，前有突厥犯边，后有吐蕃占据固原，烟尘再起，纷争不断！西夏建国，固原再次沦为宋夏相争之战场，后为金所据，兵戈未息！蒙古灭金，成吉思汗坐镇六盘山攻打西夏。蒙古北遁，然仍对中原虎视眈眈，明王朝为抵御北方鞑靼（主要是蒙古人），设立九边重镇，固原为九边之一。纵观历史，固原历史文化源于边塞文化④，具有浓郁的边疆塞外少数民族文化基因，是多民族聚居之地，文化上碰撞交流不断，丰富多元。

---

①[美]狄宇宙.古代中国与其强邻——东亚历史上游牧力量的兴起[M].贺严，高书文译.北京：中国社会科学出版社，2010：6.

②[美]狄宇宙.古代中国与其强邻——东亚历史上游牧力量的兴起[M].贺严，高书文译.北京：中国社会科学出版社，2010：78.

③[美]狄宇宙.古代中国与其强邻——东亚历史上游牧力量的兴起[M].贺严，高书文译.北京：中国社会科学出版社，2010：180.

④佘贵孝，郭勤华.论固原边塞文化[J].宁夏师范学院学报，2014(2).

（三）边塞风情浓郁

边塞总是与军事征战相联系，边塞军旅，征夫、怨妇构成凄凉哀婉的人文图景。古往今来，文人名将浓墨重彩描述边塞军旅风光，为我们留下了数不清的文化珍宝。汉代崔骃《安封侯诗》云："戎马鸣兮金鼓震，壮士激兮忘身命。被兕甲兮跨良马，挥长戟兮彀强弩。"描述了边塞激战场面。汉乐府《古歌》："秋风萧萧愁杀人，出亦愁，入亦愁。座中何人，谁不怀忧？令我白头。"① 平添慷慨悲凉、萧瑟凄凉之况味。曹操《苦寒行》亦云："树木何萧瑟，北风声正悲。"陈叔宝《陇头水二首》其一："登山一回顾，幽咽动边情。"历史上比较动荡的年代，固原人烟稀少，一片荒凉苍茫景象。对于中原诗人来讲，边塞无疑绝域，一入边塞死生难卜，平生多少惆怅！

固原地理位置重要，久乃兵家必争之地，"朔方烽火照甘泉，长安飞将出祁连"。因此之故，固原边塞文化尚武任侠，民风淳朴彪悍，塞北苦寒之地英雄辈出。曹植《白马篇》："借问谁家子？幽并游侠儿。少小去乡邑，扬声沙漠垂。……捐躯赴国难，视死忽如归。"英雄侠肝义胆、为国捐躯之豪情跃然纸上！王昌龄《出塞》："骝马新跨白玉鞍，战罢沙场月色寒。城头铁鼓声犹振，匣里金刀血未干。"杜甫《前出塞九首》其三："磨刀呜咽水，水赤刃伤手。欲轻肠断声，心绪乱已久。丈夫誓许国，愤惋复何有！功史图麒麟，战骨当速朽。"唐代边塞诗人颇多歌咏之杰作，如岑参《送李副使赴碛西行军》："火山六月应更热，赤亭道口行人绝。知君惯度祁连城，岂能愁见轮台月？脱鞍暂入酒家垆，送君万里西击胡。功名只向马上取，真是英雄一丈夫。"崔颢《赠王威古》："三十羽林将，出身常事边。春风吹浅草，猎骑何翩翩。插羽两相顾，鸣弓新上弦。射麋入深谷，饮马投荒泉。马上共倾酒，野中聊割鲜。相看未及饮，杂胡寇幽燕。烽火去不息，胡尘高际天。长驱救东北，战解城亦全。报国行赴难，古来皆共然。"最有名的当属王维《使至塞上》"大漠孤烟直，长河落日圆"，茫茫边塞，一望无垠。

---

①更生选注. 历朝边塞军旅诗：定西番卷[M]. 北京：华夏出版社，2000：14.

李白《关山月》：“由来征战地，不见有人还。”储光羲《关山月》：“一雁过连营，繁霜覆古城。胡笳在何处，半夜起边声。”边塞风光，千古之下，追思无限，引多少后人探幽寻古！

二、乡村旅游

乡村，又称农村，主要指的是县城以下的广大地区。乡村景观的美和人的美都是自然的，让人有种被融化的陶醉。土地散发着芳香，农民快乐安详。草木青翠碧绿，透着清新；花儿浓郁芬芳，娇艳欲滴；溪水纯净透明，没有灰尘；空气湿润，沁人心脾；村民正直、善良、热情、纯朴，他们不虚伪、不矫揉造作、不尔虞我诈。虽然乡村的生活条件不如城市，但那种日出而作、日落而息、与大自然浑然一体的自由生活却是城市人所向往的，乡村优美的环境和清新的空气也是城市不能比拟的。亲近自然、返璞归真对于城市人而言有着无穷的魅力。这种塞外风情对久居喧嚣城市的市民来说具有磁石般的吸引力，旅游者之所以选择乡村游，其动机主要是实现对大自然的情感回归。

相对于乡村，城市是繁华、喧嚣、热闹的。随着城市化进程的加快，大片平原良田被钢筋水泥的高楼大厦占据，但这些建筑就像一道道屏障，阻隔了人与人之间的接触、心与心之间的交流。虽然，城市绿化也日新月异，有树、有花、有草、有喷泉……但缺少了那种原始生态美，有种被雕琢过的痕迹。而且，水泥楼房的冰冷、生活节奏的加快、工作生活压力的加剧、人际关系的淡漠、内心的孤独使得城市人非常渴望投入大自然的怀抱，也只有她那博大宽广的胸怀能唤醒人们的心灵，大自然这种爱是至高无上的。当乡村旅游越来越成为一种时尚，现代新型的乡村，指的不再是经济落后、位置偏远、生活水平低下的地理区域，而是一种自然、舒适、恬静、惬意的居住环境，没有喧闹，没有城市的隔离与硬冷，只有一派舒适惬意。在这里，时间的流淌像小溪一样变得缓慢，空间也更加舒适，四处洋溢着脉脉温情，到这里来的人心会越来越暖，越来越静。

长期以来，固原地区乡村生产力水平比城市要低得多，流动人口较少，经济不发达，因此乡村的环境遭到的破坏程度远比城市低很多。乡村的产业结构主要以农业为中心，其他行业或部门都直接或间接地为农业服务或与农业生产有关。① 乡村与城市是两个完全不同的世界。人文环境、地理环境、文化水平、经济发展都有所不同，人们对城市和乡村的理解和感受也有差异。② 我国的乡村旅游是指以各种类型的乡村为背景，以乡村文化、乡村生活和乡村田园风光为旅游吸引物而进行的兼带观光、度假、休闲性质的旅游活动。③ 旅游者在乡村的自然环境或人文风情的吸引下，可以进行一系列游憩活动。简单地说，乡村旅游就是到乡村去观赏乡村的风光，了解乡村民情、礼仪风俗等，可以在乡村及其附近逗留、学习，体验乡村生活。④ 近年来，国家也陆续推出了一系列政策鼓励和推进乡村游。如2006年的旅游宣传口号即为“中国乡村游”，国家旅游局要求旅游业坚持服务农村，以期实现展示新农村、推动新旅游、树立新风尚的目标。⑤

另外，近年来随着人民生活水平的不断提高，人们对旅游的需求快速上升，“游民”大量增加。许多人在经历了长线游的辛苦之后，开始喜欢上了短线的乡村旅游。吃农家饭菜、看乡村山水、和农民朋友一起种地摘果已经成为长期生活在钢筋混凝土搭建的“城市森林”中的居民的一种新的重要的短途旅游休闲方式。相对于国内游、国外游的“大餐”而言，这无疑是蕴涵着浓郁乡土气息的“家常菜”。利用周末等零星假期，远离都市的喧嚣，投入大自然的怀抱，以郊野游、

①《乡村旅游从业人员丛书》编委会. 乡村特色旅游建设指南[M].天津:天津人民出版社,2010:3.

②《乡村旅游从业人员丛书》编委会. 乡村特色旅游建设指南[M].天津:天津人民出版社,2010:3-4.

③张文,安艳艳,李娜.我国乡村旅游发展的社会与经济效益、问题及对策[J].北京第二外国语学院学报,2006(3).

④《乡村旅游从业人员丛书》编委会. 乡村特色旅游建设指南[M].天津:天津人民出版社,2010:8.

⑤王玉.基于村民对古村落文化认知度调查的旅游营销策略研究[D].浙江师范大学硕士学位论文,2013.

自然风光游、乡村游为主的绿色旅游日渐成为风尚，这显示着人们在追求上的改变。乡村旅游已成为当今旅游业的一个新亮点。①

三、建议与对策

乡村旅游的主体是周边城市居民，他们渴望在繁忙的工作和喧嚣的城市生活之余，去乡村体验静谧的田园生活，形成诸如“观光农业”“休闲渔业”“民俗旅游”等新型旅游类型，发展势头强劲。固原市与时俱进，也将旅游作为一项主导产业，重点突出建设基础设施，完善旅游基本要素与条件，并提出了“红色六盘、绿色固原、避暑胜地”的文化旅游定位，业已建设了较为良好的旅游的基础设施和条件。然而随着现代旅游的深入发展，其中心力量主要以受过较高文化教育的中间阶层为主，他们对旅游的价值意义的追求进一步发展，不再满足于过去的购物游、走马观花式的短效直观游（如吃生态瓜果蔬菜、粗粮杂粮；住农家小院、特色小屋；购买简易廉价、各地趋同的旅游纪念品等），而是更注重对旅游地文化的深入发掘。所以应将文化底蕴的发掘与旅游相结合，提升固原旅游的品牌和知名度。

（一）政府和旅游公司应高度重视固原乡村旅游

地方已经做了很多工作，如对萧关遗址文化园、须弥山石窟的建设反映了固原市相关部门对固原边塞文化的重视和开发，并已初见成效。另外，老龙潭·中华龙文化博览园、西吉火石寨旅游基地的建设，类型多样的自然景观，兼收并蓄的多元文化，丰富了固原的旅游资源。作为“中国旅游最后的处女地”，近几年来，固原备受海内外游客的青睐。来固原旅游，可从不同角度欣赏古老的泾河文化、雄浑的大漠风光、浓郁的回乡风情、迷人的六盘胜景。根据更高层次的旅游需求，可以开发骑骆驼穿越萧关、游览须弥山、体验回族风情、徒步长城、

①《乡村旅游从业人员丛书》编委会. 乡村特色旅游建设指南[M].天津：天津人民出版社，2010:5.

生态农业观光等特殊旅游项目。

从乡村旅游的发展前景和固原的长远规划来讲，政府还是应该更加重视乡村旅游。因为，发展乡村旅游对固原地区的城市发展、文化交流、经济飞跃，无疑具有“双赢”的重要意义。一方面，来乡村旅游的游客多是长久居住在城市的居民。随着生活节奏的加快、社会竞争的日益激烈，越来越多的城市居民感受到生活的压力，伴随而来的亚健康状态和身心的疲惫让城市居民渴望在繁忙与压抑中觅得一片净土，舒缓身心，亲近自然，一洗疲惫之态。融自然之美和田园之美于一体的乡村，正迎合了都市人的需求，成为新时期人们旅游、休闲度假的目的地。另一方面，对于发展旅游产业的乡村来说，可以减少本地人口流失，提高收入，增加就业，对改善农村经济结构具有非常好的作用。同时，也有利于农村经济的多元发展。

固原地区长期以来处于文化边疆地带，农耕也好，畜牧也罢，其社会基本单位主要是以家庭为基础构成的村落，但由于年久失修、保护不力等自然或人为原因，现存的古村落非常稀少。目前，随着国家大规模搬迁、整体移民开发等政策的实施，越来越多的村落正逐渐衰落，有的村子甚至被完全废弃，荒草丛生。政府和旅游公司应对固原的普通乡村旅游给予更大的重视，从思想意识和政策上更多地关注和扶持，解决农村人口基本的生活和经济来源。事实上发展乡村旅游可以提供给妇女、老人更多的工作机会，再加上固原地区农村儿童教育条件的大力改善，农村教师收入的不断增长，农村对农民的吸引力正史无前例地加大，这些都是固原发展乡村旅游的新经济增长点。

政府若能给予政策上的支持和经济上的支撑，重新考虑开发这些“失落的村落”，投资维修和新建一些住房、酒店、停车场等基础配套设施，就可吸引部分外出打工的年轻人继续回村经营。一方面，可以解决一家人的生活和经济来源，同时减少留守儿童、留守老人等悲剧现象。另一方面，可以帮助广大农民朋友重建传统温馨的家园。这真是一件福利双收、造福于民的好事。

（二）提升文化软实力

固原地区畜牧边塞景观对国内和国外游客有很大的吸引力。游客来乡村看到这些在城市里见不到的自然风光往往会流连忘返。另外，固原的乡村建筑系北方风格，黄土高原的窑洞颇有地域特色，还有大量传统乡村建筑的集合体——乡村聚落，可考虑保护并有限度开发、开放彭阳县境内以窑洞为代表的古民居遗址、遗迹，但同时一定要最大限度地保留村落的生活方式，不能以牺牲乡村性为代价，因为目前我国许多地区的乡村旅游已经因为失去乡村性，越来越迎合城市居民的某些要求而迷失了自己的特色与文化，最后只能沦为同质化而失去乡村旅游的基本特征。

提升固原边塞文化软实力，展示固原悠久的边地特色居住习俗，可考虑建设窑洞式住所。窑洞式住所主要分布在中国中西部的河南、山西、陕西、甘肃、青海等黄土层较厚的地区。利用黄土壁立不倒的特性，水平挖掘出拱形窑洞。这种窑洞节省建筑材料，施工技术简单，冬暖夏凉，经济适用。窑洞一般配有北方传统的火炕，炕都有灶口和烟口，灶口用来烧柴，烧柴产生的烟和热气通过炕间墙时烘热上面的石板产生热量，使炕因受热而暖和起来，烟最后从烟口通过烟囱排出室外。一般炕的灶口与灶台相连，这样就可利用做饭烧的柴使火炕发热，而不必再单独烧炕。

提升固原边塞文化软实力，还要加大文化投资，特别是固原特色浓郁的地方传统戏曲——秦腔，应该大力弘扬。培养起一支高水准的秦腔表演团队，无论服装还是戏文选择上都要下大力气来精细安排，在戏文剧本的创作上也要有所革新，演出最有地域特色的为游客所喜闻乐见的好戏。固原还有令人们感触最深的回乡风情，因为这里是回族聚居地，如泾源县十多万人口中回族占97%。身处其境，我们可以感受这里风格鲜明的民族服饰、独特的饮食习俗、悠扬的“花儿”、动听的口弦、奔放的踏脚，可以感受西北少数民族风情为主题的娱乐接待服务，体味到游牧民族豪放粗犷、能歌善舞的民风民俗。另外，固原还有丰富多彩的刺绣、剪纸、雕塑等民间艺术。一定要重视这些地方艺术文化的传承、保护与发扬，将其与固原乡村旅游有机结合，发展民族特色的艺术乡村旅游风。

（三）绿色饮食文化开发

乡村旅游的游客多是长久居住在城市的城里人，他们在日常生活中吃的瓜果蔬菜多是大棚所产，禽类多是配合饲料喂养，其味道总不是“原汁原味”的。现在很多农村生活条件大大改善，村民做饭都用上了电磁炉、压面机等设备，馒头也是买的，很少纯手工制作。但是在发展旅游的乡村还是建议继续保留和开发传统的手工绿色饮食文化，如用大铁锅炒菜、做饭，配上柴火，加上手工面等，无比自然美味。村民可在房前屋后、广阔田野种上瓜果蔬菜，一则用于烹饪，二则形成观光农业。羊圈鸡舍、菜地酱缸等，都为乡村的餐饮提供了新鲜、绿色的天然食材，农家人“就地取材、就地施烹”，这样鲜美、健康、营养、科学的饮食，已经成为当今都市人追逐的一种时尚[①]。游客来乡村旅游喜欢吃农家自己喂养的家禽家畜及其加工制品、粗粮杂粮、农家自制的豆制品、施用农家肥的新鲜蔬菜、自产的水果、制作方法独特的面食、野菜等。游客对乡村旅游的餐饮要求，就是希望能吃上在城市里不易吃到的新鲜、绿色的纯天然食品。

（四）特色农产品、手工艺品等

游客来乡村最喜欢购买的就是具有地方特色的农产品，例如土鸡蛋、生态水果、地方土特产、地方中药材等。游客还喜欢购买民间手工艺品，虽然有些手工艺品在制作效率上不及现代化的流水生产，但它蕴含的浓浓乡情却让人回味无穷。一些游客还喜欢极富农村特色的日常用品，例如手工鞋垫，手工编制的笤帚，具有民族特色的手工编织帽子、包包、土布服饰、银饰等。[②]

---

①《乡村旅游从业人员丛书》编委会. 乡村特色旅游建设指南[M]. 天津：天津人民出版社，2010：6.

②《乡村旅游从业人员丛书》编委会. 乡村特色旅游建设指南[M]. 天津：天津人民出版社，2010：7.

手工艺品可以大力开发固原地方乡村特色的旅游产品，避免同质化、低俗化，开发具有边塞风格的产品，为旅游提供新的经济增长点。如具有宁夏民族及地域文化特色的鎏金银壶、西吉古钱币、六盘山丝织画、伊斯兰风格工艺盘、回乡枸杞（水晶雕刻）等，已经受到了各方客商的广泛好评，其中鎏金银壶获得2013中国旅游商品大赛铜奖。鎏金银壶是固原中西文化交流史上的明星文物，在国际上享有盛誉，其文化意义非凡。固原是文化宝地，地不爱宝，随着考古的进一步发展，越来越多的精品文物呈现在世人面前，以往文物都是文博系统、历史学家、文化学者、文物收藏家们的珍宝，开发旅游方面我们似乎还做得不够。其实，完全可以加大力度，因为固原出土的精品文物，如北方通古斯式青铜器、玻璃碗、金银器、墓室壁画、陶俑、胡人俑，甚至彭阳“美人鱼”砖雕等，都在国内国际上首屈一指，具有很高的文化价值。若能将这些最有地方历史文化特色的文物以合适的形式加以呈现，作为旅游纪念品，应该非常有市场前景。

（五）提升服务意识和水平是关键

因地处边塞之故，固原地区形成了任侠尚武、建功立业的风尚，这也意味着普遍性的豪放不羁，崇尚勇武阳刚，性格豪迈直爽、豁达开朗，但也形成“不拘细行”、粗犷直率的特点。尤其是服务意识差，愿意赚大钱不愿做小事，粗枝大叶，这种粗糙的管理模式和经营理念也深深地影响了固原乡村旅游的雅致化与舒适性，制约了固原乡村旅游的发展。

因此，在发展现代乡村旅游业中，固原居民应着重注意培养服务意识和改善服务态度，树立“游客至上”的意识，注重细节，提高服务质量，才能更好地促进本地旅游的发展。在全国上下掀起乡村旅游热潮的时代氛围中，固原一定要追求乡村旅游服务内容的特色化、个性化、精细化，这样才更有吸引力和核心竞争力；同时也要坚持旅游服务的规范化、标准化。农业部、国家旅游局于2007年5月曾联合下发了大力推进全国乡村旅游发展的通知，要求各地农业和旅游部门围绕当地特色资源和市场需求，发展各种类型的特色乡村旅游。[1] 一方面，要求农民利用和保护好旅游资源，避免开发雷同化，增强市场经营意识；另一方面，要求农民按照基本的乡村旅游设施标准和接待服务标准，改善旅游接待卫生条件，提高经营管理水平，增强乡村旅游的生命力。

①《乡村旅游从业人员丛书》编委会. 乡村特色旅游建设指南[M]. 天津：天津人民出版社，2010：15.

单家集历史文化资源的保护与开发利用

苏银梅[①]

单家集，宁夏回族自治区固原市西吉县兴隆镇一座著名的回汉杂居村落，现有人口800多户，回族人口占95%，其中75%为单姓回族，又因这里自明清以来发展成为重要的集贸交易地，故此得名“单家集”。

村落大部分土地处于葫芦河东岸川地，从北向南呈狭长地带。改革开放之前分单北和单南两个村庄，后来合二为一。河西山脚也有几十户人家，除此之外还有北边的后湾、东南边的王沟。该村交通方便，向北经西吉县城可到达兰州、新疆，向南距离甘肃静宁县仅40公里，可到达平凉、西安，也可经定西到兰州、青海，向东南经将台堡、叠叠沟到固原、银川。优越的交通位置和依山傍水的自然环境使单家集发展成为历史文化名村。

一、丰厚的历史文化遗存

早在20世纪60年代初，考古工作者就在单家集西北葫芦河西岸发现一处新石器时期的齐家文化遗址，出土有陶器、石器等原始先民

①苏银梅(1971—　)，宁夏西吉人，宁夏固原博物馆研究员。

遗留的生产生活工具和用具,[①] 说明新石器时期葫芦河两岸就有原始人类生息繁衍。春秋战国时期，这里是西戎游牧民族的活动地。考古工作者曾经在单北村的后湾发现战国时期北方青铜文化墓葬，出土有游牧文化风格的青铜器。秦时属于北地郡。西汉时在月氏道范围内。村南山脚下曾发现汉墓，并出土青铜博山炉、铜镜、钱币等文物。隋属平凉郡，唐归原州监牧。宋时属德顺军管辖。北宋庆历元年（1041年）的好水川之战就发生在单家集西南王沟村北。金代属德顺州。据西吉县文物管理所的苏正喜老师介绍，单家集境内曾发现有金代墓葬。元代划归静宁州。明清仍属静宁州管辖。1958 年宁夏回族自治区成立以后归固原行署西吉县。

二、著名的红色文化

1935 年至 1936 年，中国工农红军曾经三次经过单家集。1935 年 7 月，中国工农红军第二十五军在军长程子华、政委吴焕先、副军长徐海东的率领下，从鄂豫陕边区出发，经陕西、甘肃，8 月到达单家集。红二十五军在单家集驻扎时，尊重回族的宗教信仰和生活风俗习惯，给部队制定了三大禁令、四项注意，得到了群众的拥护。红军给清真寺阿訇赠送了“回汉兄弟亲如一家”的锦缎匾。1935 年 9 月，毛泽东率领的红一方面军长征经过单家集。毛泽东、张闻天、王稼祥当晚宿营单家集。红军撤离单家集后，国民党战机向红军住过的清真寺及附近民院投掷炸弹。毛泽东居住过的陕义堂清真寺北厢房被炸的弹痕至今清晰可见，寺院内施工时曾挖掘出弹壳。1936 年 5 月，徐海东率领的第十五军团一部再次到达单家集，驻扎一个多月的时间。在此期间，红军帮助成立了静宁县委、县苏维埃政府，政府主席由单家集村民马云青担任，副主席为马进山。单家集群众从物力和人力两方面给予红军大力支持。1978 年，毛主席警卫员陈昌凤来到单家集，重温了当年

①钟侃，张心智. 宁夏西吉县兴隆镇的齐家文化遗址[J].考古,1964(5).

红军在单家集的点点滴滴，从此确立了单家集红色革命地的历史地位。

爱国亦是单家集群众的传统。单兴忠烈士就是单家集王沟村人。1939 年毕业于单家集保国民学校，即单家集小学前身。1941 年考入平凉陇东师范学校，同年应征当兵，进入黄埔军校无线电讲习班学习，毕业后任新编三十二师无线电少尉排副。1942 年 6 月，在绥远战役中，为保护通讯设备和司令长官安全，舍身扑抱敌机投掷的炸弹而壮烈牺牲。第十二战区司令长官傅作义派人赠给烈士家属挽幛一幅，上书“百世楷模”。单家集民众捐资慰问烈士家属，并敬送挽幛一幅，上书“威震乾坤，气壮山河”。①

单家集百姓民风纯朴，思想觉悟高，重视教育，注重发展经济，曾创造了村级多个第一。村内来自不同地区的回汉人民友好相处，获得民族团结先进村、全国精神文明村等多个殊荣。

三、浓郁的回乡文化

单家集村民以来自山东、陕西、甘肃的回族人口为主，其中单姓人占村人口的三分之二。单姓回族祖籍为山东，明朝时期迁徙落脚于该地。陕西人有古、拜、苏、石、郭、穆、冶、白等姓氏，清朝同治年间回民起义后，从陕西各地迁落到该地，当地人称作“老陕”。马姓主要是从甘肃静宁、张家川等地迁徙而来的回族，习惯上称“甘省人”。

单家集村民基本以坊的形式归属于四个大小不同的清真寺。陕义堂清真寺为清光绪年间修建，为老陕人的宗教活动场所，教派为伊斯兰教最古老的一支格迪目。北大寺以单姓人为主，教派为伊赫瓦尼。小北寺为哲合忍耶门宦清真寺。小东寺为虎夫耶门宦清真寺。信教群众日常在各自所属的清真寺礼拜，请各自清真寺的阿訇到家里念索儿，婚丧嫁娶清真寺出面协助，有重大宗教活动时相互邀请参加。各教坊的回族群众在平时的生产生活中和睦相处。每到开斋节、古尔邦节，

①刘伟. 宁夏回族历史与文化[M].银川：宁夏人民出版社，2004：208.

村里呈现出欢乐祥和的节日气氛。独特的回族伊斯兰文化及清真寺建筑，构成单家集浓郁的回乡文化。

四、单家集历史文化名村保护与利用的几点思考

多年来，从中央到地方各级政府都十分重视单家集经济文化的建设，该村经济和文化得到了长足发展，人民生活逐步向小康迈进。村中建成了一定规模的畜产品交易市场，成为村民收入来源的主要组成部分。当前或今后一个时期，乡村旅游成为时代风尚，从文化旅游的角度看，单家集文化旅游设施发展滞后，故此，提出个人以下几点不成熟的建议：

1. 建设单家集村史博物馆和民俗文化大院，集中展示该村出土的历史文物及红色文物、回族民俗文物。文化大院可成为非物质文化如刺绣、剪纸的展示和传承基地，丰富当地群众业余生活，增加收入。

2. 好水川遗址的保护和利用。

3. 开发小作坊，如粉坊、油坊、醋坊以及牛羊肉加工作坊，将作坊生产的产品作为旅游产品出售。

4. 建设吃住一体的农家乐。

固原历史文化研究

明代宁夏的两次兵变

薛正昌

晚明是一个很特殊的时代，在中国文化变迁上也是个大转折的时代，更是了解全球经济文化重心转移到欧洲的关键时期。16世纪之后，整个中国的经济快速发展，最主要是沿着一个十字轴心线扩散，横的轴线是长江流域，竖的轴线就是大运河。就中国内部思想发展而言，经济与社会的变化配合阳明学派的兴起，模糊了“士”与“商”的界线，使得精英文化与通俗文化有了一个交汇。晚明时期江南经济繁荣，人民生活富裕，文化娱乐蓬勃，出现了一个审美追求十分精致的高峰；但是政局纷乱，而且内部危机很多。江南的发展与西北地区差距很大，非常不平衡，而且两极分化造成阶级冲突愈演愈烈，到了明末天启崇祯年间，就发生了民变，出现了大规模农民造反运动。明代，西北是军事防御的重要地区，后期军屯相继放弃，粮饷供给受到一定程度的影响，再加上自然灾害，到明末，阶级矛盾激化，不但身处水深火热的农民为生存而奋起反抗，军队部分士卒也发动兵变。农民起义与军队哗变皆发生在西北，不是偶然现象。崇祯年间，宁夏发生过两次兵变，而且与农民起义有着一定的联系。

一、崇祯元年（1628年）固原兵变

（一）兵变背景

明代末年的农民战争，自天启七年（1627年）陕西澄城王二杀知

县张耀山算起，到崇祯十七年（1628年）明朝灭亡，前后持续18个年头。李自成大顺政权建立，终于推翻了明王朝的腐朽统治，对推动社会发展起了一定的作用。虽明末农民起义同中国封建社会历史上所有的农民起义一样，仍以失败告终，但明末农民起义时间之久、规模之大、影响之深远，为以往农民起义所不及。崇祯年间宁夏发生过两次兵变，一是崇祯元年（1628年）的固原兵变，二是崇祯九年（1636年）的宁夏兵变。明代固原与宁夏皆为军镇建制，没有隶属关系；但明代陕西三边总督驻节固原，节制延绥、宁夏、固原、甘州四大军镇。明代固原、宁夏两次兵变，与崇祯年间农民起义直接或者间接地发生过关联，对明末农民起义影响很大。

明代，陕西为北方最重要的边省之一。早在景泰元年（1450年），就升刘广衡为右副都御史，镇守陕西。陕西所属延绥、宁夏、甘肃三地，亦于正统年间从陕西划出，三地分别专设巡抚，由陕西固原三边总制府节制，史称“西三边”。这里从三个方面追溯明代固原历史，目的是为阐述崇祯元年（1628年）固原兵变的历史意义及其与明末农民起义的关系提供理论上的依据。这次兵变与明末农民起义的时间、地域、影响及作用等方面有直接或间接的关系。

明廷和蒙古的关系始终是敌对的，从1368年以后，一直到明朝灭亡。元顺帝跑掉后，其军事实力并未受到严重损失，还保存着相当数量的军队，并时刻在想办法反攻。明景泰初，蒙古鞑靼部入寇，始犯延绥，但不敢深入。嗣后，及潜河套，遂出没为患，迫使明政府逐渐开始加强西北边备，景泰二年（1451年），固原由千户所升为卫，并筑固原城。天顺以后，西北边备日亟，蒙古保喇部连续犯边并击败明军，“关中震恐”①，明兵部始派大员督军陕西。成化初，陕西延绥、宁夏、甘凉等镇兵已随时进入战备状态，候期调发。同时，整边备，增筑墩台，成化八年（1472年）以后，明军在陕西三边的兵力得到加强，并开始反击。当时总督军务的王越曾奏，搜套（河套）非十五万

①《明通鉴》卷二十八。

尽不可。[1] 到成化十年（1474 年），明廷任命王越总制延绥、甘肃、宁夏三边，设总制府于固原，控制三边。设陕西三边总制府于固原，首先是出于军事上的需要。时刑部主事张鼎已讲得明白：陕西八府三边，俱在镇守总兵，而巡抚都御史不相统一，遇事各为可否，有警不相救援。宜推文武兼备者一人总制三边，副将以下悉听调遣，以一事权。至此，固原始为重镇，屹然一巨镇矣[2]。陕西三边总制成为定制，固原成为陕西三边指挥中心所在。此设一直延及清初。

自明成化年间始设三边总制及明末，驻固原的三边总制五十余人。三边总制的人选以部院大臣充任，基本是由兵部尚书、侍郎或都御史兼任，地方文武官员受其节制。这是明代军事建制的一大特征。固原三边总制府的设置背景及变迁过程，前文已有较为详尽的梳理，此不赘述。崇祯元年（1628 年）固原兵变对明末农民起义的影响很大，而且它们之间关系密切。因此，理清固原三边总制的设置及其演进，对于我们认识明末固原兵变的意义有直接作用。

固原，在历史上既是边关，又是兵家必争之地。明代陕西三边总督驻节固原，它的地理位置更显得重要。自明弘治十四年（1501 年）设固原镇后，边墙向西延伸，增筑至靖虏，抵临洮、兰州、会宁界，当时称为“内边”。“内边”长达千里，与宁夏之“外边墙”并称。明代固原虽算不得西北对敌的最前线，但却如同前防，蒙古诸部曾多次兵临城下。当时的固原就地理方位而论，有其特点：

第一，明弘治年间，蒙古小王子部复驻牧河套，固原开始成为兵冲，成为平庆、临巩门户[3]，花马池为陕西三边总督第一道防线，响石沟至花儿岔为第二道防线，固原较此两处，可谓堂奥之地，但却牵制着东、西、北三面的整体防御。

第二，《明史·兵志二》载，明代北边防御有四处险要之地，即“大同之三边，陕西之固原，宣府之长安岭，延绥之夹墙”。陕西固原

---

①《明通鉴》卷三十二。

②许伦《九边图论·固原》。

③《明通鉴》卷三十九。

三边总制辖两处。固原是陕西三边总制府所在地，这里有充足的兵员，储存有西北诸镇的部分边饷，有固原州库等物资贮藏，军事战略意义重大。及明朝末年，驻陕西固原三边军队人数陆续增加，边饷也随之激增。固原州库是粮料与饷银集中存放的地方。明代固原州库与边备有密切关系，“为军需备”，故显得非常重要。崇祯元年（1628 年）的固原兵变，就是以“抢州库”开始的。《明通鉴》卷七十四载：固原兵变发生于崇祯元年（1628 年）十二月二十日，兵变的直接原因是边兵缺粮饷所致。兵变后，“乱卒劫固原州库。遂入贼党”。兵变期间，陕西三边总督武之望在任。参加兵变的士兵劫取固原州库粮饷后，即转攻陕西泾阳、富平、三原等县，明军的游击官都被俘虏。整个兵变持续时间不长，大部分起义者数月时间就被分化，投入农民起义军行列。余部直到崇祯三年（1630 年）还在耀县等处抗击明军，洪承畴合兵万余人也未能将他们覆灭。

第三，三边所属四镇，甘肃，治所在今甘肃张掖；延绥，治所在今陕西绥德，后移至榆林；宁夏，治所在今银川。从地理位置看，固原同甘肃、宁夏、延绥成为掎角，固原地控险阻，为历代边防要区。明崇祯五年（1632 年）正月，陕西原任通政使马鸣州上奏折说：“三秦为海内上游，延安、庆阳为关中藩屏，榆林为延庆藩篱。”① 固原为三边总制府所在，左有延庆，右有甘凉，北与宁夏成鼎足之势，总控中央，地理位置实为关中之藩屏。“固原在宁夏之南，虽云近胡番要害之地，然东向可以顾榆林，西向可以顾甘肃，是以迩来总督参游悉驻扎于此。若镇巡运筹其中，参游分兵会各镇折冲于外，处置得宜，粮饷无缺，全陕亦可自恃以无恐矣。”② 但后来法久弊生，军队的屯田多被官军、豪右和内监占夺。

（二）兵额、边饷与固原州库

明代固原、宁夏兵变，是明末社会矛盾激化的表现。明朝末年的

①《史明纪事本末》卷七十五《中原群盗》。

②许伦《九边图论·固原》。

社会危机涉及政治、军事、经济、社会等各个方面。一是朝政腐败，导致明朝专制统治出现全面危机。明武宗的荒诞与宦官刘瑾的专权，已经为明王朝政治的毁坏留下了祸根。明神宗数十年不上朝，宦官魏忠贤左右朝政，朝野更加混乱黑暗。明思宗即位后，农民起义如燎原的烈火点燃于各地。二是皇室、贵族、勋戚、宦官和官僚地主兼并土地，既加重了地主阶级内部的矛盾，又将沉重的赋税转嫁到农民和一般地主身上，“富者动连阡陌，贫者地鲜立锥”[1]。三是平乱（平定宁夏哱拜之乱耗白银180余万两[2]，东征援朝耗费白银700余万两，平定播州杨应龙叛乱耗费白银200多万两）开支越来越大，巧立名目的赋税（包括辽饷、剿饷、练饷）不断追加。四是兵变多发，军饷拖欠日趋严重。五是天灾频发，西北地区暴发大面积旱灾和蝗灾。万历至天启的五六十年间，旱、蝗、雹、霜、地震、瘟疫各种自然灾害几乎无年不有[3]，造成“野无青草，庐舍成墟”的惨状。这个大背景，与固原、宁夏兵变关系密切。

万历以后，国家财政入不敷出，拖欠军饷的现象越来越严重。再加上官吏克扣，灾荒连年，粮价陡涨，士兵的生活更陷于绝境。崇祯初年民变以饥民为主，不久叛兵也不断加入其中。崇祯初的几年里，陕北、延安、庆阳一带旱灾、霜灾、蝗灾接连，成了饥民不断起来造反的策源地，再加上社会黑暗，饥寒交迫的老百姓就铤而走险。兵变，源于政府积欠饷粮太久，士卒生活没有着落。固原、宁夏在明代尚处在边地，军队所用称为“边饷”。边饷的供给有两项：民运银和京运银。以万历三十八年至天启七年（1610—1627年）拖欠固原镇、宁夏镇京运银为例，即可看出当时边饷拖欠情况。

---

①《明清史料》(第10本)[M].北京:北京图书馆出版社,2008:397.

②顾诚.明末农民战争史[M].北京:光明日报出版社,2012:8.

③雍正《陕西通志》卷四十七《祥异志》。

万历三十八年至天启七年（1610—1627年）拖欠固原、宁夏二镇京运银额表

（单位：两）

镇别	各镇京运银每年原额	万历三十八年至泰昌元年（1610—1620年）拖欠数	天启元年（1621年）拖欠数	天启二年（1622年）拖欠数	天启五年（1625年）拖欠数	天启六年（1626年）拖欠数	天启七年（1627年）拖欠数	万历三十八年至天启七年（1610—1627年）各镇拖欠数
固原镇	145823	24580	24257	10431	10537	155377	111552	336734
宁夏镇	133795		23426	42989	8085	101722	34166	210388
下马关	42372			12372			10332	22704

资料来源：李文治编《晚明民变》第17-18页，中华书局、上海书店联合出版，1989年

由上表可以看出，明代固原镇、宁夏镇和下马关每年的军饷都有相当数量的拖欠，甚至有经年无饷的。至于边远驻军堡寨，还有二三年内未领银粒的。崇祯年间情况更糟。《明史·南居益传》记载，南居益崇祯元年（1628年）出任户部右侍郎、总督仓场，“陕西镇缺饷至三十余月，居益请以陕赋当输关门者，留三十万，纾其急，报可”。陕西镇的兵饷积欠到三十几个月。崇祯二年（1629年），固原、宁夏、延绥三镇缺饷至三十六个月之久①，与陕西镇一样。明朝政府为应付当时的困难，提出裁饷，固原、宁夏、延绥三镇每年再裁饷银6万多两②。这样，兵卒的待遇就更低了。饷银的积欠与裁减之外，还有率军将领的冒领和克扣。天启七年（1627年），士卒的生活已经很困难，“衣不蔽体”，“日不再食”，甚至出现鬻卖妻子儿女的现象。到了崇祯四年（1631年），士卒每月只能领饷银五钱，当时一斗米的价钱贵到六七钱，五钱银子只能维持大约十天的生活。这些人既无月饷可领，又惮耕耘之苦，最后就发展到公开兵变。

明代财政，前期以本色（即米、布等食物）为主，中期以后随着商品经济的发展，作为折色的白银地位逐渐上升，成为国家财政收支

①计六奇《明季北略》卷五，《南居益请发军饷疏》。

②李文治.晚明民变[M].北京：中华书局、上海：上海书店，1989：18.

的主要交易物。固原兵变后，地方大员互相推诿。崇祯初年的农民起义，陕西巡抚胡廷宴、延绥巡抚岳和声，最怕听到州县官员上报地方农民起义的事，于是层层相瞒。后来事态不断扩大，实在瞒不住了，又相互推诿。固原兵变后，士卒到处劫掠，延绥巡抚岳和声讳言边兵为盗，说成是内地饥民。陕西饥民蜂起，巡抚胡廷宴束手无策，又说成是边军为乱。实际上，此时乱局已成，已陷于不易收拾的境地。

崇祯元年（1628 年）十二月固原兵变后，参加兵变的士卒劫取固原州库的财物，接着转攻陕西泾阳、富平、三原，明军游击李英被俘虏[①]。三边总制府设于固原，在明代西北边防上自然显示了其特殊的战略地位。降及明末，却成为兵变的策源地，对于农民起义来说影响深远，意义重大。

据《春明梦余录》记载的明代九边军队情况看，明初各镇共计 591415 人，隆庆初增至 856722 人[②]。罗洪先《广舆图》载，明代固原镇马步官军 28830 人，骡马 8673 匹。万历《明会典》记载，弘治时各镇共拥兵 89 万多人[③]。李文治编《晚明民变》载，明万历初期固原镇军兵原额 126919 人，实际驻军 90412 人；军马原额 32250 匹，实际军马 33842 匹[④]。以上所载固原镇驻军与军马数，由于统计的年代不同而不同，但军队布防一直呈上升趋势。崇祯十二年（1639 年）六月，明朝政府曾抽练各镇精兵。当时陕西总督杨嗣昌定议并经朝廷同意，陕西三边五镇（延绥、宁夏、甘肃、固原、临洮）兵 157000 多，其中五镇各练 1 万，总督练 3 万，以 2 万驻固原、1 万驻延绥，东西策应，其余分巡抚、副将以下分练[⑤]。另，明嘉靖九年（1530 年），都御史汪曾言：西北沿边每镇官军应不下 7 万人。此数虽为崇祯十二年（1639 年）兵额，但据《明史・杨鹤传》载：崇祯二年（1629 年）勤王之师，亦

①吴伟业《绥寇纪略》卷一，《怀陵流寇始终录》卷二。
②孙承泽《春明梦余录》卷四十二。
③《明会典》卷一二六。
④李文治.晚明民变[M].北京：中华书局、上海：上海书店，1989：40.
⑤《明通鉴》卷八十六。

为延绥、宁夏、甘肃、固原、临洮五镇。由此可推知，崇祯元年（1628年）陕西三边五镇及总制府固原的兵额不下10万。崇祯二年（1629年）固原兵变到底有多少人，目前还没有一个相对准确的数字。

明代中后期，陕西三边军队已经开始常年东西调守，来回抗战，明初的屯田生产已被迫停止，边军一面打仗，一面修复边墙。由于边军人数的陆续增加，边饷随之激增，再加上明代中后期粮价暴涨，庞大的军费开支致使明朝政府的财政出现空前危机。崇祯元年（1628年）六月，皇帝召廷臣于平台。户部给事中黄承昊上言："祖宗朝，边饷止四十九万三千八百八十两。神宗时，至二百八十五万三千九百余，先帝时，至三百五十三万七千七百余。其他京支杂项，万历间，岁放不过三十四万一千六百余，尔来至六十八万二千五百余。今出数共五百余万，而岁入不过三百二三十万……实计岁入仅二百万耳。"[①] 兵额增加，饷数减少，由此可见陕西三边五镇的边饷。

《明史·食货志》载：固原屯粮料三十一万九千余石，折色粮料草银四万一千余两，地亩牛具银七千一百余两，民运本色粮料四万五千余石，折色粮料草布花银二十七万九千余两，屯田及民运草二十八万八千余束，淮、浙盐引二万五千余两，京运银六万三千余两，犒赏银一百九十余两[②]。凡延绥、甘肃、宁夏各镇兵饷，有屯粮，有民运，有盐引，有京运。三镇粮饷均不及于固原，犒赏银就只固原有。明代边军除正饷外，另有赏银。

固原州库处在三边总制所在地，它的粮饷储存基本统管三镇。据明《固原州志·万历中重修固原州库记》载："州库岁纳盐、茶、马毂各币既繁且瑄，而悉由陕征运，计口授食，为军需备，顾敢玩乎哉！"[③]

（三）融入明末农民起义

固原兵变，发生于明崇祯元年(1628年)十二月二十四日。当时农民起义军主要有府谷王嘉胤、汉南王大梁、阶州周大旺，"三边饥军应

①《明史纪事本末》卷七十二《崇祯治乱》。

②张廷玉.明史[M].北京:中华书局,1974:2009.

③刘敏宽.万历固原州志[M].银川:宁夏人民出版社,1985.

之，流氛之始也”[①]。“三边饥军”是指固原兵变的军队。在地方官员的眼中，“此饥民也，徐自定耳”[②]，未看作是农民起义。陕西三边总督武之望奏固原兵变，兵变的直接原因是边兵长期缺粮饷。兵变的军队，统治者称为“边贼”，他们有精锐的马队，有齐全的武器。《明通鉴》卷七十四载“时边兵缺饷，乱卒乘饥民之起，相与哗噪……乱卒劫固原州库，遂入贼党”[③]。

对这次固原兵变，有关明末史料只记载了发生的时间、原因及兵变后的零星活动等。倘若将这次固原兵变放在当时特定的历史进程之中进行宏观的考察，就会发现固原兵变对明末农民起义的影响和作用。崇祯二年（1629 年）正月，固原已“遭到变民的劫掠”[④]。上年的十二月固原兵变，次年的正月农民起义队伍就光顾固原，它们之间的关联是十分明显的。无论是农民起义还是兵变，粮饷是其根本性问题。崇祯二年（1629 年）冬，后金兵攻占直隶遵化，京师戒严，延绥、宁夏、甘肃、固原、临洮五镇“总兵官悉以勤王行”，中途再发生兵变，“并合于贼，贼益张”[⑤]。短时期内两次兵变，而且与农民军相融合，实力壮大，影响力巨大。

明末农民起义酝酿于万历末年，正式揭开序幕则是天启七年（1627年）陕西澄城爆发的农民起义，大规模的农民起义当在崇祯元年（1628年）。固原兵变发生在崇祯元年（1628 年）不是偶然的。从明末深层的历史背景考察，它们之间有着内在的联系。崇祯初年饥馑遍地，不但农民生活困难，就连明朝军队的粮饷也成为最棘手的问题。陕西三边饥军更是如此。崇祯元年（1628 年）七月，陕西巡抚御史李应期上奏朝廷请求蠲税和赈济，希望朝廷能拿出点残羹剩饭以施舍农民与边军。但大局已不可收拾，“至其季世，流寇首祸于西陲，浸寻蔓延，中原为之糜烂，

①张廷玉.明史[M].北京:中华书局,1974:6727.

②刘敏宽.万历固原州志[M].银川:宁夏人民出版社,1985.

③《明通鉴》卷七十四。

④李文治.晚明民变[M].北京:中华书局、上海:上海书店,1989:27.

⑤张廷玉.明史[M].北京:中华书局,1974:6727.

金汤之固不足以制土崩，皈宇之广不足以成掎角”[1]，已是江河日下之势。固原兵变持续时间较短，只数月时间就被明军分化，大部分投入农民起义行列。“固原逃兵掠泾阳，又掠富平……掠泾阳执游击李英。”[2] 兵变士卒不仅投入农民起义队伍，而且对明军有重创。崇祯六年（1633 年），“陕西贼攻隆德，杀知县费彦芳。分守固原参政陆梦龙战于隆德城下，死之”[3]，应该也有固原兵变的影子。整个兵变经过史料记载简略，但兵变本身的作用及其影响是巨大的，它不仅对明末农民起义产生过直接作用，而且对崇祯二年（1629 年）勤王兵变也有直接影响。

崇祯七年（1634 年），农民起义如火如荼，各地亟须军队围剿，兵部飞调延绥、甘肃、固原、宁夏诸镇援师。固原调出三千名，宁夏调出两千名[4]，固原、宁夏两镇的驻军也调往别处镇压农民起义。杨鹤总督陕西围剿农民起义期间，尤世禄以宁夏大捷之功，朝廷晋杨鹤兵部尚书、太子少保。贺虎臣以宁夏“破贼功”，追加太子少傅[5]。崇祯十二年（1652 年）五月，固原、临洮、宁夏三镇总兵左光先、曹变蛟、马科仍有随洪承畴“入卫”的经历[6]。可见，当时农民起义、蒙古草原民族的南下、后金的军事进攻等，已使朝廷疲于应付。

二、崇祯九年（1636 年）宁夏镇城兵变

（一）“饥军哗变”

崇祯八年（1635 年），陕西境内出现大灾荒，“残破已极，灾荒异

①张廷玉.明史[M].北京:中华书局,1974:6727.
②计六奇.明季北略(上册)[M].北京:中华书局,2010:109.
③计六奇.明季北略(上册)[M].北京:中华书局,2010:151.
④《明清史料》甲编(上)[M].北京图书馆出版社,2008:71.
⑤张廷玉.明史[M].北京:中华书局,1974:6728.
⑥张廷玉.明史[M].北京:中华书局,1974:6743.

常”①，参加起义军的人数达到二百万人以上②。这种背景，使得崇祯九年（1636 年）西北地区的形势更为严峻，军队因缺饷而哗变的事件时有所闻，“饥军哗逃，报无虚日”③。崇祯九年（1636 年）的宁夏兵变，同样因缺饷而哗变。

崇祯九年（1636 年）初，李自成率起义军在固原一带周旋。二月，陕西三边总督洪承畴率官军两万人拼命追剿李自成。李自成、满天星（张大受，满天星为其号）部八九万人由陕西澄城经韩城、宜川、洛川、延安、环县、庆阳到了固原。由于洪承畴穷追不舍，李自成不能在固原久留，准备向西进攻兰州。此时，洪承畴檄调总兵左光先和甘肃总兵柳绍宗部，在甘盐池（宁夏海原县）合击李自成起义军，起义军受到重创。

正是在这个节骨眼上，二月初十，宁夏明军士卒由于长期缺饷发生兵变，宁夏巡抚王楫被部下兵变所杀。时任陕西副使的丁启睿追捕并斩杀“首恶者六人，军中大定”④。三边总督洪承畴感到一省长吏被杀，事态严重，亲自赶到宁夏去处理善后。杨嗣昌死后，丁启睿加兵部尚书，代杨嗣昌督陕西、湖广、河南、四川、山西及江南诸军，兼督陕西三边军务。丁启睿虽然参与平息了宁夏兵变，但兵变中一部分兵丁加入了农民起义军。“这些兵丁受过正规的军事训练，对提高农民军的作战能力起了一定作用。”⑤ 明代万历以后，国家财政入不敷出，拖欠军饷越来越严重，长至两年、三年，甚至五六年⑥；再加上官吏的克扣，士卒能领到的饷银就更少。连年的灾荒与陡涨的粮价，使士卒生活陷入绝境。宁夏边军饥卒长期缺饷而哗变，可见问题的严重。此次军队哗变杀宁夏巡抚，影响很大，等于从外围解了李自成部在甘盐池的围。宁夏军队哗变后，一些官兵可能加入了起义队伍，李自成、

---

①卢象升《与蒋泽垒先生》,《卢忠肃公集》卷十一。

②顾诚.明末农民战争史[M].北京:光明日报出版社,2012:80.

③明清史料(乙编):第九本[M].北京:北京图书馆出版社,2008:874.

④张廷玉.明史[M].北京:中华书局,1974:6740.

⑤顾诚.明末农民战争史[M].北京:光明日报出版社,2012:20.

⑥《崇祯长编》卷一。

满天星等部“势复振”[①]，调头趁机进攻陕北榆林、绥德一带，成为明末农民起义一个新的里程碑。

（二）兵变的深层影响

无论是固原兵变，还是宁夏兵变，兵变的过程和结果都会给明朝统治者带来重大影响，对明末农民起义产生不可估量的作用。“流寇始于秦之溃兵”[②]，古人已经看到了兵变的影响力。

首先，固原兵变在客观上打乱了明军的战略布防，并牵制了明军的调遣，更为重要的是吸引明军调转枪口，为刚刚起义的农民军提供了一个再组织和喘息的机会。大规模的农民起义爆发于崇祯元年（1628年）十一月，如陕西府谷王嘉胤等；而固原兵变则发生于同年十二月。在固原兵变之前，已有崇祯元年（1628年）七月的辽东宁远兵变，十月的锦州兵变，但从明末农民起义与固原兵变二者的地域关系来看，宁远、锦州兵变产生的直接作用和影响是不能同固原兵变相提并论的。固原在当时为西北边备的总指挥地所在，同延绥相邻，而明末农民起义又源起于陕北，在地域上有互相连带关系。固原兵变之后，兵变官兵反攻泾阳、富平、三原等地，对陕北已经起事的王嘉胤及正在酝酿的起义者无疑是一个有力的声援和支持。《明史纪事本末》卷七十五载“崇祯二年（1629年）四月，固原贼犯耀州（今陕西耀县）”[③]，就是固原兵变之余部。该部连遭明朝督粮参政洪承畴部官兵万余人之围剿，突围后走淳化（今陕西淳化）。崇祯三年（1630年）六月，明兵部给事中刘懋曾上言：“秦之流贼，非自他省，即延庆之兵丁土贼也。……至近年荒旱频仍，愚民影附，流劫泾、原、富、耀之间，贼势始大。”[④] 由此可见，固原兵变的规模及影响是不小的，因为洪承畴合兵万余人也未能将他们覆灭。这样，就牵制和迫使明军先对付兵变。明末农民起义之所以能声东击西，并很快发展壮大起来，与

①吴伟业《绥寇纪略》，《怀陵流寇始终录》卷九。
②《崇祯长编》卷一。
③《明史纪事本末》卷七十五《中原群盗》。
④《明史纪事本末》卷七十五《中原群盗》。

固原兵变有直接关系。

其次，固原兵变虽然时间较短，但在兵变过程中相当一部分人加入了农民起义军行列。否则，史料记载不会说他们尽入“贼党”。参加固原兵变的士卒，大都比较精干，且素质尚好。“秦地山高土厚，其民多臂力，好勇敢斗。”① “西兵皆沿边劲卒”②，即延绥、固原、宁夏、甘肃边兵，皆西陲劲旅，他们熟悉地形，装备精良，军事素质较好。固原兵变后参加农民起义的士卒，他们都受过军事训练，有一定的作战经验，对提高起义军的作战能力起过重要作用。历史上有“关东相，关西将”的说法。明代陕西三边官军比较彪悍，号称“敢战”③，这应该是其中一个重要原因。

最后，明末的兵变是统治集团危机的一个重要表现。万历以来，军队由于缺饷而哗变的事件已时有所闻。崇祯九年（1636 年），宁夏兵变，巡抚王楫被杀事，《明史》《国榷》卷九十五都有记载，但没有详尽过程。兵变的原因很直接，“饥卒因缺饷而哗变”。

---

①计六奇《明季北略》卷四《钱文俊激变》。

②《明史纪事本末》卷七十五《中原群盗》。

③顾诚.明末农民战争史[M].北京:光明日报出版社,2012:97.

追寻班彪“北征”的足迹

——陕甘宁学者联合考察汉唐丝路茹河道行记

刘治立[①]

摘　要：为了全面了解茹河古道的经行状况，来自陕西、甘肃、宁夏三省区的十几位学者组成考察组，根据班彪《北征赋》所记述的行程及见闻，重走“北征”路，查看沿途边塞和城池，分析茹河道在汉唐军事、经济、文化发展中的重要作用，感受古道、古城、故塞的魅力，判定茹河道在丝绸之路中的特殊地位。

关键词：彭阳　战国秦长城　朝那　萧关　高平

随着“一带一路”建设构想的提出和实施，人们对丝绸之路文化的研究日益重视。但在研究过程中，对于茹河古道的地位和作用，却没有引起足够的重视，这无疑会使丝绸之路研究出现断缺环的现象。为了弥补这种缺憾，2016 年 4 月 17 日，由陕西师范大学中国西部边疆研究院研究员、博士生导师黄达远教授，陕西师范大学牛燕军博士、李如东博士、李晶博士，河西学院马克思主义学院院长蔺海鲲教授牵头，河西学院民族民俗研究中心副主任李建宗教授等人组成的“丝绸之路”智库项目组，与陇东学院历史与地理学院副院长刘治立教授、政法学院副院长温金童副教授、政法学院办公室主任张文泉老师，镇

①刘治立(1965—　),男,河南洛阳人,陇东学院历史与地理学院教授,历史学博士,主要研究方向为史学史及陇东区域史。

原县博物馆王博文馆长、镇原县政协文宣委何等强副主任、宁夏彭阳县原人大主任杨忠先生、彭阳县文物管理所杨宁国所长、彭阳县地方志办公室杨树林书记等人组成的联合调查组，沿着茹河对该古道进行全面的考察和研讨。

一、释余马于彭阳

根据史书记载，汉文帝十四年（公元前 166 年），“匈奴单于十四万骑入朝那萧关，杀北地都尉卬，虏人民畜产甚多，遂至彭阳。使奇兵入烧回中宫，候骑至雍甘泉”[①]。“朝那”为秦汉县名，在今宁夏彭阳县西古城镇；“萧关”在今宁夏彭阳县境；匈奴军队所至的“彭阳”为秦汉彭阳县，在今甘肃镇原县太平镇上城行政村东山自然村，古城址至今犹存；“回中宫”在今甘肃华亭和陕西陇县之间；“雍甘泉”即雍（今陕西凤翔）和甘泉宫（在今陕西淳化）。匈奴军队这次入掠，打败北地都尉于萧关，进至彭阳（今镇原县东彭阳故城），并派奇兵入烧回中宫，深入到雍和甘泉，距长安仅 200 里。公元 25 年，二十三岁的班彪面对长安政局的颠覆而“遂奋袂以北征兮，超绝迹而远游”，走的就是这条道。东汉建宁元年（168 年）二月，段颎进攻羌人起义军，一直打到逢义山，走的也是这条道：“建宁元年（168 年）春，颎将兵万余人，赍十五日粮，从彭阳直指高平，与先零诸种战于逢义山。”[②]李贤注：“彭阳，高平，并县名，属安定郡。彭阳县，即今原州彭原县也。高平即今原州也。”唐贞元三年（787 年）十月，吐蕃军队侵扰，顺着茹河而下，火烧丰义城，走的也是这条道。匈奴军队行走时，正值寒冬，铁马冰河成了主要的景象。班固“北征”是在十一月，赋中涉及南飞的大雁和山顶的积雪。段颎行军时，已是初春，沿途景色与我们途中所见近似。吐蕃军队进攻丰义城时，也是在冬季。

---

①司马迁. 史记[M].北京：中华书局，1959：2901.

②范晔. 后汉书[M].北京：中华书局，1962：2149.

萧统《文选》赋类，纪行一门首选的是班彪《北征赋》，清朝陈元龙《历代赋汇》亦列其为纪行赋第一篇，可见历来人们将之作为行记的典范。班彪所走的路线在《北征赋》中有具体的记载，由于地形的复杂和古今地理建制的变化，过旬邑和彬县以后进入陇东的行迹有一段很模糊，如赤须长坂、义渠国都、泥阳等，存在许多争议。但随后沿着茹河河谷西行，路线就很清楚了。

茹河是蒲河的重要支流，发源于宁夏固原市原州区寨科村，流经宁夏彭阳县城及甘肃镇原县城，在北石窟寺门前汇入蒲河。茹河又名彭阳川①，茹河河谷在历史上是关中北出塞外的重要通道。从匈奴南下兵临彭阳，到班彪“北征”至高平，再到东汉时进军逢义山击溃先零羌，再到吐蕃摧毁丰义城，无数激越悲壮的历史活剧在这条古道上上演。

上午九点钟，考察组在北石窟寺门前越过蒲河大桥，正式踏上茹河道。茹河河谷平坦宽阔，起伏较少，便于大军行动，汉代茹河的水流量比现在更加充沛，可供兵马饮用，这是老上单于选定此道进攻汉朝的重要原因。我们与老上单于匈奴大军及唐朝吐蕃军队相向而行，与班彪及段颎走的方向则完全一致。走在古道上，遥想匈奴铁骑、东汉军队、吐蕃猛士曾经在这里驰骋，耳旁仿佛响起了令人震撼的战马长嘶、战车辚辚、金戈齐鸣。

班彪写道：“释余马于彭阳兮，且弭节而自思。日晻晻其将暮兮，睹牛羊之下来。”班彪到达彭阳的时间是傍晚，他信马由缰地行进，又停车暗自思量，能够看到成群的牛羊从山坡上下来。也就在班彪到此地的 191 年之前，匈奴大军到达彭阳，由于萧关已被攻破，北地都尉孙卬被杀，汉军士气受挫，沿途再没有大的阻击，彭阳的失陷顺理成章，似乎并无大的激战，因此史书记载匈奴军队“至彭阳”，老上单于派遣奇兵火烧了回中宫，侯骑则越过彭阳到达雍甘泉。在班彪过此的 762 年后，贞元三年（787 年）十月甲申，吐蕃军队在此与唐军激战，

①史念海. 河山集九集[M].西安:陕西师范大学出版社,2006:152.

唐朝经过安史之乱后国力衰退，无力抵挡吐蕃的强悍进攻，丰义城遭到严重的破坏，“冬十月，甲申，吐蕃寇丰义城，前锋至大回原”①。汉代彭阳县在唐朝为丰义县，大回原在今宁县太昌。

彭阳县这座千年古城历经劫难，却依然傲立于茹河畔，直到宋朝还是县城，元朝时并入镇原州。前几年在镇原县境内还设有彭阳乡，可是在21世纪初乡镇机构撤并的过程中被撤销，竟连一个彭阳村名也未留下。取消沿用了两千多年的地名，实际上是丢弃了一张亮丽的历史文化名片，这对古城的保护以及提高古城的知名度是很不利的。随着道路的改造（原先沿街道走，现在沿河堤行），城墙已经远离了道路。原来在车上就可以看到几段保存完好的城垣（宋代重修），现在被建筑物阻挡，什么也看不到。

二、越安定以容与

汽车穿过秦汉彭阳古城和石空寺石窟，过桥到达茹河北岸，进入镇原县城。在镇原县博物馆王博文馆长的带领下，参观博物馆，观赏了一批宝贵的文物。镇原县城在秦汉时期属于何县，目前还没有一个足以说服大家的观点。班彪在镇原县城一带是否驻足呢？他在走过彭阳县后称“越安定以容与”，“容与”意谓徘徊犹疑，经过安定时，班彪的心态并不轻松。有学者根据这种行程顺序的记载，以及《元和郡县图志》中“临泾县，县界兼有汉安武、安定、临泾、抚夷四县之地”的记载，认为“西汉时在茹河川（今镇原县境内）只有两座古城，即彭阳县与安定县。证明西汉安定县不在今泾川境，而在今镇原县的茹河川附近，也证明临泾不在茹河川”②。也有学者进一步提出镇原县城东南祁家川秦汉后河遗址是汉代安定县所在，这里曾经出土著名的秦

①司马光．资治通鉴［M］．北京：中华书局，1956：7506.

②祝世林．平凉古代史考述［M］．内部资料，1997：299.

始皇廿六年铜诏版可作佐证[1]。这种观点目前响应者甚微，证据显然还是不足。也有人认为《北征赋》中的“安定”是安定郡而不是安定县，走过彭阳后离安定郡治所高平更近了。这种说法也显得牵强。我们大致可认为，镇原中部地区曾经属于安定县，至于县城所在，只能存疑待考了。

从班彪的行程路线看，应该经过今镇原县城。在赋中没有出现临泾县，是因为当时的临泾在镇原南部的洪河川，不在今县城。广德元年（763 年），原州（治今固原市原州区）为吐蕃所占，唐朝在灵台设立行原州，后移至平凉。唐德宗贞元年间，郝玼率领百骑沿着茹河巡查捕野之后，向马璘建议修筑城池，“临泾地扼洛口（原注：有洛川在泾川西北，尽于临泾），其川绝饶利息畜。其西大野，走戎道，旷数百里，其土乃流沙，无能出水草，当涉者尽疲，即屯临泾为休养地”[2]。马璘对此不够重视，回绝了郝玼的建议。唐宪宗元和三年（808 年）正月，泾原节度使段祐将这一主张上报朝廷，朝廷同意在此修临泾城，他很快付诸实施。十二月，移置行原州于临泾。这才有了唐朝至今的临泾，也才有了唐朝后期和宋金时期的原州。

三、遵长城之漫漫

十点三十分，驱车继续沿茹河西行，在开边镇张庄行政村张庄自然村驶离河谷，向北登原，辗转到达武沟乡孟庄村，战国秦长城展现在面前。

战国秦长城孟庄段出于甘肃、宁夏两省区的边界，成为两省区的界线，东为甘肃镇原县武沟乡孟庄村白草坬，西为宁夏彭阳县孟塬乡草滩村阳洼台，因此出现了两个名称，甘肃一边命名为白草坬段，宁夏则命名为草滩段。这里地处塬畔，人类活动较少，所以历经 2280 多

---

①张多勇. 泾河中上游汉安定郡属县城址及其变迁研究[D]. 西北师范大学硕士学位论文，2007:25.

②沈亚之《临泾城碑》，见《全唐文》卷七三七。

年，这座饱经风霜雨雪的古老长城仍刚劲坚毅，高大的城墩和厚实的城墙仍然清晰可见。站在长城极目远望，只见长城像一条黄色的巨龙冲下南边的山坡，越过草滩沟，爬上北面的韩家台，然后沿着塬地向东北方向延伸。面对粗犷而雄浑的战国秦长城，不能不折服于古人的聪明才智，同时涌现出一种庄严神圣的情感，既激动又感慨不已。

1987 年 5 月 23 日，原庆阳师专历史系彭曦老师踏勘至此，在《战国秦长城考察与研究》中写道："长城经过彭阳县至张沟圈全孟庄约 8 公里的破碎沟壑区，真正是已被割蚀得支离破碎了，然而爬上孟庄塬后，似乎又得到了生气，塬上破坏不太大。"① 我们所看到的正是彭老师在书中描述的这段。遗憾的是，今天这段长城已经没有了 29 年前的生气，在不久前遭到了严重的破坏。为了开辟一条下山的道路，下坡处一个巨大的敌台（也称敌楼，高出城墙之上，是跨城墙而建的墩台）被削去一小半，露出累累的疤痕。从裸露部分的土色看，破坏的时间不会超过一年。削去的是东半部的城墩，西半部还很完好地保存着。虽然还没有危及敌台顶部，但对敌台的存续造成了危害。已经保存 2000 多年的文化遗产毁坏在当代人的手中，实在令人痛心。

班彪在越过彭阳之后看到了长城，他写道："遵长城之漫漫。""遵"的意思是顺着、沿着，班彪所看到的长城应该是茹河道北侧山坡上的某段，但不是草滩段，因为班彪是沿着茹河河谷行走的，而草滩段已经登上塬面，向北边的川道延伸。班彪误将战国秦长城当成秦始皇长城，因此责备蒙恬劳民伤财为秦筑怨，"剧蒙公之疲民兮，为强秦乎筑怨。舍高亥之切忧兮，事蛮狄之辽患。不耀德以绥远，顾厚固而缮藩。首身分而不寤兮，犹数功而辞鳃。何夫子之妄说兮，孰云地脉而生残"。但从前些年在镇原县发现的秦始皇廿六年铜诏版看，秦始皇也曾经对这段长城施加过影响。班固已经将战国秦长城误认为秦始皇长城，今人就更不用说了。同行考察组成员也产生了一个想法：这里长城的一边叫孟塬，一边叫孟庄，是否与孟姜女有关呢？关于孟姜女的传说

①彭曦. 战国秦长城考察与研究[M]. 西安：西北大学出版社，1991：101.

流传范围极广，根据顾颉刚的研究，全国有十九个省市，其中也包括甘肃。据镇原县群众的说法，孟姜女系武沟乡孟庄人，这应该是后人附会，因为与孟姜女相联系的是秦始皇长城，而不是战国秦长城。

唐代诗人李益在《长城》中写道："秦筑长城比铁牢，蕃戎不敢过临洮。"秦昭王"筑长城以拒胡"，确实在一定程度上起到了捍卫边塞的"铁牢"的作用。随着蒙恬的远征，战国秦长城在秦始皇时期已经不再发挥边墙的作用。可是到了楚汉相争时期和西汉初年，各股力量忙于逐鹿中原，无暇顾及捍卫河南地，匈奴再度南下，"悉收复秦所使蒙恬所夺匈奴地者，与汉关故河南塞，至朝那、肤施"①；"复稍度河南与中国界于故塞"②。史书中所说的"故塞""故河南塞"，即战国秦长城。汉初的汉匈争斗，也围绕着"故塞"展开。霍去病打败河西匈奴后，将他们安置在五属国，其中北地属国（后称安定属国）就在孟庄以北地区。匈奴以及后来羌族的畜牧生产方式和生活习俗在故塞沿线有所保留。据彭曦老师的调查，在孟庄战国秦长城内外，有着迥然不同的习俗。每年农历十月初一，凡是居长城内侧者，必须上坟烧纸，称作为亡故之人"送寒衣"；而在长城外侧者，即便是在长城脚下，也绝不履行这种仪式，问他们为什么不送寒衣，回答是城外不兴此俗③。孟庄的一个古城遗址，传说是和"单于王换马的地方"④。传说出自未曾读过《史记》《汉书》的当地老农之口，这就使我们有理由对长城沿线的民族关系做一些合理推断，长城外侧的习俗及附近的换马地点，或许与属国的畜牧业遗风有关，长城作为农业和畜牧业的分界线在孟庄一带也得到了具体的体现。

毛泽东有"望长城内外，惟余莽莽"和"不到长城非好汉"的豪迈词句。1935 年 10 月 9 日，毛泽东率领的"好汉"（中国工农红军陕甘支队）沿着"惟余莽莽"的战国秦长城，从宁夏彭阳孟塬到达镇原

①司马迁. 史记[M].北京:中华书局,1959:2890.

②班固.汉书[M].北京:中华书局,1962:3749.

③彭曦. 战国秦长城考察与研究[M].西安:西北大学出版社,1991:111-113.

④彭曦. 战国秦长城考察与研究[M].西安:西北大学出版社,1991:108.

县武沟乡孟庄村，在孟庄驻扎吃午饭。红军逮捕了反动地主刘杰，刘杰的庄院就在孟庄的长城脚下。下午，陕甘支队继续前进，经过马渠，于10日凌晨到达三岔。据很多调查者的记述，战国秦长城出孟庄后，经过马渠到达三岔。因此，陕甘支队在彭阳和镇原大致上沿着战国秦长城的走向行军。孟塬与孟庄之间的战国秦长城既是彭阳与镇原的界线，同时也可以看作是红军陕甘支队长征途中在宁夏固原市的终点和甘肃庆阳市的起始点。

四、吊尉印于朝那

汽车沿着长城继续西行，穿过彭阳县孟塬，继续向西行驶，在草庙折向西南，最后到达彭阳县城。下午两点半，在彭阳县原人大常委会主任杨忠等三位文史工作者的带领下，离开县城向西行进，到达秦汉朝那城。朝那城位于彭阳县城以西16公里的古城乡的茹河北岸，三面环山，是西部地区进入关中的要地。固原至彭阳的公路从朝那城中（东西门）穿过，将古城分成了南北两块。古城的大部分城墙至今保存完好，城墙高1~13米不等，基宽14米，在城墙外还有深3米、宽20米的城壕，大部分至今依然很分明。城墙的夯土层显得很均匀，从墙体中能看到许多破碎的瓦片。彭阳的几位文史工作者对当地的文物如数家珍，指着北边的山坡说，在那里曾经发现过数量众多的汉墓群，又指着古城西南方向说，著名的朝那铜鼎就在那一带发现，铜鼎的出土为朝那方位的确定提供了有力的实物佐证。

关于朝那的读音及含义，目前学界说法很多。“当是之时，匈奴新大入朝那，杀北地都尉卬。”①《史记索隐》：“上音朝，早也。下音乃何反。县名，属安定也。”《史记正义》：“在原州百泉县西北十里，汉朝那县是也。”唐人司马贞和张守节的音注为后来的辨音打下了基础。《说文解字》：“那，西夷国。安定有朝那县。”宋徐铉注：“诺何切。”

①司马迁.史记[M].北京:中华书局,1959:2758.

清段玉裁注："朝，音株。"赵帆声认为："朝那音'朱那'，当系地方俗音。地名，音多有讹者，虽然也合于音变之理。朝于古音为端母宵韵，朱系章母侯韵。其所以通者，端、章准旁纽，宵、侯旁转，朝音转而读'朱'。"① 这也就是说，"朝那"方言音变为"朱那"。宁夏学者普遍读作"株诺"。

关于朝那的意思，说法也不一致。有人认为是地名，《史记索隐》将之解释为"县名，属安定也"。有人认为是族称，"朝那二字连用，无任何意义，显系少数民族语言……疑朝那是一古代部族名"②。还有学者认为"'朝那'是古羌语词语，是古羌族人对所居地的命名。羌汉两种语言接触后，汉语吸收了该词语，而将原词用汉字译写为'朝那'，意思是'黑龙'"③。

这些各执一词的观点不乏可圈可点之处，但仔细品味，除了发音问题基本上可以接受外，对于其含义的解释，总觉得说服力还是不够。

关于朝那的所在，目前有几种不同的说法，第一为宁夏彭阳说，第二为甘肃灵台说，第三为甘肃镇原说，还有泾川说、华亭说等。这种纷争的根源是安定郡东汉中后期的内迁及北魏等朝的移置。这个争议并不难解决，只要考虑到不同时期朝那的设置点，问题就可以迎刃而解。当然，基本前提是放弃狭隘的地方文化保护主义，以实事求是的态度对待历史地名的变迁。汉代朝那在今宁夏彭阳县，是没有什么问题的。

"朝那"第一次出现在史书，即与杀伐有关。后来的诗人也往往将"朝那"与战场联系起来。唐李白《发白马》："扬兵猎月窟，转战略朝那。倚剑登燕然，边烽列嵯峨。"宋苏轼《次韵范淳父送秦少章》："西羌已解仇，烽火连朝那。坐筹付公等，吾将寄潜沱。"汉匈在朝那的战事是汉初最惨烈的一次军事争斗，因而朝那成为唐宋诗歌中"战场"的代称。

---

①赵帆声. 古史音释[M]. 开封：河南大学出版社，1995：587.

②祝世林. 平凉古代史考述[M]. 内部资料，1997：282.

③赵小刚. 朝那：保留在汉语中的古羌语语词[J]. 兰州大学学报，2007(2).

都尉是汉代的长官，作为郡太守的副贰，掌管一郡的军政要务。但在边境和内地某些地区都尉又往往和太守分疆而治，单独管理一部分地域的军民两政，这部分地域也称作都尉，成为一种实际的政区。班彪到朝那悼念孙卬，说明孙卬战死的地方离朝那城不远，也说明朝那是孙卬的管辖区。孙卬奋力反击，兵败被杀。史书没有记载汉朝对孙卬的追封，《史记索隐》引徐广曰“其后子单封为瓶侯”，却足见汉朝统治者对他的褒奖。孙卬被杀，朝那城陷，“上以胡寇为意”①，可见汉朝统治者很在意这次失利。班彪此行，一个重要的目的是凭吊山战场和英勇战死的孙卬，“闵獯鬻之猾夏兮，吊尉卬于朝那”。班彪不赞成民族间的战争，“从圣文之克让兮，不劳师而币加。惠父兄于南越兮，黜帝号于尉他。降几杖于藩国兮，折吴濞之逆邪。惟太宗之荡荡兮，岂曩秦之所图”。他既反对匈奴的侵扰，又反对中原王朝的穷兵黩武，赞成汉文帝的“克让”，并以此与暴秦做比较。

五、登鄣隧而遥望

萧关是关中四塞之一，“关中阻山河四塞”②，《史记集解》引徐广曰：“东函谷，南武关，西散关，北萧关。”清朝顾祖禹说萧关“自秦汉以来，为华戎之大限”③。史书记载，老上单于率领十四万骑兵攻破朝那萧关，杀死北地都尉孙卬。班彪说：“登鄣隧而遥望兮，聊须臾以婆娑。”他为悼念孙卬而来，所登临的应当是萧关的鄣隧。

关于萧关的具体位置，说法颇多，达十几种，较有影响的有宁夏固原市原州区南的三关口说、瓦亭说、牛营说、开城说、三十里铺说，固原城北十里说，宁夏彭阳县任山河说、古城说，甘肃环县城北说等。任山河距离朝那城最近，“任山河位于固原县东南三四十里，形势险要，又地当由固原县通往镇原县的道路上，这与史书所记萧关的情况

①司马迁. 史记[M].北京：中华书局，1959：2758.

②司马迁. 史记[M].北京：中华书局，1959：315.

③顾祖禹. 读史方舆纪要[M].北京：中华书局，2005：2787.

是相符的。因此我们认为，萧关就在任山河附近”①。在与彭阳县文史工作者的交流中得知，他们对任山河萧关说持怀疑态度，理由是在任山河并没有发现边墙或关隘的遗址或遗迹，从其地形看，在此设关口尚不能真正起到控制作用。有人主张彭阳古城（即朝那城）就是萧关，“古城遗址状况，丰富的地表遗存及陶水管、铜鼎等一系列重要文物的出土，证明这座古城始建于秦汉时期，是当时极为重要的城址之一。联系文献记载，我们认为这座古城就是汉代萧关所在地”②。虽然以古城为萧关似乎具备了高耸的城墙、宽阔的城池、众多的遗迹等条件，但是若是这样，朝那县城又将置于何处？难道朝那城与萧关是一体的？出土的朝那鼎不能证明其为朝那城，却说明此处为萧关，这种解释显然存在逻辑上的缺陷。

彭阳县三位文史工作者驱车引导我们先后参观了任山河、三十里铺、开城以及固原城北十里的萧关遗址，让大家自己判定，使同行者对该问题有了更加深切的认识。由于没有携带任何测绘工具，也没有足够的时间仔细探查，也看不到巍峨高耸的鄣隧，所以在各个点上只能停下车来远眺近观个大概，在各个可能的萧关遗址凭吊和感慨，遥想当年的盛况。所看到的各个遗址都有险要的地形，都为两山之间的关口，设立关卡郡可以产生重要的战略扼制作用，但问题是，作为如此重要的关塞，地下文物十分缺乏，两山的辅助设施也很难找见，有城墙遗迹的也很难与所谓的萧关接续，这就使我们对这几种说法均产生了怀疑。据《史记·匈奴列传》记载，“自是之后，匈奴绝和亲，攻击当路塞，往往入盗于汉边，不可胜数”。当路塞就是在山谷中修筑的可以直接遮挡道路的障塞，《史记索隐》引苏林云：“直当道之塞。”匈奴连续攻击汉朝的当路塞是在元光二年（公元前 133 年）之后，此前应该已有当路塞。那么这几处即便有一些左右相互联结、隔断沟谷的建筑物遗迹，也不好轻易称之为萧关。

---

①刘满．再论萧关的地理位置[J]．敦煌学辑刊，2000(2)．

②牛达生，许成．汉代萧关考[J]．固原师专学报，1983(1)．

此行的本意是判定萧关的位置，结果越看越觉得不好确定。看来，萧关的争论虽然已经很热烈了，但距离拿出确凿的证据链，做出一个持之有故、令人心悦诚服的解答，还有很长的一段学术探讨之路。

六、陟高平而周览

景爱在《中国长城史》中提出，“为了防止义渠戎回归侵扰，修筑长城是最好的措施。长城只有在义渠戎居住地的外围修筑，才能达到防止义渠戎返归的目的。因此，在义渠戎原居住地的外围修筑长城，自然就成为秦昭王长城的重点所在。从文献记载和长城遗迹的分布来看，宁夏固原地区是秦昭王长城的重点地段”①。这次考察，我们将重点放在固原段。

彭阳的几位专家带领考察组考察了朝那古城、皇甫谧文化广场和任山河萧关遗址后，驱车沿着青石嘴进入固原原州区，先后参观了三十里铺、开城及固原城南的史氏墓群遗址后，穿过固原城，到达北城墙脚下。

班彪写道：“陟高平而周览，望山谷之嵯峨。野萧条以莽荡，迥千里而无家。风猋发以漂遥兮，谷水灌以扬波。飞云雾之杳杳，涉积雪之皑皑。雁邕邕以群翔兮，鹍鸡鸣以哜哜。”班彪登上了高平城四处环望，看到了空旷的原野，向远处还看到了陇山上的皑皑积雪。班彪登临的秦汉高平城墙早已不复存在，摆在我们面前的是巍峨雄壮的明城墙。据《万历固原州志·建置志》记载，万历三年（1575 年），“石公茂华，始甃以砖，高三丈六尺，周凡十三里七分，遂称雄镇”，三边总督石茂华因土筑不能久远，采取以砖包砌的办法，造就一座雄镇。这是一段保存很完好的古城墙，除了西安城以外，恐怕是最好的。沿着城墙北行，看到许多不容乐观的景象，很长一段墙砖已经被拆除了一部分，露出墙内的夯土。据彭阳学者们介绍，除了天灾（1920 年海原

①景爱. 中国长城史[M].上海:上海人民出版社,2006:151.

地震）的破坏外，人为的拆除影响也很大，特别是“文革”时期兰州军区首长在检查人民防空工程建设时，下令拆除固原部分城墙，使保存数百年的古建筑毁于旦夕。

由于时间关系，我们没能像班彪一样登上高平城墙俯视远眺，但班彪所描述的“飞云雾之杳杳，涉积雪之皑皑”，我们在车上也能看到。此时已是四月中旬，地面的气温已达 20 多度，考察组成员多数都脱下了外衣，只穿一件衬衣。可是仰望六盘山之巅峰，却是白茫茫一片，最初还以为是白色的山石，仔细辨认，才看出是大片大片的积雪。走在六盘山脚下，感觉到“十里不同天”的说法不仅不夸张，而且还不足以比喻近在咫尺的节气反差。

离开城墙北行十多里后，又看到完整的长城。这段长城亦为战国秦长城，据《水经注·河水》记载，高平“川水又北，出秦长城。城在县北一十五里”。《读史方舆纪要》卷五十八《陕西七·高平城》记载，“ 西魏大统十四年（548 年），宇文泰奉太子钦巡西境，登陇至原州，历北长城。盖由高平而北至秦所筑长城也”。《宣统固原州志·地理志》记载，“秦灭义渠，筑长城以御边，即此地，在州西北十里”。两者所记里数及方位虽然不完全相同，但实指同一长城，即我们登临的地方。由于山势起伏没有孟庄那么陡峭，长城就看得更加分明。虽然经过汉代的修葺，但其秦代建筑的风格还是很清晰。这条长城横亘于固原城北，对古代高平城的守御作用非常明显。

七、乱曰

韦昭《国语解》云：“凡作篇章，篇义既成，撮其大要为乱辞。”就诗歌作品的内容来说，乱者理也，反文为训。“乱”在篇末，总理全文大意，即陈明题旨，为诗赋的尾声或结束语。

本次考察起点为汉代彭阳，终点为汉代高平，紧跟班彪的行踪。班彪于日暮时分在彭阳释马思量，看着彭阳城外山坡上牛羊缓缓下山，我们在过蒲河桥后走马观景，查看沿途形胜；班固走过安定县境时抨击了秦朝的苛虐，我们无法探知汉代安定县城的所在，却在可能属于汉代安定县境的镇原县城欣赏了国宝级文物——秦始皇廿六年铜诏版；班彪登上战国秦长城抒发对秦政的意见，我们也登临战国长城对秦汉历史做移情式领悟；班彪走进朝那城吊唁战死的孙卬，我们也在朝那城想象汉朝军队与老上单于匈奴大军激战于朝那的惨烈；班彪曾经登临秦汉萧关鄣隧，我们无法判定萧关的确切方位，却一口气考察了四个"萧关"；班彪站在高平城上遥望陇山的积雪，我们也在固原城看到六盘山顶的雪景；班彪在到达高平完成"北征"后，以"乱曰"发表感慨，我们也对这次考察的所见、所闻、所思，以"乱曰"做一个小结。

通过本次考察，我们获益匪浅，感慨良多。

首先，对秦汉萧关有了更广阔的眼界。对于众多的萧关说，以往只是从研究资料上得到一点粗浅的认识。经过一天的考察，发现各种界定都存在缺陷，还需要进一步挖掘文献资料，更重要的是寻找地下文物的证据，利用现代科技手段（如遥感技术），逐步澄清事实，复现萧关真面目。萧关虽然在不同的时期地点不一，但老上单于所攻破的朝那萧关只有一处，究竟在什么地方，还需要学界继续探讨。在重视并努力争夺文化资源为己用的今天，彭阳县文史工作者能够恪守学术规范，不拘泥于乡土偏见，随意选取最有利于宣传彭阳县的地点（如靠近朝那城的任山河）确定为萧关，而是本着信以传信、疑以传疑的态度，对学术界所提出的很多说法（包括任山河说）表示异议，实在是难能可贵。最初考察组只是打算从东彭阳（即秦汉彭阳，今甘肃镇原县东部）走到西彭阳（即秦汉朝那，今宁夏彭阳县），看一下朝那城和任山河萧关遗址。彭阳县的杨忠等以开阔的学术情怀，介绍了几种不同的说法，并带领大家考察了几处萧关遗址，一直走到高平城（今固原城）北十里，使大家最终能够和班彪一样"指安定以为期"，开阔了眼界。走在茹河古道上，我们为彭阳县文史工作者的古道热肠所感动，他们这种严谨求实的精神很令人敬佩。

其次，对一些问题达成了共识。茹河道在秦汉时期既有长城的维护，沿途又有许多城池相连接，这是理想的经济、文化交流通道。丝绸之路又称宗教之路、石窟之路，驮负丝绸到安西的骆驼队早已尘封于史书中，但沿途大大小小的石窟却连缀成一条佛教传播之路。茹河与蒲河的交汇处有著名的北石窟寺，北石窟寺以东的茹河畔，镇原境内有玉山寺石窟、洛阳寺石窟、大咀石窟、朱家川石窟、龙枣寺石窟、石空寺石窟、永乐寺石窟，彭阳境内有无量山石窟、段园子石窟、李渠石窟，这条道路进入固原市原州区，在石门关又有著名的须弥山石窟。众多石窟镶嵌在沿线悬崖峭壁，特别是庆阳市和固原市最著名的石窟（均为国家文物保护单位）矗立于道路的东西两端，说明在北朝及隋唐时期，这是一条重要的石窟文化之路。参与考察的三省（陕、甘、宁）五方（陕西师范大学、甘肃河西学院、陇东学院、甘肃庆阳市镇原县、宁夏固原市彭阳县）学者通过实地考察和交流切磋，对这一问题的看法趋于一致。

第三，初步提出茹河道在汉唐丝绸之路中的定位。“一带一路”规划提出，要“发挥陕西、甘肃综合经济文化和宁夏、青海民族人文优势”。对于丝绸之路的研究，陕西境内段和甘肃河西走廊段已经取得了显著的成就，并且得到了较为准确的定位，即起始段和黄金段。茹河道再向西经过须弥山（东汉称为逢义山）下的石门关西行，可以到达河西走廊。公元前 121 年霍去病出北地进攻匈奴，走的就是这条道。虽然从关中走向河西的道路很多，总体上呈现网状结构，但茹河道无疑是其中非常重要的一条。那么曾经起到沟通陕西与河西走廊的茹河道，与其他道路一样构成关中与河西的承接段，应该是很恰当的。

固原古代历史文化的亮点和特点

余贵孝①

摘　要：固原古代历史文化的亮点有四个方面，一是固原在我国西北历史上战略地位的重要性；二是固原古代的历史是一部捍卫华夏中央政权安危的边防军事活动史；三是固原的社会经济事业是一部军事活动的兴衰史；四是固原古代历史是华夏民族与北方游牧民族相互杂居、相互交流、共同发展的交融史。因此，站在历史长卷的层面上，从社会经济发展中所处的地位和发挥的作用中去探究，固原人民自古以来就有纯朴、厚道的品格，努力拼搏、习于勤俭的传统，坚韧不屈、奋发图强的气节，尊老敬贤、重视礼仪的品德，民性刚烈、勇于抗争的精神。

关键词：固原　古代历史　亮点和特点

固原，由于其独特的地理位置，构建了独特的历史文化，形成了独特的亮点和特点，这是周边地区无法比拟的。

一、固原的地理风貌

固原地区位于黄土高原的西北边缘。境内以六盘山为南北脊柱，将全地区分为东西两壁，呈南高北低之势。海拔大部分在1500—2200米。由于受河水切割、冲击，形成丘陵起伏、沟壑纵横、梁峁交错、

①余贵孝（1947—　），男，宁夏固原人。宁夏文史研究馆馆员、宁夏师范学院固原历史文化研究中心特邀研究员，主要研究方向为固原历史文化。

山多川少，塬、梁、峁、壕交错的地理特征，属黄土丘陵沟壑区。主要山脉六盘山呈南北走向，主峰美高山（米缸山）海拔 2942 米，为该地区最大山脉。主要水系有泾河、清水河、葫芦河、祖厉河、颉河、遒河、红河等，年径流量约 7.3 亿立方米。正因为有这样的地形地貌，固原在古代就是一个土壤肥厚、水甘草丰、适合畜牧业发展的地区，加之人口稀少，官府军旅一边驻防守边，一边囤田牧畜，粮草自给，减轻了中央政府后勤供给的沉重负担，是朝廷选择驻兵防御的理想地区，也吸引了大漠以北的少数民族在这里休养生息，虎视眈眈地窥视中原，一有机会就想越过天然屏障六盘山进取中原。赫连勃勃从固原走向长安，建立了大夏国。成吉思汗、蒙哥汗、忽必烈在固原建立大本营，统一了全国，建立了元朝。历史上像这样的事例历朝历代均有发生。

固原地区独特的地理地貌，决定了自身在中国历史向前发展的进程中，扮演了华夏政权与北方游牧民族争战期间御守国家安全的第一门户的角色。

二、固原的历代政治环境

旧石器时代，固原已有人类繁衍和生息，到新石器时代，已出现以农业为主的氏族部落。他们在这块黄土地上创造出了原始文明。春秋战国时期，“逐水草而迁徙”的戎族率先从漠北来到六盘山区、清水河畔，农耕民族与草原民族在这里交汇融合。游牧经济的发展使他们对这块黄土地产生了较为特殊的感情，驻足放牧，发展畜牧，创造了这一地区的古代文明。境内最早的行政建制始于秦惠文王时乌氏戎族设置的乌氏县（约在今固原瓦亭一带），成为中原版图的组成部分。秦始皇立国之初，曾专程到六盘山地区巡视边防。汉文帝十四年（公元前 166 年），匈奴 14 万骑入朝那萧关，驻守在萧关的北地都尉孙卬战死，司马迁在《史记》中大书特记这件震撼朝野的大事。汉武帝元鼎三年（公元前 114 年），为加强对北方少数民族的防御，设置安定郡，成为中原在北部边地的重镇，从而奠定了固原的历史地位，始为州、郡级建制地的发端。安定郡治高平更是西北边镇凭借长城屏障进行防御的中枢所在。汉武帝刘彻曾6次行幸固原，检查边防防务，足以说明固原这座边关重镇在西汉王朝政治军事中的重要地位。东汉光武帝刘秀在扫平割据、统一全国的战争中御驾亲征固原，大会群臣，制订战略计划。魏晋南北朝时期，固原已成为西北乃至中亚民族融汇与进入中原的历史舞台，北魏太延三年（437年）改置高平镇，成为西北边防的军镇之一。其间，爆发了“高平起义”，并联合其他起义军荡平关陇，使朝野震惊。赫连勃勃也在这里称帝，建立大夏政权。北周又置总管府，是原州的地方高级军事机构，统领固原及周边军队抗击外来侵略者，形成了一道军事防线。东晋十六国时有前赵、后赵、前秦、后秦、大夏等少数民族政权相互对峙、相互争夺这座边关重镇。前赵还曾一度在此设朔州，置朔州牧。隋唐时期，隋文帝在此仍置原州总管府，并设原州羊牧、原州驼牛牧，专管畜牧业的发展。唐代置原州都督府，曾改称原州为平凉郡。原州已发展成为全国最大的养马中心和西北牧业的管理中心。唐太宗李世民、唐肃宗李亨先后到原州巡查牧马业，李亨还挑选良马数万匹，以壮军威。宋夏金时期，由于固原地处宋夏对峙的接壤地区，宋王朝对固原的经营格外关注，境内先后设有镇戎军、德顺军、怀德军和西安州，以成犄角之势，并建造堡寨30多座，防范西夏军队的袭击和侵掠。著名的“好水川之战”“定川寨之战”古战场均在今固原境内。金升军为州，改镇戎军为镇戎州、德顺军为德顺州，废怀德军和西安州。金皇统二年（1142年），金升隆德寨为隆德县（治今西吉县火家集）。成吉思汗在六盘山麓开城避暑，后又病亡于六盘山区，故而蒙哥汗、忽必烈对开城情有独钟，先后到这里或驻跸或避暑。元至元九年（1272年），元世祖忽必烈将皇子忙哥剌封为安西王，遂设王府于开城，立开城路，“视为上都，号为上路”。至治三年（1323年），降路为开城州。明代宗景泰二年（1451年），正式定名“固原”，改称固原州。这时，蒙古鞑靼、瓦剌各部族日渐强大，成为明朝北方边境的大患。所以，明廷在东起鸭绿江、西至嘉峪关的万里边防线上设立9个军事重镇，固原为其中之一，派重兵驻守，抵御来自北方的威胁。同时，设三边总制府于固原，为陕西三边重镇的军事总指挥。固原遂成为“左控五原，右带兰会，黄流绕北，崆峒阻南”“据八郡之肩背，绾三镇之要膂”的咽喉要冲、雄关重镇。明嘉靖《固原州志》说得更清楚：“固原者，陕西西北大城镇也。后累置文武重臣守备，故又设固原州。而总制大臣居此以镇，凡榆、夏、甘肃诸镇，皆听命焉。”“固原长壕大堑，连山峻极，四塞之接而襟带之固也。固原居中而执其枢，左顾则赴援绥、灵，右顾则迎应甘、凉。击长山之蛇，以合左右之节，逐中野之鹿，以成掎角之势，固原实有焉。”明朝巡抚马文升也说：“平、巩为关陕藩篱，而固原为平、巩屏蔽。平、巩有警，则关陕震惊，而固原一带，尤不可无备。”《皇明九边考》记载：“固原在宁夏之南，实番胡要害之地。”“东向可以顾榆林，西向可以顾甘肃，总督、游击、守备官皆驻扎于此，犹家室之有堂奥也。”这些都说明固原军事地位的重要。清代，固原虽处西北腹地，却成为同治年间陕西回民起义军和宁夏金积堡回民起义军联合的梗阻点。出于军事、政治和加强对当地各族人民统治的需要，清廷将固原州升为直隶州，并设立化平川直隶厅和海城县，形成了固原近现代行政区划的框架。1935年，中国工农红军二十五军和红一方面军长征先后途经六盘山区，毛泽东写下了《清平乐·六盘山》。1936年，工农红军一、二方面军会师将台堡，结束了震惊中外的长征。10月，红军西征部队在固原东部山区（今属彭阳县）组建固北县，设置县委和政府。民国年间，国民党政府的政治压迫和经济剥削，以及地方官员的横征暴敛，激起了海固回民的三次起义。起义失败后，部分人员进入陕甘宁边区，组建了回民抗日骑兵团，转战陇东。为此，国民党政府于1942年10月在海原、固原、隆德、静宁、庄浪5县毗连地区析置西吉县。1949年8月，固原地区各县先后解放，红旗插遍六盘山区。

三、固原古代历史文化的亮点

固原地区历史文化的耀眼之处，显现在四个方面。

一是固原在我国西北历史上战略地位十分重要，历代一些皇帝为了维护其统治地位，曾到固原一带巡视。历代帝王巡幸固原，当以黄帝“西至于空同，登鸡头”（今六盘山脉），向广成子问道为始，下而更有秦皇嬴政、汉武刘彻、唐太宗李世民、一代天骄成吉思汗等，他们无不在六盘山地区写下一段重要的历史。此外，还有西周穆王姬满、战国秦惠文王嬴驷、秦昭襄王嬴稷、汉光武帝刘秀、汉顺帝刘保、南北朝魏道武帝拓跋珪、周武帝宇文邕、唐肃宗李亨、元宪宗蒙哥、元世祖忽必烈和地方割据政权大夏国赫连勃勃、西夏国李元昊等。

二是固原古代的历史是一部捍卫华夏中央政权安危的边防军事活动史。战国秦昭襄王时期，修筑了长城，阻挡匈奴入侵中原。此后又在固原南设萧关，成为关中平原最北端、最重要的关隘，是抵御匈奴的防线。秦始皇时开通直道，汉武帝元鼎三年（公元前 114 年）设立安定郡，郡治高平县（即今固原市原州区），作为防御外来侵略的永久性工事。从此，固原成为州郡级建制所在地，移民实边，把固原地区推上了卫护华夏朝廷安危的首要战略地位。西汉、唐宋直至明代，历朝历代在固原及其毗邻地区大规模修筑长城、堡寨、道路、烽火台等设施，大规模调集军队驻守。其中北宋为防御西夏，先后改原州为镇戎军（军政合一的军事行政机构）、笼竿城为德顺军，新筑平夏城为怀德军，新筑西安州，并在宋夏沿边地带修筑堡寨三十余座，驻以重兵，防御西夏。

三是固原的社会经济事业是一部军事活动的兴衰史。秦汉两代，大规模地从全国迁徙人口至安定、北地等地，垦荒兴农，沉睡的固原大地掀起了发展农牧业的热潮。东汉时安定诸郡出现了“沃野千里，谷稼殷积”“水草丰美，土宜产牧，牛马衔尾，群羊塞道”的繁荣局面。隋唐时期，由于突厥、吐蕃的侵扰，种植业发展成马鞍形，但畜牧业发展很快，固原成为全国最大的养马中心、西北牧业的指挥中心。元朝建国期间，为了长期供应军粮，支持征战，实行屯田制度。中统元年（1260 年），忽必烈即大汗位后，当即向天下明确宣布："国以民为本，民以食为本，衣食以农桑为本。"颁发《农桑辑要》一书，警示人们重视农业，并下令："探马赤军随地入社，与编民等。"六盘山军屯和民屯中便有"随地入社"（50 家为一社）的探马赤军。至元十五年（1278 年）十二月，设开城路屯田总管府，专管屯田事宜，并陆续拨军屯田，先后有 3 万多军民被安排在这里发展军屯。当时民屯也有很大发展，至元三十年（1293 年）时，仅安西王就有民屯 424 户、田 467 顷。明代军屯再次兴起，"其闲地则为屯田，且耕且守，五年后方令纳粮"，共屯田 2134.45 顷。至嘉靖年间，耕地面积达 3300 顷。万历时，屯田又增加到 4815 顷。在大力发展屯田时，水浇地也在发展。正德十年（1515 年）时，红河川、茹河川、东西海子、杨郎、关桥等地都有小规模的引水灌溉。由于战争的需要，再次大兴马政，发展牧马业。清初顺治年间，清廷下令各地官员对各地逃亡人民，不论原籍别籍，必广加招徕，编入保甲，将"本地无主荒田，州县给以印信执照，开垦耕作，永准为业"。这一政策有利于农业生产的恢复。康熙亲政后大力推行垦政，对新垦土地实行免征 6 年钱粮的优待，并将明代各地藩王的封地正式判归种者为业，使不少失去生计者获得土地，大大调动了百姓开垦土地、发展生产的积极性。

四是固原古代历史是华夏民族与北方游牧民族相互杂居、相互交流、相互渗透、共同发展的交融史。历史上固原以西北边防重镇著称。它北通瀚海，南连秦川，西接河西、西域，东达泾州、长安，是关中通往河西走廊、大漠南北的交通枢纽和战略要地，也是丝绸之路由长安到河西走廊最短路线的必经之地，有"关中咽喉"之称。加之古代固原覆盖深厚的黄土、温暖湿润的气候、茂密的森林草场、宜耕宜牧的自然环境，不但适宜于农耕民族，也适宜于游牧民族，为各族人民的繁衍生息提供了极好的生存条件。先后有戎族、匈奴、月氏、鲜卑、吐蕃、敕勒、党项、柔然、高车、回鹘、突厥、羌、氐、羯、昭武九姓、蒙古族、回族等众多民族在固原或驻足或迁徙，建立和产生了各种政权组织、经济类型、生产方式、文化艺术、民族风俗、宗教信仰，使中西文化在这里交融荟萃，构成多元文化。

四、固原古代历史文化遗存

站在历史长卷的层面上，从社会经济发展中所处的地位和发挥的作用中去探究，固原人民自古以来就有助人为乐、大公无私的良好美德，主要表现为纯朴、厚道的品格，努力拼搏、习于勤俭的传统，坚韧不屈、奋发图强的气节，尊老敬贤、重视礼仪的品德，民性刚烈、勇于抗争的精神，等等。具体有四个方面。

一是民风剽悍，魄力强劲。史志记述为“俗尚强悍，英才简出。修习战备，高尚气力，以射猎为先”，“人性躁动，风气果决”。固原的历史是一部战争史，所以先祖多出自军门，再加上长期军事文化的熏陶，平民百姓中表现出极其鲜明的剽悍风俗。故在先秦时就有“强梗尚气”，“性勇、锐于战斗”，又因“迫近戎狄，修习战备，高尚气力，以射猎为先”。汉代以来，安定、北地缘边诸郡，“名将数出”，故素有“关东出相，关西出将”之说。

二是吃大苦、耐大劳，善于忍耐极端贫困。祖祖辈辈“率以苦力度日，稍行惰慢，即衣食不给”。男女老幼一年四季日出而作，日落而息，永无休止，面朝黄土背朝天，练就一副铁骨身板，身躯里饱含一股劳不垮、累不倒的坚韧精神。人们善于应付艰难，善于渡过困苦。缺米少面，糠菜度日；身陷贫困，镇定自若。丰年有余，“尚节约，少奢侈”“重修造，善积储”。

三是崇尚坦诚忠义，与人共事，肝胆相照，言行一致，蔑视虚情假意、拐弯抹角。乡里邻间勇于奉献，乐于相助。接待客人，热情招呼，盛情款待。朋友弟兄，侠义相处，两肋插刀。

四是追求公平公正，仇视欺压盘剥。遇到难关不愿低头，不愿弯腰，不善讨好，看重自身人格。热衷于“有饭大家吃，有福共同享”。

忌讳冷落歧视，仇视以貌取人。与人相处，爱讲公理，与人相争，文争武斗，一旦怨恨积重，屡屡聚众造反。东汉时的羌民起义、北魏时的高平起义、明代的石城土达起义、清代的田五起义及同治年间的陕甘回民起义、民国年间的海固回民起义都说明了这个问题。

五、固原历史文化的特征

纵览几千年的史实，固原历史文化主要显现出两个特征。

一是开放兼容，即它是华夏族和众多游牧民族长期广泛融合而成的文化，经历了“蕃汉杂居”、融合发展的历程。

二是开拓进取，即它是顺应奔腾向前的历史洪流，站在发展浪潮的前沿，推进历史向前发展的文化。固原古代历史，就是一部竭尽全力维护华夏大地统一、安定、祥和的历史。世世代代，固原人民流血流汗，为国家的安定统一做出了巨大的牺牲与贡献，迎接着中华大地的发展繁荣。

朝那县治地变迁之考述

张有堂①

朝那，是一个古老的县名，古读音为 ZhŭNuó。关于其读音、含义及设县时间、县治地，均是学术界和民间热议的话题。拙文略加探究，与同人共勉！

一、朝那县之渊源

历经夏商数百年的发展，西周时期形成了一种与井田制、宗法制相适应的分封制。西周开国君主周武王病逝后，为了适应新的时代形势，周成王在周公旦的辅佐下大力推行分封制，从而形成天下共同辅佐周天子的政治体制。周武王的小儿子载（习惯上称季载）被分封到那国当了诸侯王。在汉字的发展史上，“那”“聃”相通，故亦称聃国。那（Nuó）国（聃国）治地在何处？先秦文献中没有任何记载，至今亦无考古资料来佐证。东汉许慎《说文解字》释“那”为“西夷国”。这只是告知人们那国国都在关中以西。“朝那”为什么读 ZhŭNuó？笔者认为这应该是周人的古读音。这两个字合在一起表示什么意思？从古汉语角度来讲，“那（Nuó）”是“多”的意思。换言之，那国位于

①张有堂（1965—　），宁夏彭阳人，中学高级教师，宁夏骨干教师，宁夏历史学会（大学）会员，宁夏中学历史教学研究会理事。

多民族、多部落地区。“朝（Zhǔ）”应该通假于“輖”。《说文解字》释“輖”为“重也”。《集韵》释之为“重载也”。换言之，“朝（Zhǔ）”表示重视那国的奠基人季载。概而言之，“朝那（ZhǔNuó）”意为该县设立于多个少数民族杂居的地区，以表示纪念睿智贤达的季载，表达秦继周统之意。

春秋战国时期是中国历史上的大变革时代。迫于战争的需要，各诸侯国先后不同程度、不同层次地实行变法，自觉、不自觉地去适应时代的要求。公元前 359 年，秦孝公支持商鞅变法。经过 10 年的实践，秦国改变了原有的社会制度，确立了封建制，综合国力与日俱增，雄居各诸侯国之首，逐步走上了扩疆占地的道路，大力推行郡县制。与此同时，义渠国也在洛河流域崛起，并向泾河支流茹河、红河、蒲河流域扩展，向西扩展到黄河支流清水河上游和环江上游，统一了西戎各部，成为秦国西北的劲敌。为了巩固大后方，早日东进攻占六国疆土，秦国决定先对义渠国用兵。公元前 327 年，秦军攻占义渠国南疆，并设立义渠县（治地应该在今甘肃正宁县西南），义渠国君被迫向秦称臣。公元前 320 年，秦惠文王北游戎地，至北河（今宁夏灵武市至陕西靖边县一带）。公元前 318 年，楚、赵、魏、韩、燕同伐秦，义渠国击秦于李帛（治地不详）。公元前 315 年，秦军攻占义渠国郁郅（治今甘肃庆城县）等 25 座城池，完全控制了环江、马莲河流域，义渠国君再次被迫向秦称臣。公元前 312 年，秦惠文王祭祀湫渊（在今宁夏彭阳县西），投诅楚文，与义渠君结盟，两国战事从此减少。义渠国在六盘山下的泾河上游（横河）、清水河上游、茹河上游、红河上游得以长足发展。但是义渠国的存在一直是秦国的一块心病。秦昭襄王时代，宣太后施展美人计，彻底摧垮了义渠王的思想防线。公元前 272 年，她在甘泉宫（治今陕西淳化县西北）诱杀了义渠王，秦军迅速西进，攻占了戎那邑，消灭了义渠国，在新占领地建立、完善郡县制度，将上郡（治肤施县，今陕西榆林市榆阳区东南）、北地郡、陇西郡（治狄道县，今甘肃临洮县）完全纳入秦国版图，并在三郡北疆修筑一道战略防御线——长城，以此来拒挡北方少数民族的侵扰。

二、朝那县的设立

《汉书·地理志》载，公元前 114 年，为了加强西北边防，西汉从北地郡中析置安定郡，并增加县级建制。其中，安定郡治地设立在新置的高平县（治今宁夏固原市原州区），管辖朝那、乌氏、安定、参峦等 21 个县；北地郡迁治地于马领县（治今甘肃庆城县西北），管辖 19 个县。所以，史学界普遍认为朝那县设立的时间为公元前 114 年。但是此结论经不起推敲。《史记·匈奴列传》载，公元前 201 年，匈奴大军南下占领河南塞，“至朝那、肤施，遂侵燕、代”。肤施为县名，为上郡治地，所以，朝那亦为县名。上郡设立于战国后期，即公元前 320 年。故公元前 114 年以前就设立了朝那县。

据《史记·匈奴列传》载，公元前 166 年，北地郡都尉孙卬在朝那县境内的萧关抗击匈奴而阵亡。这又表明朝那县设立的时间早于安定郡。同时，还透露出另一个信息，即朝那县为北地郡治地。理由何在？《史记·秦始皇本纪》载，公元前 221 年，秦始皇统一全国后，“分天下为三十六郡，即置守、尉、监”。其中，太守为一郡最高行政长官，掌管民政、司法、军事、财赋等事务，秩二千石；都尉协助太守典掌全郡军事、维护社会治安，秩比二千石；监御史负责监察全郡各级官员；他们同驻郡治地。所以，朝那县一度为北地郡治地；公元前 114 年，北地郡才迁治地于马领县。

另外，朝那县设立之前，此地叫戎那邑。从古汉语角度来讲，邑就是国都。也就是说，戎那邑的政治意义与洛邑相同。洛邑为东周王朝首都。戎那邑又为何国都城？战国后期，此地为义渠国辖地。所以戎那邑为义渠国最后一个都城。公元前 272 年，秦灭义渠国后，在戎那邑设立朝那县。又因为其战略地位特别重要，所以北地郡治地也便设于朝那县。它与肤施县、狄道县一道构成秦国北方防线，即战国秦长城。长城西起甘肃岷县，经甘肃临洮、渭源、陇西、通渭、静宁等县，入宁夏，经西吉县、原州区（固原市治地）、彭阳县，复入甘肃，经镇原县西北、环县，穿陕西吴起县、靖边县、横山县、榆阳区（榆林市治地）、神木县等，进入内蒙古，至黄河南岸。

三、战国秦汉朝那县治地及其辖区

在历史演进的过程中，朝那县治、县域等在人们的视线中越来越模糊。唐朝学者开始考证朝那县治，他们主要分别以原州（治今宁夏原州区）、泾州（治今甘肃泾川县）为参照地点，用方位、距离来表示朝那县治的大概地理位置，从而出现较大的差异。明清文献，特别是各县志书，说法更是五花八门。我们该怎样觅求答案？

（一）从文献记录中寻找答案

《史记·匈奴列传》记载，公元前166年，“匈奴单于十四万骑入朝那萧关，杀北地都尉卬，虏人民畜产甚多，遂至彭阳”。关于彭阳县治地，史学界均一致认为在今甘肃镇原县东南。具体地说，即今镇原县太平镇彭阳村（原为彭阳乡），位于茹河下游北岸。这就表明朝那县治应该位于汉代彭阳县的西北方向，与彭阳县同在茹河流域。

公元23年，班彪北行到安定郡治地高平县城，撰写《北征赋》一文，记述了他从长安出发的行程路线和一路上的所见所闻。“释余马于彭阳兮”之后，就有了“越安定以容与兮”。到了安定县，他又如何前行呢？《北征赋》明确写道“遵长城之漫漫”，并“登障隧而遥望兮”。也就是说，他不但沿长城一线前进，而且还登上长城向北远眺，之后方是“吊尉卬于朝那”，最后“陟高平而周览”。史学界普遍认为高平县治地在今宁夏固原市原州区。由此可以得出两个结论：一是安定、朝那二县位于今甘肃镇原县、宁夏原州区之间；二是安定县、朝那县在长城沿线一带。战国秦长城东南行至今甘肃静宁县，折东北经今宁夏西吉县东，至今宁夏原州区北，折东南经今宁夏彭阳县茹河北部，至今彭阳县东境，折东北经今甘肃镇原县和环县而东去。茹河发源于六盘山脉东麓，穿越今宁夏彭阳县、甘肃镇原县等，至今甘肃宁县注入泾河。又茹河为宁夏彭阳县、甘肃镇原县的母亲河。所以，安定、朝那二县治地均位于战国秦长城以南、茹河上中游一带。唐《元和郡县图志》记：汉代朝那县在唐代原州和百泉县之间。原州治地在今宁夏原州区，百泉县治地在今宁夏彭阳县。也就是说，朝那县在今宁夏原州区和彭阳县之间。

另外，据《史记》《汉书》记载，朝那县境有一个国家级的祭祀重地，名叫湫渊（古读音 JiǎoYuān），也叫朝那湫。秦始皇、汉武帝均祭拜过此地。在古代史学家笔下，湫渊深藏于群山之中，湖水容量不增减，也未外泄，周围又不生长草木，是潜龙的地方。在历史演变中，湫渊变化最大的是水域面积减少了。西汉司马迁、东汉班固、三国苏林均一致认为湫渊在朝那县境内，所以朝那县城与湫渊可以相互佐证。湫渊具体位置在何处？唐《括地志》记述湫渊“在原州平高县东南二十里”，唐代平高县就是汉代高平县，治地即今宁夏原州区；元《重修朝那湫龙神庙记》认为湫渊在开成府东北三十五里，开成府治地在今宁夏原州区开城镇南；明《固原州志》以为湫渊在“固原州东南四十里”，固原州治地在今宁夏原州区。另外，《文献通考》记湫渊在宋代镇戎军（治今宁夏原州区），《明史》记湫渊在固原州。由此可以得出一个结论：湫渊位于今宁夏固原市原州区的东南方向。且明《固原州志》又明确指出东海子即湫渊。东海子位于今宁夏原州区东南与彭阳县西交界处。东海子的地貌特征与湫渊完全吻合，而且东海子东南山冈上到处堆积着秦汉至明清时期的砖瓦层，东山坡旧宅中又有两块唐宋时期的柱础石。2007 年 11 月，在这些砖瓦层中发现了一块残碑，上面阴刻着“那之湫”等楷书汉字，与宋徽宗瘦金体非常接近。所以东海子就是湫渊。综上所述，以《辞海》为代表的以为秦汉朝那县治地在“今宁夏固原东南”的结论是完全正确的。

（二）在城址废墟中觅求答案

宁夏彭阳县古城镇有一座古城遗址，位于茹河上游北岸川地中央，东西长 682 米，南北宽 480 米，占地面积 32.7 万平方米，城墙残高 1~13 米，城墙顶部又筑有障墙，障墙上还留有垛口，城墙四角各筑一望楼。该城开东、西二门。城墙四周辟有护城壕，残深 2 米，宽约 30

米。遗址地表上秦汉砖块瓦片俯拾即是。1977 年 4 月，古城遗址西北出土一尊青铜鼎，腹部铸刻“第廿九五年朝那”等 18 个汉字，另有刀刻的 18 个汉字，均为隶书体。元鼎五年（公元前 112 年），正好是汉武帝即位第 29 年，所以中国考古学界的专家将它确定为汉武帝时代之器物。对该城址进行局部考古挖掘，发现地下堆积着 4 米厚的秦汉砖瓦层，又出土了西汉错金铜羊、陶水管等器物。所以中国学者专家确定该古城遗址为西汉朝那县城。这与文献记载完全吻合。秦汉时期的朝那县、安定县、彭阳县分别坐落在茹河上游、中游、下游。除安定县城址尚未确定外，彭阳县城保留得也比较完好，东西长 250 米，南北宽 200 米，占地面积 5 万平方米，城墙残高 10 米，城墙四角各筑一望楼。东、西各开一正门，南辟一便门。朝那、彭阳二县城建造时间均为战国后期，但是朝那城的面积是彭阳城的 6.54 倍。这说明了二城的政治、军事地位不同，从一个侧面证明朝那县城一度为北地郡治地。

朝那县治确定之后，就可以划定朝那县疆域。根据文献记载和实地考证，史学界认为，汉代泾阳县治地在今甘肃平凉市崆峒区安国乡，地处泾河上游（横河）北岸；汉代高平县治地在今宁夏固原市原州区，地处清水河中游西岸。《汉书·地理志》记“乌氏，乌水出西，北入河。都卢山在西”；《后汉书·地理志》载“乌枝，有瓦亭，出薄落谷”。乌水即清水河，发源于六盘山脉开城岭北麓，北流经高平县城东，继续北流注入黄河。都卢山即今六盘山，薄落谷即弹筝峡（三关口），位于今宁夏泾源县六盘山镇东。瓦亭在今泾源县六盘山镇北。泾河发源于六盘山脉开城岭南麓（北源），东南流经瓦亭、弹筝峡，入甘肃平凉境（此段又叫横河、颉河）。这就证明乌氏（乌枝）县治地在今宁夏泾源县北。宁夏泾源县六盘山镇瓦亭村、大湾乡牛营村均有汉代城池遗址。所以，乌氏（乌枝）县治在今宁夏泾源县六盘山镇、大湾乡一带。战国秦长城在今宁夏彭阳县境东南行至城阳乡，呈直角折东北经彭阳县孟塬乡，又入甘肃镇原县马渠乡、三岔镇。另外，茹河沿岸的宁夏彭阳县城阳乡、甘肃镇原县开边镇均有汉代古城遗址。所以西汉安定县城应在宁夏彭阳县城阳乡、甘肃镇原县开边镇一带。西汉参峦县治不详，但它是主骑都尉治地。而泾河支流蒲河一带一直是古代牧马场地，所以参峦县治应该在蒲河流域，治地大约在今宁夏彭阳县东北、甘肃镇原县西北和环县西南范围之内。概言之，朝那县辖区西未越六盘山脉开城岭，南未饮泾河上游之横河，东北未枕泾河支流蒲河，东未尽战国秦长城大拐角处（宁夏彭阳县城阳乡），县域面积1500多平方千米。

四、东汉魏晋十六国时期的朝那县

西汉安定郡管辖21个县，而东汉安定郡仅仅管辖8个县，除将3个县划归他郡和新划归1个县外，东汉撤销了安定郡所辖的12个县的建制，并将安定县辖域分归于临泾县、朝那县，把泾阳县辖域分并于乌枝县、朝那县。也就是说，东汉朝那县域较西汉时有所扩大。但关键问题在于东汉王朝什么时候撤县并县？据《后汉书》《资治通鉴》记载，东汉中后期，羌族纷纷起兵反汉。111年三月，东汉王朝第一次将陇西、安定、北地、上郡四郡内迁。129年九月，“复安定、北地、上郡归旧土”。141年十月，安定郡、北地郡等第二次内迁。167年九月，“内徙郡县，得反本土”。在第二次回迁的过程中，上郡、陇西郡均迁回原治地，而安定郡落治于临泾县（治今甘肃镇原县南），北地郡治地北迁于富平县（治今宁夏吴忠市利通区西南）。也就是说，只有在平羌乱之后，东汉王朝才有可能调整县级建制。东汉安定郡所辖的高平城号称“第一城”，这又说明高平城是安定郡所属各县中最大的一座县城，这足以证明东汉高平县治地就是西汉安定郡治地高平县，即两汉高平县治地相同（今宁夏固原市原州区）。东汉乌枝县“有瓦亭，出薄落谷”，也说明东汉乌枝县治地即西汉乌氏县治地。这就足以证明“归旧土”“反本土”指的是东汉安定郡所辖朝那、三水、阴盘、彭阳、鹑觚等县也均在西汉原治地，而没有落治于别处。

据《晋书·地理志》《十六国疆域志》载，曹魏、西晋承袭东汉郡县制度，所不同的是西晋安定郡管辖的县除旧县临泾、朝那、乌氏、鹑觚外，又恢复阴密县，还增添都卢县、西川县。十六国基本上沿袭西晋郡县制度，所不同的是郡县的称谓有所变化、郡治有所变迁，但朝那县的名称一直存在。关键是这时的朝那县是否在原治地？甘肃省部分学者认为：129 年，朝那县迁治地于今灵台县朝那镇。朝那镇东北至甘肃泾川县城约 30 千米。事实是否如此？据《资治通鉴》记载，388 年二月，前秦主苻登“率众下陇入朝那”，后秦主姚苌“据武都相持，累战互有胜负”。六月，姚苌“退还安定”。陇，即陇山、六盘山。安定郡治地在今甘肃泾川县北。武都，今何指？1964 年，宁夏彭阳县城北出土北魏墓志一方，其上刻写“泾州平凉郡阴盘县武都里人”，说明武都里应该在今宁夏彭阳县城附近。从方位来讲，朝那县靠近六盘山，在武都、安定的北方。416 年六月，夏国主赫连勃勃自上邽（治今甘肃天水市秦州区）东犯，相继攻占阴密（治今甘肃灵台县西南）、安定（今泾川县北），又南犯雍城（治今陕西凤翔县南）、郿城（治今陕西眉县东）。后秦大将姚绍率领五万大军从长安出发，西进抗击。赫连勃勃北撤，“退趋安定”，“绍进击勃勃于马鞍阪，败之，追至朝那，不及而还。勃勃归杏城”。杏城治地在今陕西黄陵县西南。这同样可以证明，朝那县位于安定郡治地以北。甘肃灵台县朝那镇不但远离六盘山，且地处十六国安定郡治西南方向。综上所述，东汉魏晋十六国时期朝那县治地依然在今宁夏彭阳县古城镇。

五、北朝时期的朝那县

《魏书·地形志》《元和郡县图志》载，524 年，北魏在阳晋川（泾河支流红河）设立长城郡，辖黄石县（郡治地，今宁夏彭阳县新集乡）、白池县（今宁夏彭阳县城阳乡），分管旧朝那县辖地。另外，《魏书·地形志》载，隶属于安定郡的朝那县境内有“当原城、胡城”。《魏书·崔延伯传》载，当原城位于泾州西北七十里，即今甘肃泾川县党原乡。以此推论，北魏时期的朝那县治地在今甘肃平凉市崆峒区东与泾川县西北一带。

《隋书·地理志》《太平寰宇记》载，535年，西魏重设朝那县[治今甘肃灵台县朝那（读ChάoNà）镇]，为安武郡治地。583年，隋代废除安武郡和朝那县。灵台县朝那镇古城遗址坐北向南，半山半塬，北依塬面葫芦形腰弦处筑城墙，东、西两侧城墙向南延伸，但南面没有城墙合围。城下的沟里有十几孔窑洞，大小不一，壁面像是用白灰刷抹。城东南有柳扇梁向西，西南有皇甫岭向东，如两臂环抱。该县城未置于交通要道上，面积仅2.2万平方米，是个偏安的小县城，与两汉魏晋时期的朝那县不能相提并论。

综上所述，中国历史上，朝那县治地有三地：战国至东晋十六国时期，县治在今宁夏彭阳县古城镇；北魏时期，县治在今甘肃平凉市崆峒区与泾川县之间；西魏至隋初，县治在今甘肃灵台县朝那镇。

参考文献：

[1]《二十四史》，中华书局，2000年。

[2]《资治通鉴》，中华书局，2007年。

[3]《二十五史补编》，中华书局，1955年。

[4]《元和郡县图志》，中华书局，1983年。

[5]《太平寰宇记》，中华书局，2007年。

[6]《清史稿》，中华书局，1977年。

借蒋、满墓志铭信息分析石城之战成因

苏正喜　兰茂景①

摘　要：石城之战是明成化四年（1468年）爆发的一次各族人民反抗明政府苛政的斗争。史料对石城之战评析有分歧。一曰满俊起事属叛乱，二曰满俊起事属抗明苛政。新近发现蒋泰、满寿等人的墓志铭叙述了石城之战的前因后果，为进一步研究该战提供了珍贵的历史资料。满俊起事占据石城，杀前来征剿的舅父蒋泰。满俊后来也被满门抄斩，满俊侄子满寿及后裔则被历代朝廷重用。满寿与儿子满富是西安蒋家寨满氏家族先祖，现与蒋泰家族后裔同住一村。本文依据史料以及蒋家寨蒋、满两族后裔提供的墓志铭，对石城之战的成因予以分析。

关键词：石城之战　《明蒋胜墓志》　《明满侯墓志》　战争成因分析

明成化年间，一场血雨腥风、震动朝野、影响深远的石城之战已成历史云烟。2013年10月19日，明朝都指挥蒋泰的后裔蒋宗朝、明朝明威将军满寿的后裔满议等一行，带着凝重的心情，迤逦从古都西安来到了宁夏西吉，考察明成化四年（1468年）西吉火石寨乡的大石城古战场和硝河乡硝河城的满四招贤王府遗迹。蒋、满两家五百年前兵戎相见，五百年后同住一村，重修栈道、和睦相处。

《明史》和《宁夏通史》均记载，成化四年（1468年）六月蒙古

①苏正喜，男，宁夏西吉人，宁夏西吉钱币博物馆馆员。兰茂景，男，宁夏固原人，宁夏师范学院教育科学学院讲师。

丹巴后裔满俊起事，据守石城，至十一月失败，历时半年。与明军前后大小三百余战，杀一伯、三指挥，官军死者数千人，使其成为大明王朝历史上重创明军的大事件。成化五年（1469年）二月，满俊及同党三百五十七人，分别被明王朝处以凌迟及斩刑。陕西总兵官任寿、巡抚陈价，因违令丧师也被处死，参将刘清因兵败拟斩监侯。

一、石城之战重要人物墓志铭重现

（一）三合重要墓志铭的发现

1. 1978年西安雁塔区蒋家寨村东满家祖坟出土了《大明明威将军满侯墓志铭》，志文曰："侯名富，字天爵，平凉府开城县人。曾祖巴丹，官胜国右丞。太祖皇帝扫清华夏，巴丹率众顿首，贡马三百，遂赐玺书。官群牧监丞，俾司圉牧寻以俘叛功，改授武阶职，平凉卫副千户。益树战绩。……孙（满）寿，益绍祖略，骁健勇径结发立战功。每当虏阵，横冲逆击，长呼直捣，士卒增气。虏惊愕却避，克捷最多，元帅论赏，累获猛字银牌，褒其功。或突入虏阵，挟虏归俘。树绩多奇。升指挥佥事，仍平凉卫后调西安前卫。侯寿之子，以斗阀荫……授节镇……专理屯政者五年……年五十有四……嘉靖甲申正月二十日卒，以是年十二月二十五日葬西安安定门西八里屯。"

2. 1993年陕建十一公司营建庆安冷机公司从西安雁塔区甘家寨东南方（原蒋氏坟地）取土时发现《皇明故昭勇将军陕西都司都指挥佥事蒋公墓志铭》一合，墓志为正方形，边长61.4厘米，1995年被村民蒋维俊等发现。

3. 1995年甘家寨东南方（原蒋氏坟地）的沙井村，村民取土时出土《明故月池蒋侯墓志铭》一合，村民孙友良拉回，志盖做了渗井盖，埋在人路下，志文放在家门口，墓志为正方形，边长66.5厘米。1988年2月志文被本族蒋均平（临潼斜口镇付家村人，陕西师范大学物理系研究室）发现，两墓志现存于沣峪蒋家墓园。

据以上两墓志铭记载："明朝蒋氏第三代蒋泰在平息满四叛乱中战死。蒋泰（1422—1468年），字世亨，袭西安前卫指挥佥事，英勇善战，屡建功业，后朝廷授昭毅将军，升任陕西都司都指挥佥事，官阶正三品，协同参将镇守宁夏东路。成化四年（1468 年）土达满四犯顺，据固原石城之险，上命蒋泰与总兵等官征剿，公身先士卒，直欲捣贼巢穴，尽歼丑类，不愿竟殁王事。”

（二）满俊起事史料评价不一

1. 满四叛乱

《明史》《明宪宗实录》均记录了都指挥蒋泰在平息满四叛乱中战死的事实。《明通鉴》记载了明代三万官兵进讨满四，都指挥蒋泰被杀。《明史记事本末》《明史·项忠传》《国榷》《西征石城记》及《成化皇帝大传·北疆边患》，分别记载了满四之乱的始末及官方结论，实录了蒋氏家族的将军蒋泰、卫指挥王震参战并牺牲的过程。

2. 满四反明之战

《固原县志》对成化年间固原战争的性质进行了全新认定，表述为“满俊反明之战”①。《西海固史》② 和《宁夏通史》③，特别是大型丛书《宁夏通志·军事卷》均认为成化年间满四造反为起义，是明代各族人民反抗斗争中规模较大的一次，前后歼灭官军近万人，声援了各地人民的抗明斗争，沉重打击了明王朝在固原、宁夏及陇东地区的统治④。

二、史料载满俊身世与石城形胜

（一）满俊身世

1. 蒙古人后裔

满俊是蒙古人巴丹的孙子，排行第四，故又称“满四”，家住固原里三岔沟（今固原市杨郎乡铁家沟），是土达中财势最雄厚的大牧主；时任平凉卫指挥的满寿是满俊的侄子，而满寿及其儿子满富则是蒋家寨满氏家族的先祖。《明会要》记载，副千户官阶为从五品，卫指挥佥

---

①固原县志编纂委员会. 固原县志[M]. 银川：宁夏人民出版社，1992.

②徐兴亚. 西海固史[M]. 兰州：甘肃人民出版社，2002：316-318.

③陈育宁. 宁夏通史 [M]. 银川：宁夏人民出版社，2008：219.

④宁夏通志编纂委员会.宁夏通志·军事卷[M]. 北京：方志出版社，2004：96.

事官阶为正四品，朝廷所封明威将军官阶亦为正四品，也就是说，满氏祖先巴丹在明代的官阶为从五品，满寿和满富的官阶均为正四品。

《明史·项忠传》《明宪宗实录》《国榷》《西征石城记·鸿猷录》《成化皇帝大传》均记载，满氏家族的祖先是蒙古人巴丹，元代巴丹是平凉的万户，明初洪武年间，他率部众七千人归附，明太祖朱元璋封授平凉卫千户，其部落分散安置在开城固原一带居住。

在明代，官方文书侮辱性地称蒙古人为“达虏”，而将那些归附明朝居住在疆域之内的蒙古人称为“土达”。从洪武到宣德乃至正统，凡有归附的蒙古人，壮丁多编入御马监提督的勇士营及京军三千营，称“达军”，而家属则安置在边境地区与汉人杂居，时间一长，便成了“土达”。明军将领中，达将为数不少。达军对明朝军队的征讨活动进行助战，达将也和汉将互相协作，共同维持边境秩序，在统一的多民族封建国家巩固和发展史上写下了重要的一页。

2. 满俊起事导火索——“盗劫牛羊案”

满俊起事的导火索是明朝官员对“盗劫牛羊案”的错误认定。成化四年（1468年）春，西北大饥。六月，在动荡的形势下，出了一件非常偶然又十分自然的事情。张泰与土达为邻，成化二年（1466年）蒙古人毛里孩入侵固原，他的牧场被劫走上千头牛羊，却诬告土达张把腰以毛里孩抢劫名义讹诈了他的牛羊，告到巡抚陕西右副都御史陈价处。陈价让陕西按察佥事苏夔按治。作为南方人的陈价和苏夔虽是进士出身，但二人对蒙古人的个性缺乏了解，他们拘捕张把腰，严刑拷打。重刑之下，张把腰招供，把满俊牵扯进来，说是与满俊同劫。陈、苏不问青红皂白，命满俊的侄子平凉卫指挥满寿带着二十余骑，由张把腰领路抓人。满俊得知消息，劫持满寿，杀死随从，与张把腰等聚集一千多人，抢劫了开城、广宁等苑官马，据石城（今西吉县火石寨乡蝉窑村）起事。满俊自称招贤王，在硝河城建王府，满四族人李俊为顺理王，又以“火四、火能为腹心，马翼、南斗为股肱，咬歌、保歌为爪牙，满能、满玉为羽翼”，建立军事组织，据守石城拥众迎击官军围剿。在攻固原千户所时，千户所头领李俊战死。半月之间，官兵多有败绩，叛军人数增加至四千多人，远近震骇。

（二）石城形胜及形成

1. 石城的形胜

西吉石城堡又称大石城，位于西吉县城北30公里处的火石寨乡禅窑村（北纬36°08′31.5″,东经105°42′56.7″），海拔高程2197米。石城堡堪称天险奇观，虽说是城堡，但却与其他城堡不一样，它并无城墙，也无城门，是一座石头造就的天然城池。石城并非人工凿筑，而是由天然岩石构成，大体呈圆形，城面积4000余平方米，石城拔地而起的巨大石块，具有典型的火石寨丹霞地貌特征。周围悬崖绝壁，东、西各一道隘口出入，异常险要，易守难攻。石城中央屹立一座高大石堡，直高50余米，顶面积1万余平方米。石城东侧中部上有一石灶房，两侧各有窗孔，深4.5米，宽4.8米，高2米，天然形成，红砂岩质，形似卧牛，垂直高50米。四周绝壁，唯东南角有人凿石级可登。顶部中段从东到西人工凿造长方形石水窖6眼，深6米，长2.5米，宽2米。城外围四面石峰犬齿林立，或高耸入云，或纵横蜿蜒，或峻峭嶙峋，或方圆规矩，千姿百态。旧《西吉县志》① 将其列为西吉八景之一——“石城天险”，赋诗曰：“冈峦峻巍入云标，朝日苍茫夜寂寥。飒飒风声沉万壑，森森剑气透重霄。石级有路凭谁凿，荒城无烟待人烧。残叠徒资斜阳照，牧马悲嘶已非遥。”

石城一带是闻名遐迩的火石寨丹霞地貌区，为西北黄土高原上非常奇特的一道自然景观，基本形成于内陆半干旱半湿润的气候条件下，集中显示了北方山势雄浑的自然风光，更是集道教、佛教及伊斯兰教文化于一身的宗教文化胜地，既有极高的游赏价值，更具深厚的研究考古价值。石城堡北与海原县李俊乡、杨明乡为邻，东、西、南三面分别与西吉县的白崖乡、新营乡和城郊乡接壤。在历史上，这一带曾水草丰茂，汉代便是匈奴等少数民族的繁衍之地，唐代又是吐蕃人的生息之所，两宋为西夏辖地，素来民风淳朴剽悍。

---

①1947年马国舆纂《西吉县志》(手抄本)第三章“地形”。

2. 石城的形成

西吉石城以天然的险要地势及独特景观演绎了很多美丽的传说和历史故事，显示出其神奇的魅力。但石城究竟形成于何时，已难寻史籍记载。《嘉靖固原州志》称："石城堡，在州西北一百五十里。古有是堡，莫知所创。"

关于火石寨及石城的来历，西吉民间有着各种版本。其中一个传说附会杨家将部将焦赞、孟良与穆柯寨的穆桂英交战不利，用火葫芦喷火烧寨，连山崖也烧红了。这当然是民间对火石寨神奇的自然景观难以理解而充满幻想的赞誉。石城在唐代就作为一个地名沿袭了，"安史之乱"后，吐蕃占据今固原一带，称这里为石城堡，并驻扎了军队。唐代宗广德二年（764年）、宪宗元和中（812年左右），先后陷于吐蕃，名汝遮。《资治通鉴》卷十七[①]载，"说该石城便是当年被吐蕃所据，唐大将王忠嗣认为非杀伤数万人不能攻克的所在"。明初赐沐蕃为牧地，直到后来其名称才慢慢演化为石城堡。明代典籍称其为"石城"。谈迁《国榷》卷三十五也认为石城即"唐石堡城"。从史料看，石城堡形成时间非常早，至少可断定唐代以前就已形成，那时候此地就非常险要。

西吉石城在历史上的记载多数都与战事有关，唐朝和明朝以后，与石城有关的战争频繁。尤其是明成化年间震动朝野、影响至远的石城之战，五百年后阅读史料，依然让人感到当时双方鏖兵的残酷。

明廷立国以后，一直对蒙古残余势力实行压制，蒙古势力退居到了漠北（即北元）一带休养生息，时刻都在寻找机会反明，大明整个北方边疆几乎一直处于战事状态。正统年间，蒙古瓦剌、鞑靼部落的势力渐渐变得强盛，屡屡南下侵扰中原人民的正常生产和生活。1449年"土木之变"后，明廷几乎将所有归附的蒙古人都安置到了两广地区，目的是隔断他们与蒙古本土的联系。然而，原来已经居住在北疆的土达人没法强行迁徙，明廷一直将其视为心腹大患。

---

①司马光.资治通鉴[M]. 北京:中华书局,1959:249.

三、满俊石城起事

1. 石城起事，诏书檄驰

《明宪宗实录》载，成化四年（1468 年），明廷对四川山都掌人的战事刚结束，成化皇帝朱见深正忙于办理钱太后丧事，却传来了石城起事的消息——平凉万户衔元代后裔满俊与杨虎狸起兵对抗明廷，率兵占领硝河城，自称招贤王并修筑王府。朱见深自幼熟读历史、地理著作，深知唐大将王忠嗣所言——此地乃非杀伤数万人不能攻克的所在，因此非常惧怕蒙古族与其他游牧民族联合起来对抗官府，遂急下诏书，命镇守陕西太监刘祥同陕西总兵宁远伯任寿、巡抚陈价等根据情势，定剿抚之策，尽快捕获满俊等人。谁知这道诏书刚下就接到官军围剿满俊失利的败讯。

2. 满俊反明，三省发兵

任寿、陈价发回报告说，满俊六月十一日作乱，半个月后，他们便调集宁夏、陕西、延绥兵三万人征讨，由于宁夏总兵官吴琮、参将刘清统领的宁夏兵距石城较近，故而先到。满俊请降，吴琮认为是诈降，挥兵攻城。吴琮部下有位叫冯清的士兵懂得一些军事常识，面见吴琮说，我军初至石城，饥渴交加，疲惫至极，不可攻城，当虚应满俊，以待陕西、延绥之兵。吴琮大骂冯清延误军机，命令连夜抢攻。满俊以逸待劳，迎敌官军。刚一接战，都指挥邢端便率领本部兵先走，官兵本来就无斗志也跟着后撤，满俊乘胜追击，官军大败，卫指挥王震等二百人阵亡。满俊此战得胜，士气大振，当地土达及其他土著少数民族也纷纷投奔，人数达两万余人。叛乱眼看就有燎原之势，任、陈二人报请朝廷速发援兵。

成化皇帝命兵部移文陕西巡按御史，速将邢端逮问，任寿、陈价等人均停俸，戴罪立功；又命都督刘玉为平虏副将军充总兵官，镇守陕西太监刘祥监督军务，都指挥刘清为右参将，巡抚陕西右副都御史项忠总督军务。调京营及延绥、宁夏、甘凉等处边军一万三千人征剿满俊。

3. 石城之战，日月惨淡

石城是当年唐吐蕃的石堡城，位于山顶，在众山中，四面峭壁数千仞，无径，非引绳不可登。西山顶平可容数千人，山罅皆墙，高二三丈。城中有数百池可汲，池外设栈道，而栈道外则众小城护之。前面有小山高数仞，如拱璧状。山后悉筑墙，高二丈五六尺，各备小门，仅容单骑。城外皆乱山。

明军攻打石城非常艰难。任寿、陈价、刘清等人得知朝廷命项忠总督军务、调延绥军征讨满俊的消息，怕失去立功赎罪的机会，与吴琮合兵再次出兵三万进攻石城，结果遭致更大的惨败，都指挥蒋泰、申澄战殁［蒋泰牺牲时间是成化四年（1468 年）八月二日，时年四十七岁］，遗失火器战马不计其数。

明军屡战屡败，情急之下，朝廷逮任寿、陈价、吴琮、刘清、冯杰等下锦衣狱。同时给项忠增加陕西三万兵，使其兵力达五万之众；朝廷命镇守陕西太监刘祥为监督，都指挥刘清为右参将；起当时在家服孝的大理寺少卿马文升为都御史，巡抚陕西协剿。冬十月朔，项忠、马文升先后至固原。“益以京营神枪官军五千复，调甘（肃）、（平）凉、宁夏、陕西军共五万往讨”，共同剿杀满俊。当时石城天险有“一夫当关，万夫莫开”的地理优势。满俊扬言，此乃“天设金汤，虽强敌数十万，无敢近”。马文升在《西征石城记》中记录了石城的险要，言“石城者，东西俱山，左山峭壁高数十仞，无径路，上者俱拽绳而登……两旁空处并后面悉筑墙，高二丈五六尺，各留一小门，仅容单人马过之，不知何代人造此以避乱者。城外皆乱山，形甚恶，至此毛发耸然。满四等常围猎至此，熟知其险可据”。

当其时项忠在离石城二十里处扎营，各置烽火号炮，相互接应。制定了“断其水源、烧其粮草、扼其要路、招其协从”的方针，分六路进军，攻打石城。伏羌伯毛忠英勇善战，率精兵四千勇夺山北三峰、山西四峰，叛党百余窝铺被烧，被杀及坠岩者甚众。同时官军也付出了惨重的代价，数百人伤亡，毛忠中流矢死，总兵官刘玉被流矢击伤。

项忠斩一退缩千户，亲自督战，众殊死战，最后缩小了对石城的包围圈，与满俊对峙。

其间，明军连战数十，未能克城，满俊自危请降，邀项忠等人城下相见。在石城门外，项忠、刘玉与满俊谈判，满俊诉说被刘参将、冯指挥激变故，乞宥死，请降。项忠道："刘、冯二人，朝廷已械赴京，下狱矣。尔速降，朝廷必宥尔死。"又对满寿曰："尔被劫入城，非反者。"寿乞命，项忠遂纳其降，抚寿归营。满四狐疑，复走上山。第二天，复设木栅请战，不愿投降。

十一月，满俊部将杨虎狸下山汲水被擒，为活命答应回去做明军内应，项忠赐其金带钩放回满营。后在杨虎狸的引诱下，满四骑白马到东山口出战，诸军竞前扑之，伏兵四起，满四仓皇突阵坠马被擒。项忠乘胜扑城，城中另立头目火敬为主仍然拒守。忠令各军围住东、西、北三面，独留南面不围，鼓噪一昼夜。火敬等料不能支，竟于夜半遁去。官军从后追蹑复将火敬擒住。唯满四从子满能逃入青山洞，被项忠侦悉，用火熏洞。满能仓皇出走亦被擒获。明军入石城，斩首7600人，俘虏2600人，生擒招贤王满俊家眷200余口。生擒杨虎狸，斩其部800人于军中，其余头领解往北京全部杀害。

这次石城大战使沟涧血流数日不止。满俊反明实为不得已。明初，满俊的曾祖（史料一说是祖父）率众700多人归附明廷，被授予正千户，安置在开城固原一带居住。当时满俊因身上游牧少数民族凶悍的性格以及长期游牧狩猎的生活习性所致，常在六盘山一带过着猎牧生活，也曾多次掠牛马等充食。谁料驻守在这里的明朝官兵腐败至极，刚开始参将刘清、冯杰看到满俊行劫商贾的情形，想法盘剥敲诈，从中收取满俊等游牧部落的贿赂。一旦满俊作案，刘清、冯杰等人必然派遣人拘捕，等满俊的贿赂一到便将其释放。久而久之，满俊便萌生了对抗官府的报复之心。诚如谈迁《国榷》卷三十五所记，刘清、冯杰等戍边将士不仅对满俊等游牧部落敲诈盘剥，还对辖区内的所有土达进行敲诈和剥削，马货雁翎，靡所不取，致使"土达咸思乱"。

4. 硝河古城，表里形胜

西吉硝河城残存满四招贤王府遗址（北纬35°53′09″，东经105°50′21.7″），海拔高程1873米，东西宽135米，南北长200米，面积27000平方米，东、南、北各有一门。城墙残高5米，基宽6米，夯层0.1~0.15米，东侧残存观望台1处，高4米，边长4米。硝河城依山傍水、表里形胜——城西紧靠大山（有地道连通城内与城外山上），城东、北、南三面紧临宽阔的胡芦河。宋夏交兵时期，唯一没有被李元昊的西夏军攻克的宋军堡寨就是硝河城，可见硝河城当年守备之坚固。清同治十三年（1874年）固原升为直隶州，设分州于硝河，始为建制。《宣统固原州志·附卷》[①] 仅列《硝河城志》。1936年10月，红军长征三大主力会师将台堡期间，萧克将军屯兵硝河城40余日。

石城之战持续半年之久，最终以明军的胜利结束，但明军也付出了沉痛代价。交战双方死伤惨重，血流成河、尸骨遍野，是西吉境内历史上一次重大战事。这场战争的性质绝非只言片语可概括。战争起因于明朝官吏的苛政及明廷对蒙古族的歧视政策，战争前后过程暴露出明军的腐败与荒淫。满俊等人为此付出了满门抄斩的高昂代价！战争结束，明廷“恐后有叛者必据此为巢穴，遂令万人悉平之”，石城失去雄姿，一些非常有研究价值的古建筑惨遭破坏，遂成千古之憾。

石城之战，蒋泰在平叛中冲锋陷阵、英勇牺牲，为朝廷功臣，政府昭德以彰。其长子蒋琛世袭西安前卫，后授昭毅将军。满寿没有被追究责任，继续担任明朝官员，后调西安前卫，其子满富授明威将军节镇。自此蒋、满两家族在西安同住一村，历经明清两朝及民国时期，五百多年间，繁衍生息、勤事农耕、风雨沧桑、友好融洽，世代和睦相处。

结语

其一，从历史唯物主义观点看，西吉大石城满俊的“反明之战”，

---

①固原地区地方志办公室. 宣统固原州志[M]. 西安:陕西人民出版社,1992:517-537.

沉重打击了明封建王朝的苛政。其二，从蒋氏观点看，蒋泰平息叛乱，维护了大明王朝在这一地区的统治。其三，陈价兵败、蒋泰战死时间。《明史稿》和《明通鉴》均记载为七月，《明史》记载为八月，蒋氏祖坟出土的墓志铭记载为八月二日，故记载八月真实。其四，石城之战明军投入的兵力。《明史记事本末》记载为五万人；《明通鉴》记载为三万三千人；《固原县志》记载为三千八百人。另有史料载，毛忠战死后，见深皇帝增派游击将军许宁统大同、宣府边兵三千人往固原助战。因此推断：整个战斗明军前后总兵力的投入数量应为五万人。

回族研究

论近代阿訇的培养

单　侠①

摘　要：在近代，作为导师和宗教权威的阿訇存在一系列问题，已不能满足穆斯林社会发展的需要。为了提高阿訇素质，穆斯林先贤进行了不懈探索：一方面通过创办讲习所培训旧阿訇，另一方面通过开展“三长制”教育和派遣留学生培养新阿訇。上述举措在一定程度上促进了阿訇综合素质的提高，从而使伊斯兰教和伊斯兰文化得以更好地传承。

关键词：近代　阿訇　培养

阿訇（Akhond），波斯语音译，亦译“阿衡”“阿洪”等，是清真寺的主要负责人，在信教群众中具有极强的号召力，他们的一举一动都受到穆民的尊重和推崇，“他们的意旨，有时比法律还要尊严，他们在法律上并没有地位可言，但由他们在地方上的势力来看，他们的确是一地方上清真寺之领袖”②。其行为与言论对穆斯林具有重要影响，关系到穆斯林群体的存亡与发展。但在近代，作为导师和教民领袖的阿訇的素质却受到质疑，因而如何加强阿訇素质的问题成为穆斯林民间讨论最多的话题之一。

---

①单侠（1978—　），女，山东单县人，历史学博士，宁夏师范学院讲师，研究方向为中国近现代思想文化史。

②朱文麒.发展生产与普及教育[J].回教论坛（重庆版），1940,3(6):33.

一、近代阿訇存在的问题

作为教坊穆斯林的最高宗教领袖，阿訇最基本的职能包括以下两点：一是带领穆斯林礼拜并宣讲伊斯兰教义、教规、教法及与之相关的伦理道德；二是为穆斯林群众举行正常的教务活动，如主持婚丧嫁娶和培养宗教人才等，而培养宗教人才即“替圣传道”永远是其最重要的职能。但在近代，一批阿訇不能“替圣传道”，忽略了阿訇的责任与使命，具体表现在以下三个方面。

第一，宗教修持水平偏低。相当数量的阿訇还过着几世纪前的闭关生活，“连自己的宗教都不晓得是怎么一回事的都有”①，能以阿文著述或能通外国语言及明了世界回教大势、博通学术的阿訇是极少数。被奉为伊斯兰教神圣不可侵犯经典的《古兰经》，一般教徒大多不知其内容，而阿訇虽均读阿拉伯原文本，但“亦仅有少数深知其中奥义，余多仅能念诵而已”②。阿訇充当了背诵祈祷的工具，在讲经时便依照部分经典，以主观的方式讲述教义，把教义解释为出世的，或可以说下乘的：一些阿訇常常有怪诞荒唐的说法，而不能把真正的教旨阐明，“不特教外人难明其妙，就是教中一般的青年，也难免由怀疑而生出冷淡的态度来，只晓得回教是不吃猪肉的宗教，而阿訇也仅只是以念经为谋生之一道，真理如何，不复加以重视”③。他们中“有专门学识的大概万不得一，稍微懂得一点回教知识的就妄自尊大、自命不凡，假如问他个究竟，他自己也茫然了”④。何傅成在《现阶段的中国回教青年》中指出：“所谓阿訇讲经者，也不过是传布些命令或禁戒的条文，以至于怎样升天堂？宗教究竟是什么？它对于人类又有什么贡献？弄

---

①赵振武.三十年来之中国回教文化概况[J].月华,1937(22):17.

②傅统先.中国回教史[M].银川:宁夏人民出版社,2000:160.

③马君图.伊斯兰学友会第一次公开讲演词[J].月华,1930,2(8):4.

④静.现代中国回教青年的危机[J].月华,1930,2(6):3.

得他们也莫名其妙!”① 作为宗教师的阿訇其修持尚且如此，一般教民则简直就是“入了五里雾中，成天在那昏暗的环境中乱冲，于是那阐扬真理的清真寺，也就变为沉寂的破庙”②。

第二，闭关自守，不能与时俱进。除自身宗教水平偏低之外，相当数量的阿訇闭关自守，凡“关于宗教方面的事项及我教之主义，是绝不肯传于外人的，这种不使人解其意的风俗是人人所共知的”③。有些阿訇甚至“连一个阿文字都不许与外教人接触，甚至看都不能看”，倘若追问理由，其“必异口同声说祖先是这样传的”④。他们不但自己不读汉文，不向外传教，而且为了保持自己的权威性还竭力阻挠伊斯兰青年学习汉文，结果造成“他们既讲错了道理，又使外界的知识无从灌入教民的脑内，于是好多人的思想都跟着错误”⑤。被奉为伊斯兰教经典的《古兰经》并没有禁止穆斯林学习汉文，而保守的阿訇们却认为汉文是汉人读的，回回不应该读汉人所读的书，甚至散发不合理的传单来阻碍宣教的工作。还有一些自命不凡的阿訇，“口称继承圣业，替圣传道，可是一味闭守，决不知设法开展，徒招外人之疑惑，启世人之蔑视，殊离真主颁经选圣之本旨”⑥。这些不称职的阿訇们除了“红白大事去应酬应酬或礼礼五时之外，有几个会张开眼睛去看看世界上的变化趋势？有几个人实心实意研究研究古尔阿尼上的记载及各种学术？他们以为只要能念几句阿文，去作变相的老道、和尚并且能替别人作作超度灵魂的买卖，能够赚几包经礼，吃饭就可以安度一生”⑦。阿訇们的“闭关自守，不与世并进，所以才弄得今日的衰弱现象”⑧。对此，马泽生发表《伊斯兰教育革命论》，文章一针见血地指

①何傅成.现阶段的中国回教青年[J].伊理月刊,1947(8-9):14.

②王国华.回教的一线曙光[J].月华,1929,1(4):4.

③金殿桂.绿旗下的青年之使命[J].成达文荟,1932(4):137.

④杨建美.论中国回民师范教育[J].突厥,1937,4(2):10.

⑤甘肃省图书馆书目参考部.西北民族宗教史料文摘(甘肃分卷)[M].兰州:甘肃省图书馆,1984:160.

⑥文迈台.教法应由大众互相维持[J].月华,1930,2(19):2.

⑦陈智伯.一段心声[J].月华,1930,2(29):2.

⑧马天慈.所望于回教青年者[J].成师校刊,1936,3(15):70.

出："目前所有的领导人物，大多滥竽充数，既无应付社会的必要知识，也无真能阐扬教理的宗教学问，事事株守成规不顾客观情形，故现状几难保持，更谈不上发展。"①

第三，不能为伊斯兰培养合格的接班人。阿訇位居当地回教之首长，俗务繁杂，教学未有定时，再加上各地阿訇们在寺里执掌教务，收入菲薄而物价飞涨，所以有些阿訇因为家累的繁重而向各方面谋事或经商。如此，就使得传教和教学的时间十分有限，他们"每天只有在晨礼后一个小时上课，若将此时错过一天就算荒误了"②。即使在如此有限的时间里，阿訇在教学的过程中依旧罔顾学生的学习程度和进度，只是教学生们"把一些阿拉伯话背诵，对于这些话的意义，不仅读的人就是教的人也不知道，孩子们把祈祷一类的章句再行背诵，这样的经过一年、二年或三年、四年的时间以后，才开始认字的实行方法……可怜的这些孩子们对于这些字母（阿文字母）并不知道，虽然有些知道的也不能够一个一个拼起来，即使把字母拼音学会了，对阿拉伯字的意义仍然不明白"③。而阿訇从不顾及学生懂与不懂，更不喜欢学生发问，每天上课照例把书本的材料念一遍、讲一遍就算完了。活泼的儿童经过他们的教育，"只数落几个阿文字母而已，至于回教根本教义，依然茫然无知，只不过深知不吃猪肉"④。他们不但不了解社会上的普通常识，更不能发挥教理以教化民众，"这种呆板的教育再不改革的话，这样一代又一代地传流下去，不但不能振兴宗教，反而影响宗教前途，埋没了一般有志青年"⑤。

随着社会的发展和变迁，传统的阿訇已不能适应社会发展的需要，时代和伊斯兰教的发展都呼唤开明阿訇，祖同在《关于今后回教的教育问题》一文中指出，开明的阿訇"首先就是要明白教义；第二对于

①马泽生.伊斯兰教育革命论[J].清真铎报,1945(新15号):10.
②杨希贤.改善阿文教育的建议[N].回教周报,1941-03-14:3.
③马学仁.推行西北教育之困难[J].月华,1938,10(3):2.
④穆以刚.天津回民概况[J].月华,1935,7(12):4.
⑤李兴华,冯今源.中国伊斯兰教史参考资料选编(下)[M].银川:宁夏人民出版社,1985:27.

宗教方面，把固有的宗教道德放弃与汉人同化，要造成纯粹的宗教家的人才，切实了解伊斯兰教的教义然后去宣扬教义，功课方面应在汉文方面注意”①。

二、培训旧阿訇

现任阿訇存在的问题正如上文所述，其与阿訇的培养方式密切相关。在经堂教育出现之前，阿訇往往是通过聘请来中原的阿拉伯人或由传统的子承父业的家庭教育的方式培养。随着穆斯林社会的日益发展和壮大，这种状况已不能满足广大穆斯林的需求，限制了伊斯兰教和伊斯兰文化的发展。面对这种困境，陕西著名阿訇胡登洲创办经堂教育，在一些比较大的清真寺招收学员并对其进行集中的宗教理论教育。此举不仅大幅度提高了阿訇的宗教理论水平和传教能力，而且使穆斯林社会的宗教活动愈加规范化和有效化，从而增强了清真寺在穆斯林社会中的地位和作用，使其逐渐成为穆斯林社会的中心。因此，这种培养阿訇的方式得到穆斯林的积极响应和推崇，并被广泛推广，进而逐渐发展成为回族培养阿訇的主要方式。赵振武在《三十年来之中国回教文化概况》一文中写道：“所谓寺的教育者，有大学，造就阿訇之学府也；有中学，中年失学者之受教处也；有小学，儿童之教育机关也。凡此，皆以讲经为课，率读阿拉伯文，经课之外，概非所习。”② 由此可见，阿訇的培养是先小学而大学：小学主要是对穆斯林儿童和少年灌输和普及较浅显的伊斯兰教常识，他们从六七岁便开始学习阿拉伯文和波斯文，有了语言的初步基础后便开始学习《〈古兰经〉文选》和其他一些伊斯兰教的知识和礼仪，目的是能够掌握伊斯兰文化中基本的宗教礼仪，如穆斯林礼拜、沐浴和斋戒等。这一阶段在管理上比较松散，学生不分班次，可以自由地入学和退学，学习年

①祖同.关于今后回教的教育问题[J].伊斯兰学生杂志,1935,1(4):36.
②白寿彝.中国伊斯兰史存稿[M].银川:宁夏人民出版社,1983:386.

限也没有统一标准，一般为三年至四年，具体以学生学会基本的宗教知识为准。大学则主要为培养阿訇而设，因此，学生从小学进入大学阶段便开始系统地学习阿拉伯文和波斯文的词句构造、修辞学、教法、文学名著和伊斯兰教的宗教哲学。在大学阶段依旧没有明确的学习年限，一般以具备独立宣讲的能力为限，毕业后一般会被清真寺聘请去讲经或任开学阿訇。

就经堂教育内容而言，自明末胡登洲创办经堂教育以来，三百多年间，其主要课程不外于教法和宗教哲学，课本或用阿拉伯文，或用波斯文。教材一直采用“十四本经”，即《连五本》（讲动词变化和词句构造，成书于北宋），《遭五》（《连五本》第五部分的注解，成书于南宋），《满俩》（文法书，成书于明），《白亚尼》（修辞学，成书于明），《伟戛业》（教法书，成书于元），《者俩来尼》（浅近的《古兰经》注，成书于明），《戛遵》（较详细的《古兰经》注，成书于明），《客俩目》（讲宗教哲学的杰作，成书年代不详），以上著作都由阿拉伯文写成；《圣训详解》（40段圣训及其解释，成书于宋），《艾尔白欧》（40段圣训的选注，成书年代不详），《侯赛尼氏经注》（《古兰经》注，成书于明），《昭元秘诀》（哲学书，成书于明），《归真要道》（论修养的书，成书于宋），《古力斯坦》（文学名著，成书于元），以上著作由波斯文写成。由此可见，经堂教育的教学内容主要存在以下问题：第一，所授课程以阿拉伯文和波斯文并重，并且学生终身只能念阿拉伯文和波斯文，不学中国文字。尽管如此，他们仍旧不能操流利的阿拉伯语或波斯语，看未读过的书本都非常困难，甚至大多数学生都不能写一封阿拉伯文或波斯文的信。小学生“无非背得几段不知其意的阿文罢了，中学生呢，就莫看得下简易的阿文书罢了，谈到能研究教义的那是不可多得，甚至于有些连担任阿文初步的教师都不可以”[①]。第二，经堂教育采用的课本主要完成于宋元明时期，而竟沿用了三四百年的时间，并将其奉为金科玉律神圣不可侵犯，造成教学内

①惠若.改革中国回教教育的刍议[J].突厥,1936(4-5):7.

容不能与时俱进而脱离社会实际。第三，经堂教育的课本主要由国外人士完成，以阿拉伯地方的习俗为依据，而阿拉伯习俗与中国习俗迥然不同，造成学生所学与经典的内容丝毫不发生联系，不能了解经典的精义所在。不仅如此，经堂学校的管理人员与执教经师大多视野狭窄，又不善于改进教学方法，以致把阿訇的培养局限在一个狭小的圈子里，走到了早期经堂教育的反面。对此，穆斯林现代教育家马松亭阿訇指出：这种保守的教育“课程方面亦文法课居多，于义理典籍比较少，至于社会常识、自然、史地以及国学各方面，差不多付之阙如。所以这种教育谈不上什么时代精神、国民意识，无形地与中国社会隔绝，造成独善其身的局面。这种弊端是很明显的”①。综上可知，阿訇们在校学习期间只注重书本上的知识，与实际生活隔离，又失去了与社会接触的机会和研究普通学科的时机，结果造成“学非所用”“用非所学”，以致形成不能处世的灰色状态。

为了走出上述困境，一些有远见的穆斯林提出创办讲习所，培训旧阿訇。就是将阿訇召集到一处加以培训，使他们打破成见，精诚团结。就当时的实际情形来看，回族社会不缺少阿訇，但缺少有远见的开明阿訇。以山东来说，截至新中国成立前夕，山东有“近500座清真寺（包括女寺39座），700多名阿訇，其中500多名正任阿訇，39名女阿訇，150多名散班阿訇。几乎每个清真寺都招海里凡，少则一两名，多则七八名，以至十几名，甚至几十名，造成阿訇过剩，无法安排”②。因此，有必要将上述阿訇进行培训，但因阿訇的年龄、学问各异，在训练时要根据程度的不同，将他们分成不同的班级，因人施教。如在宁夏，马鸿逵在回族聚居的吴忠创办两所中阿高等师范学校，在银川东大寺创办宁夏中阿师范，在其他一些穆斯林聚居的地方成立若干个阿訇讲习所，目的就是提高现有阿訇的素质使其更好地服务社会的发展。在四川盘溪，北门清真寺设有回文专修科，其宗旨在于培养

①马明良.简明伊斯兰史[M].北京：经济日报出版社，2001：603.

②山东省政协文史资料委员会.山东近代回族[M].济南：山东人民出版社，1998：323.

能主持教务的阿訇，他们的课程有《古兰经》注、圣训学、教律、文法、学法等科，毕业后，即“由别处回民聘为教长，主持该地宗教法上的一切事务”①。此举的重大意义在于通过对旧阿訇知识结构的改造，在一定程度上纠正了伊斯兰教脱离实际、偏离社会需求的状况。

三、培养新阿訇

为了不再重蹈经堂教育的覆辙，先进的穆斯林主要通过开展“三长制”教育和派遣留学生来培养新时期的开明阿訇。

开展“三长制”教育，培养开明阿訇。1929 年成达师范学院代校长马松亭发表《师范教育与理想阿衡》一文，明确提出三长教育，“三长”系指校长、会长、教长三者而言。其具体含义为：教长，必须明白世界大势，是适合现代社会需要的通达领袖人才；会长，主要负责兴教运动，组织有力团体团结教胞；校长，普及教育，设法提高教胞的地位。这种观点得到了穆斯林的广泛支持，并就如何培养“三长制”人才展开了讨论。马寿龄说振兴宗教的“唯一主要任务是兼有教长、会长、校长的三种能力的人才，才能负真心宗教领袖的责任，那么，办这种教育就得从宗教学、社会学、教育学三方面采取教材，将来才能养成一般健全服务的人才，宗教才能赖以发展”②。马福龙在《对宁夏回教事业的期望》中指出，要培养这种“三长制”的阿訇，宜“注重古兰学、圣训学、回教法和国文以及普通常识等科……毕业的标准，更要以真才实学为主，如无实学，虽住够了年限，也不应予以毕业”③。这一点与传统的经堂教育有很大的差别。成达师范学院则付出实际行动，率先积极探索，对阿訇的培养产生了深远的作用。其以“造就健全师资、启发回民智识、阐扬回教文化”为宗旨，给每一个阿訇以

①李兴华，冯今源.中国伊斯兰教史参考资料选编（下）[M].银川：宁夏人民出版社，1985：149.

②马寿龄.宗教师范教育与理想的阿訇[J].月华，1930，2（20）：1.

③甘肃省图书馆书目参考部.西北民族宗教史料文摘（宁夏分册）[M].兰州：甘肃省图书馆，1986：232.

“充分的政治、经济、军事、科学的知识”①。为了达到目标，培养出“三长制”的新阿訇，首先是在课程设置上打破陈规，除开设传统的专业课外，还注重社会科学尤其是汉语的学习。其次是改变传统的教学方法，注重活跃学习气氛。学校不但会邀请一些学术界名流和清真寺教长来学校演讲或作学术报告，而且还提倡学生讲演，例如一些专业课的讲授就由学生共同探讨、共同学习，内容涉及伊斯兰教和现实社会的很多方面。此外，为了调动学生学习的积极性，学校还创办了《成达校刊》并公开出版发行，主要发表一些学生的作文和学习心得，积极鼓励学生自由的学术交流。受成达师范学院的影响，为了造就中阿兼通的新式阿訇以适应现代社会的需要，上海成立伊斯兰回义师范学校，宁夏成立第一中阿学校等。新中国成立后，借鉴了这种成功的做法，先后创办了十所经学院以培养政治上热爱祖国、拥护中国共产党和社会主义制度，专业上德才兼备、具有较高的宗教学识和比较扎实的汉语文化知识的高级宗教职业者和一专多能的复合型人才。

派遣留学生。除了在国内自主培养宗教人才外，还派遣留学生学习先进的阿拉伯文化以造就精通伊斯兰教教义和教律的专门人才。在这类人才的培养方面，宗教界人士认为必须选择性格纯善、天资聪明和旨趣高尚的青年，授以专门的学识再加以宗教的陶冶。一方面“改良阿拉伯文的教材与教法，使他们能说、能写、能作，有到外国深造的能力；另一方面添授国文和科学常识，把他们培养成实用的宗教师”②，以满足中国回族社会迫切的需要。就生源来讲，这类人才的培养以高中毕业生为主，但也会招收少量熟练掌握汉语并且有一定英语或其他外语基础的优秀初中毕业生。其目的是在教学过程中，学生们能够无障碍地去学习，以确保教学的顺利进行。就教学方法讲，送学生到阿拉伯实地学习，除学习专业知识外，还鼓励学生通过无线电收音机收听《古兰经》和学术讲演，以养成学生对教义有“作新颖的即

①王月波.加强团结与回教教育[J].回民论坛(重庆版),1939,2(1).

②马坚.改良中国回教教育刍议(《回教教育史》序)[J].清真铎报,1940(1).

适应时代要求的正确解释，对一切恶风陋习严加驳斥”① 的能力。从1930年到1945年，资助许多学习成绩优秀并愿意深造的回族青年在本地、外地甚至国外接受高等教育。上海伊斯兰师范学校、昆明明德中学、成达师范学院及新疆先后派出6届共40余名穆斯林前往埃及爱资哈尔大学深造。他们在学习之余，将多种关于阿拉伯文化的新著作翻译成中文，如《伊斯兰教》《回教哲学》《回教与文化》等，大部分学生归国后，成为国内外知名的穆斯林学者。

综上所述，随着时代和社会的发展，回族社会对阿訇的综合素质有了更高的要求与期待。于是，如何提高阿訇的素质成为穆斯林普遍关注的问题，一批穆斯林先贤为此进行了不懈的努力探索，在一定程度上促进了阿訇素质的提高，从而使伊斯兰教信仰和伊斯兰文化得以更好地传承并在传承过程中保持强大的生命力。

①刘鲠.为完成振兴宗教的使命应实施的教育方针[J].伊斯兰学生杂志,1935(1).

清真寺与中国伊斯兰文化

——以文物保护单位的清真寺为视阈

苏文宝①

摘　要：截至2013年年底，全国公布的各级文物保护单位中，清真寺（含拱北、麻扎）约366座。这些留存下来的清真寺，实为珍贵，不仅是全国清真寺中具有文物价值的部分，也是一方穆斯林物力与心力的表征，是见证穆斯林发展史的“活化石”。通过清真寺，穆斯林以最显性的方式实现认同，也以此进行最集中、最突出的自我表述；而今天我们又可以通过他们的物化表达，寻绎厚重的历史足迹，感知那些虔诚的心灵……

关键词：清真寺　中国伊斯兰文化　文物保护单位

自622年先知在麦地那创建清真寺以来，清真寺就始终伴随着穆斯林的生活，并随着伊斯兰的传播而遍布世界各地。清真寺是穆斯林精神生活的必需，也是精神生活的中心，就此而言，清真寺是物质的又是精神的，是具象的又是抽象的，是现实“有限”的又是超越“无

①苏文宝（1979—　），男，回族，宁夏西吉人，文学博士，宁夏师范学院文学院副教授，主要研究方向为文艺学和回族文化。

基金项目：宁夏师范学院重点科研项目“宁夏清真寺审美文化研究”（ZD201403）阶段性成果。

限”的。[①] 依寺而居是世界穆斯林的典型特征，他们一方面围绕清真寺进行经济、政治、宗教等活动，同时也以清真寺为中心进行教育、文化、艺术等活动，不仅以所能达到的最大能力来建造清真寺，而且以所能达到的最高艺术造诣来装饰美化清真寺，因此，清真寺在很大程度上能代表一地或一坊穆斯林的物质能力和文化艺术素养以及人口数量等综合信息。清真寺的重要学术价值，在中国伊斯兰教史系统研究刚开始的20世纪初就受到了切实关注。白寿彝先生说，关于中国伊斯兰教史研究最早的是陈汉章1926年发表的《中国回教史》和陈垣1927年发表的《回教进中国的源流》（1928年再刊出时更名为《回回教入中国史略》，以此名通行）[②]，并高度评价后者“为中国人对于中国回教之第一篇有系统的讲述”[③]。陈垣先生在该文中表示，他二十年前即有意编纂《中国回教志》，构想的十大部分之一就有“寺院志”。由于系统研究起步很晚，历史记载零散且稀少，实地调查困难，涉及领域繁多，因此白寿彝先生又特别提醒：“中国回教史的研究，是一门很艰辛的学问……他不只要有这些语言文字上的资料，他更要懂得回教的精神，懂得中国回教人的心。”[④] 考察中国伊斯兰文化史，由于书面文献记载的稀少、零散，我们难以全面了解中国伊斯兰文化发展的全貌。然而，从贯通中国伊斯兰文化史的角度来看，清真寺确是一个重要的切入点。正如法国的卡洛蒂所说“清真寺是伊斯兰教的一面镜子”，清真寺也是中国穆斯林心灵的一面镜子，映照着他们的历史步履、传布痕迹、精神向往、生产生活及文化“原型”的代代“遗传”。或许，我们也可以循着白先生的意思，从读懂清真寺开始去读懂“回教的精

---

①吴彩梅，马俊峰.有限空间的无限言说：清真寺之现象学诠释[J].西北民族研究，2006(2).

②白寿彝.中国伊斯兰史存稿[M].银川：宁夏人民出版社，1983：346.

③“1935年春，白寿彝先生在河南开封主编《伊斯兰》月刊时，在第4期‘谈座’栏刊出《中国回教史料之辑录》一文，内中说：‘回教入中国千余年，而中国回教史专书之作绝少。五六年前，陈援庵先生讲《回回教入中国概（史）略》于北大，冯沅君记之，刊于《东方杂志》。此为中国人对于中国回教之第一篇有系统的讲述。’”参见白寿彝《中国回回民族史（上）》，中华书局，2003年，第7页。

④白寿彝.中国回回民族史（上）[M].北京：中华书局，2003：165.

神”、读懂“中国回教人的心”。

从20世纪初至今，近百年的中国伊斯兰文化研究，清晰地贯穿着一条视线——清真寺，诸如史学（伊斯兰教史、民族史）、民族学、人类学、社会学、艺术（建筑、装饰、雕刻、匾联）等研究，从多个方面进行了剖析和阐述；也有以清真寺为专题的研究，如《中国回教名礼拜寺记》（马以愚）、《漫谈清真寺》（杨永昌）、《西安清真大寺》（马希明）、《宁夏清真寺概况》（何兆国）、《山东清真寺》（山东省伊斯兰教协会）、《宁夏清真寺》（马平等）、《中国清真女寺史》（水镜君、［英］玛利亚·雅绍克）、《伊斯兰教与北京清真寺文化》（佟洵）、《内蒙古清真寺》（马永真、代林）、《西宁东关清真大寺志》（孔祥录、马生禄）、《西安回族与清真寺》（李健彪）、《流动的精神社区：人类学视野下的广州穆斯林哲玛提研究》（马强）、《平凉西寺志》（李树生）、《宁夏清真寺概观》（刘伟）、《河南百坊清真寺》（李尊杰）、《清真古韵：北京牛街礼拜寺》（宣武区伊斯兰教协会）等。其中，收录清真寺最多的是《中国清真寺综览》和《中国清真寺综览续编》（吴建伟），分别介绍了1000座和740余座清真寺，后一书在附录“中国清真寺分布及数量”部分，统计全国清真寺共约32813座。①

在上述研究基础上，从宏观层面考察清真寺，或能更具整体性地透视清真寺所蕴含的文化信息。同时，又因为全国清真寺的具体情况，如始建（重建）年代、地理位置、具体数量等，尚无完全统计，因此笔者统计了中国文物保护单位中的清真寺（含拱北、麻扎），计有366座②（见文后附）。虽然以此为研究范围并不能全面代表全国清真寺的整体情况——大约不足全国清真寺实有数量的1%，但以此取样，基于

①该书给出的总数是15810，但各地区合计又是32813。

②主要据国家文物局官网公布的“中国文物保护单位名录”，时间截至2005年5月，对全国的（不包括香港、澳门和台湾）国家级、省级和市县级文物保护单位做了全面梳理，其中广西的内容不全，据其他资料做了补充；2005年6月至2013年12月31日，据各省文物局官网及有关资料就国家级和省级清真寺进行全面收集，但市县一级的收集有限；每寺只计最高级次，不重复计入，所有信息以公布内容为准，为保持原貌，未做调整；本次收集的信息与《文史知识》（1995年第10期）刊录的“全国清真寺重点文物保护单位简表”（53座）略有出入。

以下理由：一是各级文物保护单位的清真寺，无疑是全国清真寺中最具文物价值的，从市县级、省级到国家级，蕴藏着丰厚的历史文化信息。二是代表了中国各级政府对清真寺文化价值的肯定。从历史上看，除个别清真寺是朝廷敕建（敕修）外，大多都是坊民自筹自建；新中国成立后，尤其是改革开放以来，政府斥资新建、重修了许多清真寺，众多古寺、名寺受益于文物保护而历久常新。三是作为文物保护单位的清真寺，无论就历史沿革还是地域分布而言，都能在一定程度上映射中国伊斯兰文化和穆斯林的某些"整体"特征，我们不妨就此"片面的深刻"做一些数据对比和基本分析。

表 1　中国清真寺文物保护单位时代分布表

时代	数量	时代	数量
唐	1	宋	2
元	11	明	99
清	212	近现代	8
民国	23	当代	1
—	9		

注："—"为时间不确定者。

从文物公布单位确定的时间（见表 1）可看出，最早的唐、宋寺（见表 2）分布于当时的通商口岸及运河沿线，隐约显现出当时中阿贸易的繁荣。广州怀圣寺光塔和泉州清净寺体现出十分鲜明的阿拉伯风格，扬州仙鹤寺为后来重建（清代），其建筑形制基本中国化了，但布局的非对称式、非四合院式是该寺的突出特点。[①] 元建寺的分布，大致显示出当时穆斯林落籍的基本面貌，但甘肃、陕西、山西、云南等地是当时穆斯林分布较多的地区，这些地区当时的清真寺未能保存下来，实为遗憾。阿拉伯—伊斯兰文化自 7 世纪中叶传入中国以来，1300 余年间，与华夏文化的会通融合始终没有停止过，持续进行着在地性适

①刘致平.中国伊斯兰教建筑[M].北京：中国建筑工业出版社，2010：39.

应性变化。有穆斯林的地方就有清真寺，无论雄伟气派还是简陋促狭。从历史上看，穆斯林刚踏入中华大地的时候，唐廷就在沿海通商口岸设置“蕃坊”供阿拉伯商人居住，其间建有清真寺应属无疑；同时，当时长安也生活着众多穆斯林商人，必会有供他们礼拜的清真寺。从现存实物看，唯有广州怀圣寺光塔为唐建，其他许多清真寺虽传为唐建，但已无实物可证。凭这些传说，我们只能推断，在唐时的商路沿线重镇，建有清真寺实属应当。在后来的发展中，不论是宋廷鼓励中阿贸易、元时大批穆斯林移入，还是明清以来阿拉伯—伊斯兰文化的加速本土化，清真寺随着穆斯林人口的增加而增加，随着穆斯林的迁徙而遍布华夏，目前几乎全国各县都有穆斯林，全国清真寺4万余座。

表2　中国清真寺文物保护单位地区分布表

地区	清真寺数量	最早时代	地区	清真寺数量	最早时代
安徽	★2◆6●11	元	北京	★1◆2●18	元
重庆	★0◆0●2	清	福建	★1◆0●1	宋
甘肃	★1◆2●8	明	广东	★1◆0●3	唐
广西	★0◆3●3	元	贵州	★0◆1●7	明
海南	★0◆0●1	现代	河北	★2◆7●25	元
河南	★6◆6●21	元	黑龙江	★2◆2●3	清
湖北	★0◆0●4	明	湖南	★0◆0●5	元
吉林	★0◆3●5	清	江苏	★0◆4●5	宋
江西	0	—	辽宁	★0◆3●13	明
内蒙古	★2◆3●5	清	宁夏	★2◆4●8	元
青海	★5◆15●15	明	山东	★2◆15●19	明
山西	★1◆0●1	明	陕西	★2◆1●3	明
上海	★0◆1●2	元	四川	★1◆3●2	清
天津	★0◆1●2	清	西藏	0	—
新疆	★8◆16●13	明	云南	★0◆4●17	明
浙江	★1◆1●1	元			

注：各地区以拼音顺序排序；★全国重点文物保护单位40个；◆省级文物保护单位103个；●市、县级文物保护单位223个；共计366个。

明清两代创建寺遗存最多。现存清真寺建筑，清代以前的实物已不多，从遗迹可看出元末已基本完成移植而在明清进入本土化的高潮时期，“伊斯兰教在我国得到很大发展，有十个少数民族逐步信仰了伊斯兰教，各省清真寺建筑大量创建，出现了讲经堂、拱北等伊斯兰教建筑类型，逐步形成了中国内地特有的回族等民族的清真寺、拱北和新疆维吾尔族等的礼拜寺和麻扎，两种不同风格的伊斯兰教建筑体系”①。就前一风格而言，木架结构，庭院布局，纵轴对称，照壁、牌坊、亭台、楹联等，完成了伊斯兰建筑的在地性适应性转变，不同之处——也是其特征所在，是无动物和人物形象；将本土通行的南北布局改为东西布局，因为中国在麦加的东方；核心部分的米哈拉布和宣礼塔都以中国传统形制建成；新疆地区因与中亚西亚间的联系较多，且受中国传统文化影响较小，清真寺保持了更突出的西域风格。同时，这一时期清真寺的广泛分布也显示出明清人口迁移政策所产生的巨大影响，中国穆斯林基本的分布情况，元代奠定了基础，明代基本成形，清代有局部变化。从清真寺的始建年代，大致可以推见穆斯林落户各地的概貌以及穆斯林人口的增长情况。就一般情况而言，穆斯林居于一地，若具备人数及物质能力，就一定会兴建清真寺；若人数较少，无力修建，则便宜为之，当人数渐多时，再行修建。因此，从新建寺年代能推知穆斯林落户各地的大致时间。但又由于许多古寺或已毁坏无迹或重建等原因，且重建寺与新建寺混处一起，因此现有清真寺的存在情况往往又具有很大的遮蔽性，譬如古都长安在唐代就有穆斯林居住，但现存清真寺最早为明代；新疆广大地区的民众在10世纪时大都信仰了伊斯兰教，但现存清真寺最早为明代；内蒙古、四川、天津现存清真寺最早都为清代，但至少在元时这些地区就有穆斯林居住了。

鸦片战争至1949之间，中华民族遭遇了前所未有的危机，此时的清真寺建筑整体上处于停滞期，东南地区甚至出现了衰退，只有西北地区有一定发展。当代以来，新建寺数量十分可观，展现了党和国家

①刘致平.中国伊斯兰教建筑[M].北京:中国建筑工业出版社,2010:7.

民族宗教政策产生的喜人成绩，也喻示着穆斯林物质生活的提高及精神生活的丰富，并且这一时期的内地清真寺也基本形成了两种风格——中国传统风格和阿拉伯风格，或是二者的混合。

在清真寺发展史中，有一类寺值得重视，即敕建寺。民国时期，人们就开始重视这一问题，如金吉堂《敕赐清真寺的五百年》。历史上，敕赐清真寺并不多，但由于帝王在封建时代无比强大的感召与威慑力量，敕赐寺被赋予了特殊的身份和特别的意义，显示了封建最高统治者对清真寺和伊斯兰文化的态度与统治策略，具有多方面的政治、历史等价值；也极具文化价值，是外来的伊斯兰文化被本土政权接受甚至认可、褒崇的表征，为伊斯兰文化的本土化提供了动力和信心，也促进了穆斯林认同意识的生长发展。据西安化觉巷清真大寺碑记，该寺于唐天宝元年（742 年）三月由“工部差督工官罗天爵监造，名为清真寺”；宋靖康二年（1127 年）四月“差指挥佥事阿讨剌督工重修”；元延祐二年（1315 年）三月“差平章政事赛典赤督工重修，奏请敕赐清真寺”；明洪武二十五年（1392 年）三月，咸阳王赛典赤七代孙赛哈智奉敕建造，赐额礼拜；明建文元年（1399 年），命尚书铁铉督工修理；明成化十八年（1482 年）八月，“奏请改寺名为敕赐清修寺”。据本寺清乾隆丙辰三十三年（1768 年）碑文，“自隋唐迄今，历祀千载余，敕建七次”。西安大学习巷清真寺大门前石牌额刻“敕建陆次”，据该寺明天启六年（1626 年）《敕赐清真寺碑记》载，“唐中宗时已赐名清教寺；在玄宗朝复敕改唐明寺；在元中统间又赐名回回万善寺，而督修者兵部尚书伯颜也；元大德时又差官重修，而董其事者平章政事赛典赤也；在我朝洪武十七年（1384 年）仍敕赐清真寺，而修建者尚书铁铉也；永乐十一年（1413 年）又敕赐重修，而与有劳者太监郑和也”。是为六次。关于唐建一说，学界争论较多，但唐代长安城建有清真寺当属无疑。

敕赐寺还有南京净觉寺，明洪武二十五年（1392 年）敕名；北京东四清真寺，明正统十二年（1447 年）敕名；北京安内二条法明寺，明正统十三年（1448 年）敕名，该寺已不存；牛街礼拜寺，明成化十年（1474 年）敕名；北京锦什坊街普寿寺；上海松江清真寺等。从敕建寺的分布来看，这些寺基本都位于当时的中心城市和回族聚居集中、文化繁荣之地。关于敕赐，除清真寺自己的记载，正史记载十分有限。“癸亥（1323 年），作礼拜寺于上都及大同路，给钞四万锭。”（《元史》卷二十九《泰定帝纪一》）“中国载入《二十四史》的伊斯兰教礼拜寺即清真寺只有……元上都路与大同路两处。”[①] 敕赐寺因其殊荣而超然于其他寺，也因此受到保护，至少在敕赐的本朝如此。奉敕修建的清真寺更加宏大，建筑等级较高，诸多方面突破了民间建筑在规模、形制、装饰等方面的严格限制。同时，此类寺一般会有皇帝敕赐匾额，朝廷贵族、官员也往往书赠匾额、对联，使得寺内文物的层次、文化艺术的高度亦不同于其他寺。也因部分敕赐清真寺本身的历史久远，益受社会各界重视，相对来讲，保存下来的古迹较多也较完整，多为文物保护单位，因而也是研究回族清真寺和回族文化的重要资料来源。

从清真寺的文物保护级别来看，全国重点文物保护单位新疆最多，河南、青海次之，基本上与穆斯林的历史分布吻合，但云南是一个突出的例外。省级也是新疆最多，青海、山东次之；市县级最多的是河北、河南、山东、北京、云南、青海、辽宁、新疆；各级总量最多的是新疆、山东、青海、河北、河南，而江西、西藏则各级都没有。从以上数量分布可看出，清真寺文物保护单位集中分布于穆斯林聚居地区，然而宁夏、甘肃、云南是穆斯林分布很集中的地区，也是清真寺较多的地区，作为文物保护单位的却较少。这种情况应该跟清末西南、西北回民起义造成大量清真寺的毁坏有关，也跟事后清廷的人口迁徙有直接关系。

综观清真寺的发展史，这些能留存下来的文物级的清真寺，实为珍贵。不仅需要当时极大的物力去兴建，也需要极大的物力去维修或重建，是一方穆斯林物力与心力的表征；同时也与机遇不无关系，如地震、火灾、战争等。因此，这些清真寺文物保护单位不仅是全国清真寺中具有文物价值的那部分，而且实际上也是见证穆斯林发展史的

---

①李兴华.中国名城名镇伊斯兰教研究[M].银川：宁夏人民出版社,2011:291.

"活化石"。通过清真寺，穆斯林以最显性的方式实现认同，也以此进行最集中、最突出的自我表述；而今天我们又可以通过他们的物化表达，寻绎厚重的历史足迹，感知那些虔诚的心灵……

附：中国文物保护单位——清真寺（含拱北、麻扎）

名称	时代	地址	公布时间
寿县清真寺★	明、清	安徽六安市寿县	2013.5.3
清真寺●	清	安徽寿县瓦埠镇	1998.12
清真寺巷●	清	安徽寿县寿春镇	1998.12
安庆南关清真寺★	清	安徽安庆市迎江区	2013.5.3
赖山清真寺◆	清	安徽淮南市谢家集区	2012.6.21
清真寺●	明、清	安徽淮南市	1986.11
太平清真寺●	明、清	安徽淮南市	2000
城关清真寺◆	明、清	安徽太和县	1998.5.4
清真南寺●	清	安徽太和县	1993
南关清真寺◆	明	安徽砀山县	2012.6.21
义门清真寺◆	清	安徽亳州市涡阳县	2012.6.21
城里清真寺◆	清	安徽亳州市谯城区	2012.6.21
口孜清真寺◆	清	安徽阜阳市颖东区	2012.12.26
清真寺●	元	安徽亳州市涡阳县	1990.11
中岗清真寺●	明	安徽阜南县	1987
焦坡清真寺●	明	安徽阜南县	1987
清真寺●	清	安徽界首市	1992
清真寺●	清	安徽肥西县大柏乡	1986.11
城关清真寺大殿●	清	安徽颍上县城关回民厂	1988
牛街礼拜寺★	明、清	北京宣武区	1988.1.13

续表

名称	时代	地址	公布时间
东四清真寺◆	明	北京东四南大街	1984.5.24
通州清真寺◆	元	北京通州区县城清真寺街1号	1995
马驹桥清真寺●	清	北京通州区马驹桥镇北门口村	1985.9
于家务清真寺●	清	北京通州区于家务乡于家务村	1985.9
张家湾清真寺●	清	北京通州区张家湾镇张家湾村	1985.9
法源清真寺●	清	北京西城区德胜门外大街200号	2007.7.20
东白塔清真寺●	明	北京大兴区安定镇东白塔村	1985
礼贤清真寺●	明	北京大兴区礼贤镇礼贤村	1989
薛营清真寺●	明	北京大兴区庞各庄镇薛营村	1985
马甸清真寺●	清	北京海淀区马甸南村7号	1999
花市清真寺●	明	北京东城区崇外西花市大街30号	1984.1.1
东外清真寺●	民国	北京东城区东直门外察慈小区6号	1984
南下坡清真寺●	清	北京朝阳区朝阳门外二条129号	1986
常营清真寺●	明	北京朝阳区朝阳北路	1986
古北口清真寺●	清	北京密云县古北口镇河西村	1996
清真寺●	清	北京丰台区长辛店大寺口	1984.5
西贯市清真寺●	明	北京昌平区阳坊镇西贯市村	2003.7
南一村清真寺●	清	北京昌平区沙河镇南一村	2003.7
南口清真寺●	清	北京昌平区南口镇南口村	2003.7
五街清真寺●	清	北京昌平区城北街道五街	2003.7
清净寺★	宋	福建泉州市	1961.3.3
福州清真寺●	明	福建福州市	1983.8
后街清真寺★	明、清	甘肃天水市	2006.5.25
南下关清真寺◆	民国	甘肃天水市	2011.12.2
红台清真寺●	清	甘肃天水市	1990

续表

名称	时代	地址	公布时间
清真寺●	清	甘肃秦安县	1989.8
静宁清真寺◆	明、清	甘肃静宁县	2003.7
南头清真寺●	清	甘肃会宁县	1988
连五方清真寺●	清	甘肃会宁县	1988
西关清真寺●	现代	甘肃靖远县	1988
清真寺●	1916	甘肃酒泉市	1984.8
清真寺●	民国	甘肃徽县	1990.11
重建礼拜寺碑●	明、清	甘肃陇南市	1999.4
怀圣寺光塔★	唐	广东广州市	1996.11.20
濠畔街清真寺●	清	广东广州市	1993.8
小东营清真寺●	明	广东广州市越秀区越华路小东营 5 号	—
清真寺●	现代	广东肇庆市端州区康乐中路	1984.11.19
六塘清真寺◆	清	广西临桂县六塘镇西水街 17 号	2009
五通镇清真寺●	清	广西临桂县五通镇	1984.10.8
桂林清真寺◆	元	广西桂林市	1998
崇善路清真寺◆	清	广西桂林市崇善路 11 号	1998
南宁清真寺●	清	广西南宁市	1987
清真寺及石刻●	清	广西柳州市公园路 6 号	1996
兴仁三家寨道堂◆	清	贵州兴仁县	1999
贵阳清真寺●	清	贵州贵阳市夏状元街	—
清真寺●	清	贵州安顺市西秀区	1987
清真寺●	清	贵州铜仁市	1990.8
安龙清真寺●	清	贵州安龙县	1988.8
青山清真寺●	清	贵州普安县	1981.9
小屯清真寺●	清	贵州普安县	1992.5

续表

名称	时代	地址	公布时间
威宁县马坡清真寺●	明	贵州威宁县城中部马坡	1982
回辉清真寺●	现代	海南三亚市	1990.1
泊头清真寺★	明	河北泊头市	2001.6.25
定州清真寺★	元、清	河北保定市定州市	2013.5.3
易县清真寺◆	明、清	河北保定市易县	1993.7
清真西寺●	清	河北保定市	1984.6
西牛村清真寺●	元	河北定州市	1988.9
清真寺●	民国	河北定兴县	1984.8
新乐清真寺◆	清	河北石家庄市新乐市	2001.2
平泉清真寺◆	清	河北承德市平泉县	2001.2
滦河清真寺●	清	河北承德市双滦区	1996.7
清真寺●	清	河北承德市双桥区	2003.5
清真北大寺◆	明	河北沧州市运河区	1982.7
白芦庄清真寺●	清	河北沧县	2000.8
曹庄子清真寺●	明	河北沧县	1989.12
大褚清真寺●	明	河北沧县	1989.12
捷地清真寺●	明	河北沧县	1985.2
杜林清真寺●	明	河北沧县	1989.12
八里圈清真寺◆	明、清	河北邢台市临西县东枣园乡八里圈村	—
清真寺◆	清	河北张家口市涿鹿县东关礼拜寺街	2008.1
牛进庄清真寺◆	明	河北孟村县	—
清真寺●	清	河北怀来县	1982.12
清真寺●	明	河北威县	1987
建昌营清真寺●	民国	河北迁安市	1998.6
清真寺●	明	河北无极县	—

续表

名称	时代	地址	公布时间
清真寺●	清	河北正定县	1995.5
清真寺●	明	河北山海关区	1986.11
北坞清真寺●	明	河北大厂县	1985.1
香椿营清真寺●	明	河北香河县	1991.1
清真寺●	明	河北文安县	1987.11
陈村清真寺●	明、清	河北邱县	1995.1
金北清真寺●	明、清	河北大名县	1995.1
西营清真寺●	元、明	河北大名县	1983.9
丁庄子清真寺●	清	河北孟村县	1986
清真寺●	明	河北涿州市	1992.5
清真寺●	明	河北雄县	—
沁阳北大寺★	明、清	河南焦作市沁阳市	2006.5.25
水南关清真寺★	元	河南焦作市沁阳市	2013.5.3
西关清真寺★	清	河南焦作市博爱县	2013.5.3
清真东大寺◆	清	河南博爱县尚庄镇大新(辛)庄村	2008.6.16
二仙庙清真寺●	明	河南焦作市博爱县	1989.9
朱仙镇清真寺★	清	河南开封市	2006.5.25
开封东大寺★	清	河南开封市	2006.5.25
善义堂清真寺◆	清	河南开封市鼓楼区鹁鸽市街	2006.6.8
北清真寺◆	清	河南开封市龙亭区铁塔四街1号	2008.6.16
文殊街清真寺●	清	河南开封市	1992.4
郑州清真寺★	清	河南郑州市管城回族区	2013.5.3
沈丘清真古寺◆	清	河南沈丘县城清真寺街(槐店镇)	2000.9.25
宁陵清真寺◆	清	河南宁陵县城东关街清真寺路10号	2000.9.25

续表

名称	时代	地址	公布时间
东关清真寺◆	明	河南清睢县东关	2008.6.16
清真老寺●	清	河南孟州市	2003.8
清真寺●	清	河南信阳市潢川县	2004.3
瓦店清真寺●	清	河南南阳市	2002.3
石桥清真寺●	明、清	河南南阳市	2002.3
河街清真寺●	清	河南南阳市	2002.3
清真寺●	清	河南南召县	1980.3
清真寺●	清	河南淅川县	1985.9
清真西寺●	明	河南邓州市	1995.6
清真南寺●	明	河南邓州市	1995.6
清真寺●	清	河南邓州市	1995.6
清真寺●	清	河南内乡县	1982.7
清真寺●	清	河南濮阳县	2000.7
清真寺●	清	河南濮阳县	2000.7
中原清真寺●	清	河南洛宁县	1987.3
王范清真寺●	明、清	河南洛宁县	1987.3
创修清真寺碑●	清	河南渑池县	1978.5
清真上寺●	清	河南卢氏县	1986.1
扶沟清真寺大殿●	清	河南扶沟县	1985.3
清真寺●	清	河南汝南县	1996.4
卜奎清真寺★	清	黑龙江齐齐哈尔市	2006.5.25
阿城清真寺★	清	黑龙江哈尔滨市阿城区	2013.5.3
清真寺(鞑靼)●	1901	黑龙江哈尔滨市	1995.6
呼兰清真寺●	1956	黑龙江哈尔滨市	1994.11

续表

名称	时代	地址	公布时间
依兰清真寺◆	清	黑龙江依兰县	1999.1
黑河清真寺◆	清	黑龙江黑河市	1990.12
宁安清真寺●	清	黑龙江宁安市	1983.11
清真寺●	清	湖北郧西县	1994.11
清真寺●	明	湖北襄樊市	1984.1
清真寺●	清	湖北谷城县	1986.6
清真寺●	清	湖北老河口市	1987.8
清真寺●	元	湖南常德市武陵区	2000
清真寺●	明	湖南邵阳县	1988.6
清真寺●	清	湖南隆回县	1982
清真东寺●	清	湖南隆回县	1991.2
回族清真寺●	近代	湖南邵东县	2004.7
长春清真寺◆	清	吉林长春市	1987.2
大营子清真寺●	清	吉林长春市	2002.7
宁江清真寺◆	清	吉林松原市宁江区	2007.5.31
城子村清真寺◆	1644	吉林伊通县三道乡城子村	2007.5.31
清真寺●	1936	吉林白城市	1998
蜂蜜清真寺●	清	吉林九台市	1990.9
双辽清真寺●	清	吉林双辽市	1992
清真寺●	清	吉林通化市	1986.1
净觉寺◆	明、清	江苏南京市	2002.1
湖熟清真寺●	清	江苏南京市江宁区湖熟镇	2006.6.10
南门清真寺●	明	江苏南京市六合区雄州镇清真街 2 号	2006.6.10
仙鹤寺◆	宋、清	江苏扬州市	1995.4

续表

名称	时代	地址	公布时间
清真寺◆	清	江苏高邮市菱塘乡	2006.6.5
山巷清真寺◆	清	江苏镇江市润江区	2011.12.30
清真寺石刻●	清	江苏镇江市	1982.5
河下清真寺●	清	江苏淮安市楚州区	1986.7
清真寺大殿●	清	江苏江都市	1986.11
沈阳南清真寺◆	清	辽宁沈阳市	2003.3
清真东寺●	清	辽宁沈阳市	1996
老城清真寺◆	明	辽宁开原市	2007.5.26
北镇清真寺◆	明	辽宁北镇市	2008.2.11
清真寺●	清	辽宁岫岩县	1986.1
清真寺●	清	辽宁凌源市	1981.11
清真寺●	清	辽宁凤城市	1988.1
清真寺●	清	辽宁绥中县	2001.9
广宁清真寺●	明、清	辽宁北宁市广宁镇	2003.8
间阳清真寺●	明、清	辽宁北宁市间阳镇	2003.8
新立屯清真寺●	清	辽宁黑山县	1986.5
黑山清真寺●	清	辽宁黑山县	1983.5
清真寺●	清	辽宁辽阳市	1991.12
新民市清真寺●	清	辽宁新民市	1996
清真寺●	1918	辽宁大石桥市	1996
本溪湖清真寺●	清	辽宁本溪市	2013.8
赤峰清真北大寺★	清	内蒙古赤峰市红山区	2013.5.3
呼和浩特清真大寺★	清、民国	内蒙古呼和浩特市回民区	2013.5.3
开鲁清真寺◆	1911	内蒙古通辽市开鲁县	2006.9.4

续表

名称	时代	地址	公布时间
包头清真大寺◆	清	内蒙古包头市	—
隆盛庄清真寺◆	清	内蒙古丰镇市隆盛庄乡	—
清真寺●	近代	内蒙古巴林左旗	1994.8
清真寺●	清	内蒙古林西县	2004.9
清真寺●	民国	内蒙古林西县	1991.6
经棚清真寺●	清	内蒙古克什克腾旗	1992.6
锦山清真寺●	清	内蒙古喀喇沁旗	2000.11
同心清真大寺★	清	宁夏同心县	1988.1.13
纳家户清真寺★	清	宁夏永宁县	2013.5.3
望远清真寺●	明	宁夏永宁县	2002.6
单南清真寺◆	清	宁夏西吉县	2005.9.15
余羊清真寺◆	清	宁夏泾源县	2010.12.6
二十里铺拱北◆	元、明	宁夏固原市	2005.9.15
九彩坪拱北◆	清	宁夏海原县	2005.9.15
清真寺●	清	宁夏泾源县	1992.7
清真寺●	清	宁夏泾源县	1992.7
南大寺●	清	宁夏吴忠市	1994.12
马化龙拱北●	清	宁夏吴忠市	1994.12
县城清真寺●	近代	宁夏平罗县	1985.11
清真中寺●	民国	宁夏银川市	1993.4
克马伦丁长老拱北墓●	明	宁夏银川市滚钟口	1993.4
街子拱北★	清	青海循化县	2013.5.3
撒拉族清真寺古建筑群★	清	青海循化县	2013.5.3
清水清真寺◆	明	青海循化县	1988.9

续表

名称	时代	地址	公布时间
张尕清真寺◆	明	青海循化县	1988.9
孟达清真寺◆	清	青海循化县	1986.5
科哇清真大寺◆	清	青海循化县	1986.5
苏志清真寺◆	明	青海循化县	1988.9
塔撒坡清真寺◆	明	青海循化县	1998.12
赞卜乎清真寺◆	民国	青海循化县	1998.12
奄古录拱北◆	清	青海循化县	1998.12
乙沙尔清真寺◆	清	青海循化县	1998.12
乙麻目清真寺●	清	青海循化县	1995.1
木厂清真寺●	清	青海循化县	1990.1
埔坊清真寺●	清	青海循化县	1987.5
草滩坝清真寺●	清	青海循化县	1995.1
大寺古清真寺●	清	青海循化县	1995.1
阿伊清真寺●	清	青海循化县	1998.1
西街清真寺●	明	青海循化县	1998.1
拉边清真寺●	清	青海循化县	2000.7
洪水泉清真寺★	明、清	青海平安县	2013.5.3
上、下拱北●	明、清	青海平安县	1987.6
清泉下拱北◆	清	青海平安县巴藏沟乡清泉村	2004.5
东关清真寺★	明至民国	青海西宁城东区	2013.5.3
阿河滩清真寺★	清	青海化隆县	2013.5.3
扎巴清真寺●	清	青海化隆县	1986.12
城车清真寺●	清	青海化隆县	1986.12
隆务清真大寺◆	清	青海同仁县隆务镇老城区	2004.5

续表

名称	时代	地址	公布时间
浩门镇南关清真寺◆	清	青海门源县	1998.12
下阴田清真寺◆	清	青海门源县下阴田乡下阴田村	2004.5
东沙河清真寺◆	清	青海门源县泉口镇东沙河村	2013.4.12
上庄清真大寺◆	民国	青海海北州祁连县八宝镇东村	2013.4.12
后子河拱北照壁●	明	青海大通县	1990.11
清真寺●	民国	青海湟源县	2000.1
清真大寺●	清	青海湟中县	1987.2
河阴清真寺●	民国	青海贵德县	1991.5
济宁东大寺★	明、清	山东济宁市	2006.5.25
青州真教寺★	清	山东潍坊市青州市	2013.5.3
临清西清真寺◆	明、清	山东临清市	1992.6
清真东寺◆	明	山东临清市城区卫运河东岸先锋路街道办事处桃园街	2006.12.7
济南南大寺◆	明、清	山东济南市	1992.6
清真北大寺●	清	山东济南市	1979.9
党东清真寺●	明	山东济南市历城区	1985.12
清真寺●	清	山东济南市长清区	1991.1
桑梓店镇小寨村清真寺●	清	山东济南市天桥区桑梓店镇小寨村	2007.3.19
马头清真寺◆	明、清	山东郯城县马头镇	2006.12.7
沟上清真寺●	明	山东郯城县	2001
王庄清真寺●	明	山东郯城县	2001
巷里清真寺◆	明、清	山东邹城市凫山街道	2013.10.10
东街清真寺◆	明至民国	山东新泰市放城镇	2013.10.10
金岭清真寺◆	明	山东淄博市临淄区金岭镇	2013.10.10
省庄清真寺◆	明至民国	山东泰安市泰山区省庄镇	2013.10.10

续表

名称	时代	地址	公布时间
泰山区清真西大寺◆	明、清	山东泰安市泰山区财源街道	2013.10.10
西界清真寺◆	明、清	山东泰安市岱岳区马庄镇	2013.10.10
下旺清真寺◆	清	山东泰安市岱岳区粥店街道	2013.10.10
平邑清真寺◆	明、清	山东平邑县	2013.10.10
石家清真寺◆	清	山东临邑县临南镇	2013.10.10
朝城清真寺◆	明、清	山东莘县朝城镇	2013.10.10
西街清真寺◆	明、清	山东冠县清泉街道	2013.10.10
冠县西街清真寺●	明	山东冠县	2003.1
沙庄清真寺●	明	山东冠县	1999.11
清真寺●	清	山东金山县	1992.3
礼拜寺●	清	山东聊城市	1999.4
聊城小礼拜寺●	清	山东聊城市	2003.1
阳谷张秋清真寺●	明	山东阳谷县	2003.1
高唐北关清真寺●	清	山东高唐县	2003.1
南关清真寺●	明	山东临沂市	1989
南芙蓉清真寺●	明、清	山东蒙阴县	2001
梁邱清真寺●	清	山东费县	2002
白马清真寺●	清	山东宁阳县	2003.7
西台清真寺●	清	山东宁阳县	2003.7
清真寺●	明、清	山东东平县	1994.3
太原清真寺★	明、清	山西太原市迎泽区	2013.5.3
清真大寺●	明	山西大同市	1981.2
西安清真寺★	明、清	陕西西安市	1988.1.13
大学习巷清真寺★	明、清	陕西西安市莲湖区	2013.5.3

续表

名称	时代	地址	公布时间
小皮院清真寺◆	明	陕西西安市	1992.4
大皮院清真寺●	明	陕西西安市	2001.2
城关清真寺●	清	陕西平利县城关镇	1991.5
杨家垭清真寺●	清	陕西镇安县	1992.1
松江清真寺◆	元	上海松江区	1980.8
福佑路清真寺●	1870	上海黄浦区	2000.5
小桃园清真寺●	1911	上海黄浦区	2000.5
巴巴寺★	清	四川南充市阆中市	2013.5.3
清真寺◆	清	四川阆中市	2002.12
鼓楼南街清真寺◆	清	四川成都市	1991.4
挂榜清真寺◆	清	四川米易县	2002
清真寺●	清	四川九寨沟	1995.12
小金清真寺●	清	四川小金县	1989.1
清真大寺◆	清	天津红桥区	1982.7
清真南大寺●	清	天津红桥区	1997.8
金家窑清真寺●	清、民国	天津河北区	1993.5
阿巴和加麻扎(墓)★	清	新疆喀什市	1988.1.13
艾提尕尔清真寺★	明	新疆喀什市	2001.6.25
莎车加满清真寺★	清	新疆莎车县	2013.5.3
阿勒同礼拜寺◆	清	新疆莎车县	—
阿合米契提清真寺●	—	新疆莎车县	—
穆义谢里市礼拜寺●	—	新疆莎车县	—
阿热欧尔达清真寺●	清	新疆喀什市	—
墩美其提清真寺●	清	新疆喀什市	—

续表

名称	时代	地址	公布时间
库车大寺★	清	新疆库车县	2013.5.3
毛拉尼艾尔西丁麻扎礼拜寺◆	—	新疆库车县	—
拜吐拉清真寺宣礼塔★	清	新疆伊犁伊宁市	2013.5.3
伊宁陕西大寺★	清	新疆伊犁伊宁市	2013.5.3
哈纳喀及赛提喀玛勒清真寺宣礼塔★	清	新疆塔城地区塔城市	2013.5.3
水定陕西大寺◆	清	新疆伊犁霍城县	2003.2
乌鲁木齐陕西大寺大殿★	清	新疆乌鲁木齐市天山区	2013.5.3
南大寺大殿●	1929	新疆乌鲁木齐市	2003.4
老坊寺大殿●	清	新疆乌鲁木齐市	—
土墩子清真寺◆	清	新疆昌吉县	1999.7
五运清真寺◆	清	新疆昌吉县	1999.7
陕西寺◆	清	新疆哈密县	2003.2
鄯善东大寺◆	清	新疆吐鲁番市	1990.12
阿斯塔娜艾里帕塔礼拜寺◆	—	新疆吐鲁番市	—
贾帕尔依麻木寺◆	—	新疆吐鲁番市	—
苏公塔礼拜寺◆	清	新疆吐鲁番市	—
西大寺●	清	新疆吐鲁番市	1998
东大寺●	清	新疆吐鲁番市	—
和田加满清真寺◆	清	新疆和田县	1990.12
于田大清真寺◆	民国	新疆和田县	1999.7
东巴扎东大寺◆	1907	新疆鄯善县	—
麻扎前大礼拜寺◆	—	新疆鄯善县	—

续表

名称	时代	地址	公布时间
苏丹苏吐克布格拉汗麻扎寺◆	—	新疆阿图什市	—
清真大寺●	近代	新疆阿凡提县	—
八户沟清真寺●	清	新疆阜康市	2002.6
吉也克乡清真寺●	1928	新疆裕民县	2000.5
皮山大清真寺●	清	新疆皮山县	1999.4
群达拉克麻扎寺◆	—	新疆伊吾县	—
北城维族清真寺●	—	新疆玛纳斯县	—
拖姑清真寺◆	清	云南鲁甸县	1993.12
林街清真寺◆	清	云南景东县林街村	2003.12
大庄清真寺◆	清	云南开远市大庄乡	1998.11
回营清真寺◆	清	云南南涧县	2012.1.7
勐廷清真寺●	清	云南昌宁县	1991
宾居清真寺●	1923	云南宾川县宾居镇	1989
清真寺●	清	云南永平县	1988
桑岭清真寺●	清	云南剑川县	1986
公郎清真寺●	清	云南南涧县	1986
下街清真古寺●	明	云南漾濞县下街村	2003
清真寺●	清	云南建水县	1990
金牛街清真寺●	清	云南昆明市盘龙区	1990.9
顺成清真寺●	清	云南昆明市五华区	1983.7
里仁清真寺●	清	云南昆明市西山区里仁村	1986.11
清真古寺●	1902	云南宜良县蓬莱乡西山村	1987.7
清真寺●	清	云南广南县珠琳镇	2000

续表

名称	时代	地址	公布时间
清真寺●	清	云南华宁县盘溪镇盘江村	1990.1
清真寺●	明	云南新平县桂山镇五桂区	2001.4
八仙营清真寺●	清	云南昭通市守望乡	1982
宋家山清真寺●	清	云南昭通市守望乡	1983
毛货街清真寺●	清	云南昭通市昭阳区	1983
凤凰寺★	元至清	浙江杭州市	2001.6.25
月湖清真寺◆	清	浙江宁波市海曙区	2011.1.7
清真寺●	明	浙江嘉兴市	1981.1
清真寺●	清	重庆开县	1989.6
清真寺●	清	重庆奉节县永安镇	1990

注：★全国重点文物保护单位 40 个；◆省级文物保护单位 103 个；●市、县级文物保护单位 223 个；共计 366 个。

皇甫谧研究

皇甫谧出生地、生活地及其墓地

张有堂　徐银梅[①]

摘　要：皇甫谧，我国魏晋时期著名的针灸医学家、历史学家和作家。他出身寒素，爱好广泛，博览群书，补写帝谱，订正兵法，完善医著。他的许多研究成果长期被后人所承袭。但关于他的籍贯却成为一个争论的话题，有人说他是今宁夏彭阳县人，也有人说他是今甘肃灵台县人。到底哪一种说法是事实？笔者认可前者。

关键词：皇甫谧　出生地　籍贯　墓地

皇甫谧（215—282年），字士安，自号玄晏先生，我国魏晋时期杰出的针灸医学家、历史学家。他身残志坚，淡泊名利，甘愿布衣，博览群书，著述等身。他的《针灸甲乙经》在中医学界树立了一座里程碑，开创了针灸学理论研究和针灸疗法实践的新时代，使针灸疗法成为与中草药疗法、手术疗法相提并论的门类，成为中医学极其重要的组成部分。世人盛赞皇甫谧在针灸疗法方面突出贡献的同时，又去寻觅皇甫谧的籍贯地。唐朝官修《晋书》记载皇甫谧是“安定朝那人”。朝那县治地在今何处？主要有两种说法：一说今宁夏回族自治区固原市彭阳县古城镇，一说今甘肃省平凉市灵台县朝那镇。孰是孰非，拙文略谈一二，与同人共勉！

---

①张有堂（1965—　），宁夏彭阳人，彭阳县第三中学高级教师，宁夏回族自治区骨干教师。徐银梅（1971—　），宁夏彭阳人，彭阳县第三中学一级教师。

一、朝那县治变迁之探究

东晋王隐《晋书》、南朝臧荣绪《晋书》和唐朝官修《晋书》均认为皇甫谧是“安定朝那人”，所以此结论不容置疑。另外，《后汉书》载皇甫嵩为“安定朝那人”。皇甫嵩是皇甫谧的高祖父。所以安定郡朝那县是皇甫谧的籍贯地。这一结论为学术界所认同。但问题的关键在于朝那县治在今何地?

《汉书·地理志》载西汉安定郡下辖包括朝那县在内21个县，《后汉书·郡国志》载东汉安定郡下辖朝那等8个县。两汉朝那县治在今何处?《史记·匈奴列传》载：西汉初年，匈奴大军南下，“悉复收秦所使蒙恬所夺匈奴地者，与汉关故河南塞，至朝那、肤施，遂侵燕、代”。西汉文帝十四年（公元前166年），“匈奴单于十四万骑入朝那萧关，杀北地都尉卬，虏人民畜产甚多，遂至彭阳”。这说明朝那位于河南塞以南和彭阳以北地区。

《北征赋》记述了更始年间班彪北行的路线①，即他从京师长安（今陕西西安西北）出发，沿途经过瓠谷（今陕西泾阳）、云门（今陕西淳化）、郇邠（今陕西旬邑西南）、义渠（今甘肃正宁西南）、泥阳（今甘肃宁县西北）、彭阳（今甘肃镇原东南，即茹河下游）。过彭阳后，班彪沿茹河流域继续西行。“越安定以容与兮，遵长城之漫漫。”安定县治不详。但越安定，可见长城。战国秦长城起今甘肃岷县，穿越甘肃临洮、渭源、陇西、通渭、静宁和宁夏西吉、固原、彭阳，抵彭阳县东境，折东北方向穿过甘肃镇原县西北、环县、华池县和陕西吴起、靖边、横山、榆林、神木等地，至今内蒙古黄河南岸。所以安定县治应在今甘肃镇原县西北，即茹河中游。班彪经过安定县，继续沿茹河、长城一线西行。“登障隧而遥望兮，聊须臾以婆娑。闵獯鬻之猾夏兮，吊尉卬于朝那。”最后他抵达安定郡治地高平县（今宁夏固原

---

①萧统. 文选·北征赋[M].上海:上海古籍出版社,1986:425-430.

市原州区)。《北征赋》充分证明了西汉朝那县治在今原州区与镇原县之间。而今宁夏彭阳县古城镇的古城遗址，正好处于二地之间的茹河上游北岸川地中心。

该城遗址为长方形，东西长682米，南北宽480米，占地面积32.7万平方米，城墙残高1~13米，基宽14米。开东、西二门。城墙四周辟有护城壕（残深2米左右，宽约30米）。1977年4月，古城遗址西北出土了一尊青铜鼎，其腹部铸刻隶书体汉字“第廿九五年朝那容二斗二升重十二斤四两”，所以中国考古学界称之为“朝那鼎”。“五年”是铸鼎的时间。“第廿九”是什么意思？元鼎五年（公元前112年），正好是汉武帝即位第29年。两汉时期，其他帝王在位时间均未超过29年，所以朝那鼎铸于元鼎五年（公元前112年）。朝那鼎的出土，引起了考古学界的高度关注，学者、专家纷至沓来，发现古城地表秦汉砖瓦俯首即是，对其进行局部考古发掘，发现地下堆积着4米厚的秦汉砖瓦层，又出土了西汉错金铜羊、陶水管等器物。该城址北屏黑土梁，南俯茹河，完全符合秦汉依山傍水的建城标准。在中国古代，鼎非凡物，是立国的器皿、政权的象征。所以，该鼎的出土，为西汉朝那县治在今宁夏彭阳县古城镇提供了实物证据。

西汉朝那县境有国家级的祭祀重地——湫渊。《史记·封禅书》《汉书·郊祀志》记“湫渊，祠朝那”。《汉书·地理志》载：“朝那，有端旬祠十五所，胡巫祝；又有湫渊祠。”三国苏林说：“湫渊，在安定朝那县，方四十里，停不流，冬夏不增减，不生草木。”[1] 北魏《水经注》云“渊在四山中”。唐《括地志》记“朝那湫祠，在原州平高东南二十里”，但唐朝湫渊水域面积已缩小，《元和郡县图志》说湫渊“周回七里，盖近代减耗”。元《文献通考》载：北宋“镇戎军有朝那湫，即秦汉湫渊祠也”。元《重修朝那湫龙神庙记》一文道：“开城州东北距十五里，有湫曰朝那，有山环焉。湫东冈阜上置祠设像，神曰盖国大王。”明《固原州志》道：“东海，在州东南四十里，广五里，

---

①司马迁．史记[M]．北京：中华书局，1959：1373.

阔一里，即古朝那湫。”《明史·地理志》载：“固原州……东西有二朝那湫。”平高县治、镇戎军治、固原州治均为今宁夏固原市原州区，开城州治为今原州区开城镇南。东海（东海子）位于今宁夏彭阳县古城镇西与原州区开城镇东交界处，其地理位置、地貌特征、距固原的里程，与这些文献的记录基本相符。而且东海子东南岸缓冲坡地中至今仍堆积着秦汉至明清的砖瓦层。2007 年 11 月，在这些砖瓦堆集层中发现了古石碑的一隅，其上阴刻“那之湫”等瘦形楷体汉字，与宋徽宗的瘦金体非常相似。

这些证据充分证明今宁夏回族自治区彭阳县古城镇的古城遗址就是西汉朝那县治地。

东汉魏晋十六国朝那县治地又在今何处？《后汉书》记：东汉永初五年（111 年）三月，“安定郡徙美阳”。永建四年（129 年），尚书仆射虞诩上书汉皇帝，以安定等郡“沃野千里，谷稼殷积……水草丰美，土宜产牧，牛马衔尾，群羊塞道”为由，建议回迁安定等郡。汉顺帝“使谒者郭璜督促徙者，各归旧县，缮城郭，置候驿”；九月，“复安定、北地、上郡归旧土”。永和六年（141 年）十月，又“徙安定居扶风”。永康元年（167 年），段颎上书汉桓帝道：“匈奴长服，内徙郡县，得反本土。”“帝许之，悉听如所上”；九月，安定郡回迁落治临泾（今甘肃镇原县南）。《晋书·地理志》记安定郡下辖朝那等 7 个县，这说明早已恢复了朝那县的建制。从“归旧土”“ 反本土”的语意中，不难得出朝那县治应该在原治地。事实是否如此？《晋书·孝武帝纪》《晋书·苻登载记》《资治通鉴·晋纪二十九》载：东晋太元十三年（388 年）二月，前秦主苻登“率众下陇入朝那”，后秦主姚苌“据武都相持，累战互有胜负”。六月，姚苌“退还安定”。陇，即陇山，今六盘山脉。安定县治地在今甘肃泾川县。武都，今何指？1964 年，今宁夏彭阳县城北出土北魏墓志一方，其上曰：员标“泾州平凉郡阴盘县武都里人”。阴盘县治地在今甘肃平凉市崆峒区四十里铺镇，西距平凉城约 18 千米，东北距甘肃镇原县城约 38 千米，西北距宁夏彭阳县城约 46 千米。所以武都里应该在这个范围之内。从方位来讲，朝那县治地靠近六盘山脉，在武都、安定的北方。又《晋书·姚泓载记》《资治通鉴·晋纪三十九》载：东晋义熙十二年（416年）六月，夏国主赫连勃勃自上邽（治今甘肃天水市）东犯，相继攻占阴密（治今甘肃灵台县西南）、安定（治今甘肃泾川县），又南犯雍城（治今陕西凤翔市南）、郿城（治今陕西眉县东）。后秦大将姚绍率领五万大军从长安出发，西进抗击。赫连勃勃北撤，“退趋安定”，“绍进击勃勃于马鞍阪，败之，追至朝那，不及而还。勃勃归杏城”。杏城治地在今陕西黄陵县西南。这同样可以证明，朝那位于安定县（治今甘肃泾川县）以北。而灵台县朝那镇位于泾川县西南方向，东北距泾川县城约30千米，所以此处绝非十六国时期的朝那县治地。

另外，《后汉书·郡国志》“朝那”条下，注引东晋郭璞《山海经注》道：“泾水出县西幵头山，入渭。”《清史稿·地理志》“甘肃”条下记：泾河有二源，北源出固原州陇山开城岭南麓，东南流；南源出化平厅大关山麓老龙潭，西北流。二水合流平凉城西，东南入泾州。“幵”何意？《说文解字》释：“平也。象二‘干’对构，上平也。”换言之，“幵头”即分水岭。《清史稿·地理志》“甘肃”条下又记：清水河源出陇山开城岭北麓，北流经固原城东，入注黄河。所以，幵头山就是六盘山脉的开城岭。它东距西汉朝那县城约16千米。综上所述，东汉魏晋十六国朝那县治就是西汉朝那县治，即今宁夏彭阳县古城镇。

据《魏书·地形志》和《元和郡县图志》记载：北魏正光五年（524年），在阳晋川（即今宁夏彭阳县红河川）置长城郡，领黄石、白池二县，分管汉魏晋朝那县辖地。这说明是时朝那县或废或迁。《隋书·地理志》记：“朝那，西魏置安武郡，及析安武县。”《太平寰宇记》认为西魏朝那县建于大统元年（535年），清《灵台县志》和《清史稿》称之为“东朝那”。西魏、北周的朝那县隶属于安武郡，隋朝改安武郡为安定郡。该古城遗址坐北向南，半山半塬，北依塬面葫芦形腰弦处筑城墙，东、西两侧城墙向南延伸，但南面没有城墙合围。城下的沟里有十几孔窑洞，大小不一，壁面像是用白灰刷抹。城东南有柳扇梁向西，西南有皇甫岭向东，如两臂环抱。该县城未置交通要道上，面积仅2.2万平方米，是个偏安的小县城。它与皇甫谧出生地仅仅同名而已，而且它与皇甫谧之间存在着200余年的时代差。

二、皇甫谧生活地之辨正

皇甫谧出生地是安定郡朝那县，那么他的生活地又在何处？《晋书·皇甫谧传》云："皇甫谧，字士安，幼名静，安定朝那人，汉太尉嵩之曾孙也。出后叔父，徙居新安。"从行文内容来理解，皇甫谧是从朝那县迁居新安县的。换言之，朝那县既是皇甫谧的籍贯地，又是他的出生地，新安县是皇甫谧的重要生活地。又《玄晏春秋》记载，魏太和五年（231年），皇甫谧就已经定居新安县（今河南渑池东南）。魏正元元年（254年），皇甫谧"遂还本宗。"此后，他是否还生活在新安县？北宋《新编九域志》认为皇甫谧生活在泾州（今甘肃泾川县）泾汭川，清《崆峒山志》认为皇甫谧隐居于平凉市崆峒山上，清《灵台县志》认为皇甫谧隐居于灵台县书台山上。

唐朝官修《晋书》道：皇甫谧"门人挚虞、张轨、牛综、席纯，皆为晋名臣"①。挚虞，京兆长安人，"少事皇甫谧"②。张轨，安定乌氏（治今宁夏泾源县北）人，"与同郡皇甫谧善，隐于宜阳女几山"③。宜阳县治地在今河南宜阳县西。牛综，籍贯和生卒年月均不详。皇甫谧早年在新安拜席坦为师，所以席纯可能是席坦的子孙。这些迹象表明皇甫谧晚年应该生活在西晋都城洛阳西南新安县、宜阳县一带。同时，还说明新安县、宜阳县一带是边人内迁后的新家园。泰始四年（268年）十一月，晋武帝征皇甫谧入朝为官，皇甫谧"自表就帝借书，帝送一车书与之"。这又透露出皇甫谧生活在洛阳附近的信息。晋

①房玄龄，等. 晋书[M].北京：中华书局，1974：1418.
②房玄龄，等. 晋书[M].北京：中华书局，1974：1419.
③房玄龄，等. 晋书[M].北京：中华书局，1974：2221.

咸宁四年（278 年），司隶校尉刘毅请皇甫谧“为功曹，并不应”[1]。刘毅在其辖区司州（新安、宜阳二县均隶属之）求贤合乎情理，而跨境到雍州安定郡朝那县请皇甫谧似乎没有道理。

《华阳国志》载：犍为武阳（治今四川彭山县东）名士李密，与皇甫谧友善。[2] 三国鼎立之际，李密代表蜀汉出访吴国，可能到过洛阳，与皇甫谧结识。西晋大统一后，李密出任河内温县令，政化严明。温县治今河南温县西南，位于洛阳东北。是时，他才有可能与皇甫谧交往甚密。这又从一个侧面证明了皇甫谧晚年生活在洛阳附近。

泰始八年（272 年），文学青年左思“会妹芬入宫，移家京师”[3]，他酝酿构思了十年，终于完成《三都赋》，但不为时人所重。“安定皇甫谧有高誉，思造而示之。谧称善，为其赋序。”[4] 若皇甫谧生活在安定郡朝那县，则距洛阳千余里之遥，左思乃一介书生，去安定郡朝那县拜访皇甫谧的可能性不大，所以又可以佐证皇甫谧应该生活在洛阳附近的新安、宜阳县一带。

从与梁柳的交往中，也能证明皇甫谧“还本宗”后依然生活在洛阳西新安一带。据《玄晏春秋》《尚书正义》引文记载，天水郡梁柳既是皇甫谧外弟，又是其儿时的密友，他们一同在新安长大。《晋书·皇甫谧传》记：皇甫谧“还本宗”后，梁柳出任城阳太守，乡人劝其设宴饯行。而皇甫谧却说：“柳为布衣时过吾，吾送迎不出门，食不过盐菜，贫者不以酒肉为礼。”从古汉语角度来讲，“时”即经常、时常，“过”即拜访、探望。这段文字反映出二人不但交往频繁，而且关系密切。如果皇甫谧“还本宗”就是返回故乡，那么二人再不会有频繁密切的交往。

皇甫谧一生多灾多难。34 岁，他不幸患风痹疾。43 岁，他又耳聋目眩。46 岁，他口服寒食散，致使病情加重。在疾病的折磨下，他的

---

①房玄龄，等. 晋书[M]. 北京：中华书局，1974：1416.

②陈涛. 三国志[M]. 北京：中华书局，1959：1079.

③房玄龄，等. 晋书[M]. 北京：中华书局，1974：2376.

④房玄龄，等. 晋书[M]. 北京：中华书局，1974：2376.

身体状况很差，“躯半不仁，右脚偏小”“浮气流肿，四肢酸重”“救命呼噏”“伏枕叹息”。这一症状与《诸病源候论》“肌痹”与“骨痹”症状相似——“四肢懈惰，发咳呕汁”，“移入于肾，其状喜胀”。在医学发达和医疗手段先进的今天，治愈此病的可能性也不大，所以皇甫谧不可能像正常人一样在各地巡诊和游历。否则，他不会在60岁前著《笃终》安排后事。皇甫谧去世后，其子皇甫方回南徙荆州（治今湖北荆州市）。从新安、宜阳县一带南下要比由朝那南迁更容易些。且“八王之乱”使洛阳城毁民伤，在这一大背景下，皇甫方回从宜阳南徙荆州的理由更充分一些。

综上所述，皇甫谧自幼离开安定郡朝那县，徙居洛阳西南新安、宜阳县一带，从此再未离开第二故乡而迁住他处。

三、皇甫谧墓之考述

皇甫谧茔地在何方？《晋书》无明确记载。但细读《晋书》，我们不难发现古代茔地选择的一般法则。《晋书·王祥传》记载：太保王祥临终前，关于其茔地的选择，其子意见不统一，王烈主张“还葬旧土”，而王芬则建议“留葬京邑”。王祥欣慰地说道：“不忘故乡，仁也；不恋本土，达也。惟仁与达，吾二子有焉。”由此推知，皇甫谧茔地要么在原籍地，要么在生活地。只有这两种可能才符合封建礼制，否则有悖孝道。

今甘肃灵台县既不是皇甫谧的出生地，也不是皇甫谧的生活地，但灵台县东北5千米处有一座古墓，民间叫“皇甫古冢”。20世纪60年代，甘肃考古工作者对古墓进行探测，发现有墓道，但未发掘清理，所以他们无法确认这是何人之墓。甘肃方面将“皇甫古冢”确定为“皇甫谧之墓”的理由除民间传说外，还有两条重要的文献资料：北宋《新编九域志》“泾州灵台”条下记“皇甫士安冢”；清《灵台县志》“补遗”篇下记“晋皇甫谧墓，在县东北十里张敖家堡原上”。从古汉语角度来讲，“冢”与“墓”是有区别的，“墓”中一定有尸骸，但

"冢"里则不一定有尸骸，可以仅埋衣冠或用物。另外，《说文解字》释"冢，高坟也"。换言之，"冢"指茔地的坟丘或封土。民国《灵台县志》记皇甫谧墓"周数丈，高丈余"。今实测"皇甫谧之墓"封土方圆 27 米，高 4 米。所有这些与《晋书》的记述完全不同。

皇甫谧晚年撰《笃终》告诫子孙："吾欲朝死夕葬，夕死朝葬，不设棺椁，不加缠敛，不修沐浴，不造新服，殡含之物，一皆绝之。……气绝之后，便即时服，幅巾故衣，以籧篨裹尸，麻约二头，置尸床上。择不毛之地，穿坑深十尺，长一丈五尺，广六尺，坑讫，举床就坑，去床下尸。平生之物，皆无自随，唯赍《孝经》一卷，示不忘孝道。籧篨之外，便以亲土。土与地平，还其故草，使生其上，无种树木。削除，使生迹无处，自求不知。"皇甫谧去世后，《晋书》记"子童灵、方回等遵其遗命"①。这就告知人们皇甫谧茔地没有任何标志性的建造物。

先秦时代，反对厚葬，提倡俭葬，不乏其人。三国曹丕、司马懿也大力提倡俭葬。他们不但是这样说的，更是这样做的，并影响了一部分朝臣。太保王祥临终著遗令："夫生之有死，自然之理。……气绝但洗手足，不须沐浴，勿缠尸，皆浣故衣，随时所服。所赐山玄玉佩、卫氏玉玦、受笥皆勿敛。西芒上土自坚贞，勿用甓石，勿起坟陇。穿深二丈，椁取容棺。"② 其子皆奉而行之。大司马石苞作《终制》："自今死亡者，皆敛以时服，不得兼重。又不得饭含，为愚俗所为。又不得设床帐明器也。定窆之后，复土满坎，一不得起坟种树。""诸子皆奉尊遗令，又断亲戚故吏设祭。"③ 由此推知，茔地不留坟丘符合魏晋的习俗。自西汉董仲舒提倡"三纲五常"以来，"孝为百行之本"，"子以述父为孝，臣以系事为忠"。④ 从而可以证明皇甫谧《笃终》就是遗嘱，"子童灵、方回等遵其遗命"的结论是完全正确的。

---

①房玄龄，等. 晋书[M].北京：中华书局，1974：1418.
②房玄龄，等. 晋书[M].北京：中华书局，1974：989.
③房玄龄，等. 晋书[M].北京：中华书局，1974：1003.
④房玄龄，等. 晋书[M].北京：中华书局，1974：634.

秦汉以来，我国就已经有了墓祭方面的具体要求，帝陵规格有大小区别，由此推知朝臣坟丘高低也应该有限制。据《晋书》载，晋武帝先后下诏招皇甫谧为太子中庶子、议郎和著作郎，虽贵为四品，但皇甫谧“而竟不仕”①。也就是说，皇甫谧生前未享受四品官员的政治待遇，依然是一介平民，他死后不可能享配四品官员的葬礼和祭祀。两汉，在“罢黜百家、独尊儒术”的时代主题下，儒学创始人孔子被奉为“圣人”。其墓地改扩建后，“葬地盖一顷，墓坟南北十步，东西十三步，高一丈二尺”②。今灵台皇甫谧之墓相当于三品官员茔地封土规格，且与孔子墓相匹敌，所以它当另有所属。至于它到底为何人之墓，有待于将来的考古发掘来证明。

在正式考古发掘之前，笔者亦不妨推测一下墓主人为谁。清《灵台县志》明文写道：古墓所在之地为“张敖家堡原”。这又隐藏着哪些有效信息？《汉书·张耳传》载：汉四年（公元前203年），汉王刘邦册封张耳为赵王。次年，张耳薨，谥曰景王；子张敖嗣立为赵王，镇守北疆，娶汉高祖刘邦长女鲁元公主为王后。汉九年（公元前198年），张敖遭诬陷，以槛车囚押到长安，汉高祖削藩赵国。张敖后会赦，册封宣平侯，食二千石。高后六年（公元前182年），张敖薨，子张偃嗣立为鲁王，“以母为太后故也”。同时，吕后册封张偃同父异母兄长张寿、张侈分别为乐昌侯、信都侯。吕后驾崩后，张偃三兄弟同削王侯爵位。汉文帝即位，复封张偃为南宫侯。汉始元二年（公元前85年），张敖玄孙张庆忌授封为宣平侯，食千户。“及孝惠、高后、文、景时，张王客子孙皆为二千石。”③二千石为中央政府机构列卿及州郡牧守、诸侯王国相一级的官员。但问题的关键在于张敖、张偃的食邑在何地？《汉书·田叔传》透露出张敖再封后的食邑不在赵国故土，而应为关中以西之地，依然为边人。汉制“边人不得内移”④。又

①房玄龄，等. 晋书[M]. 北京：中华书局，1974：1418.
②范晔. 后汉书[M]. 北京：中华书局，1965：3430.
③班固. 汉书[M]. 北京：中华书局，1962：1842.
④范晔. 后汉书[M]. 北京：中华书局，1965：2140.

《晋书·张轨传》记："张轨，字士彦，安定乌氏人。汉常山景王耳十七代孙也。"① 乌氏县治今宁夏泾源县北，位于六盘山脉东麓。这足以说明张敖及其子孙的食邑在关中以西和六盘山脉以东。也就是说，今甘肃灵台县张敖家堡原有可能是张敖及其子孙的食邑之一。且古墓规格与张敖、张偃等人的政治身份相吻合。所以，笔者认为古墓可能是张敖家族之墓，墓主人或为张敖，或为张偃，或为张氏其他人员。

①房玄龄，等. 晋书[M].北京：中华书局，1974：2221.

《帝王世纪》引书考

安正发[①]

摘　要： 皇甫谧是魏晋著名学者，同时又是不仕王侯的隐士，他十七八岁才开始发奋读书，交游也多为饱学之士，且有机会得到晋武帝一车书的赏赐，这些都为他的学问打下了良好的基础。皇甫谧涉猎的领域广泛，其《帝王世纪》是否采用了外弟所传的《古文尚书》，学界历有争议。通过对该书引文的梳理，大致可以见出皇甫谧大量采用了当时流传的谶纬资料，包括《古文尚书》及孔注的内容，同时对经史子集诸类资料也广泛采用。引用的方式包括全引、摘引和改引几种，有的引书仅称某氏曰，不称书名；甚至也有引而没其名者。

关键词： 皇甫谧　《帝王世纪》　引书

魏晋著名学者皇甫谧，十七八岁始发奋读书，带经而农，终于成为名著一时的学者，左思《三都赋》因其与张华等人的序的推介，一时洛阳纸贵。他沉静寡欲，隐居不仕。晋武帝多次征召都以各种理由推脱，并向武帝借了一车书。这样一位学者，他的知识储备都是从哪些书得到的呢？笔者通过对《帝王世纪》文本的梳理，结合相关研究者的成果，试图去探究《帝王世纪》的资料来源。

---

①安正发(1974—　)，男，宁夏彭阳人，宁夏师范学院文学院副教授、固原历史文化研究中心研究员。

基金项目：国家社科基金西部项目(11XZS029)。

本文所谓引书，即征引其他文献特定内容。古人著述中多引用他书以证己说，引文方式包括：全引，全录整段原文，不加改易；摘引，截取原文，重加编排；改引，据行文需要改写或重写原文，甚至改动顺序。此外，其引书仅称某氏曰，不称书名；又有引而没其名者。因《帝王世纪》原本已佚，现存为后世据类书及史籍注等的辑佚，其中以徐宗元《帝王世纪辑存》内容最为完备，张澍《帝王世纪辑注》（稿本）也对相关内容的出处做了说明。下面即主要根据此两种辑本，并与引文出处的现通行本对照，梳理《帝王世纪》的引书情况，按四部分类法分别排列，在引文后注明所引文字的出处（因《太平御览》和《艺文类聚》出现频度高，在文中分别简称为《御览》和《类聚》）。

一、经部

（一）易类

1.《易》

庖牺氏作八卦，神农重之，为六十四卦。黄帝尧舜引而申之，分为二《易》。至夏人因炎帝曰《连山》，殷人因黄帝曰《归藏》，文王广六十四卦，著九六之爻，谓之《周易》。（《初学记》卷二十一、《御览》卷六百九）

女娲氏，亦风姓也。承庖牺制度，亦蛇身人首，一号女希，是为女皇。其末有诸侯共工氏，任知刑以强，伯而不王。以水承木，非行次，故《易》不载。（《初学记》卷九）

女娲氏，风姓，承庖羲制度，始作笙簧，无所革造，故《易》不载。（《礼记·明堂位》正义）

《易》称庖牺氏没，神农氏作，是为炎帝。（《史记·五帝本纪》集解）

2.《连山》

《连山易》曰："禹娶涂山之子，名曰攸女，生启是也。"（《御览》卷百三十五）

《连山易》曰："禹娶涂山之子，名曰攸女，生余。"（《玉海》卷三十五）

3.《归藏》

故《归藏·启筮》云："蚩尤伐空桑，帝所居也。"（《路史·后记四》注）

4.《占梦经》

黄帝梦大风，吹天下尘埃皆去。又梦人执千钧之弩，驱羊万群。帝寤而叹曰："风为号令，执政者也。垢去土后在也。天下岂有姓风名后者哉？夫千钧之弩，异力者也；驱羊数万群，能牧民为善者也。天下岂有姓力名牧者哉?"于是依二占而求之，得风后于海隅，登以为相；得力牧于大泽，进以为将。黄帝因著《占梦经》十一卷。（《史记·五帝本纪》正义）

5.《河图》

黄帝出游洛水之上，见大鱼，杀五能牲以醮之，天乃甚雨，七日七夜，鱼流于海，始得图书，今《河图·帝视萌》之篇是也。（《类聚》卷九十九）

徐宗元按："《帝视萌》之篇"，《初学记》卷六作"视萌篇"、《开元占经》百一作"帝观篇"（《稽瑞》同——笔者注）、《事类赋注》卷三注作"今之《河图》，即其书也"。此依《艺文》卷九十九。

表赐群臣，尊伯禹、稷、契、皋陶，皆益地。（《御览》卷八十一）

张澍按：《河图》云："舜褒赐群臣，爵赏有分，稷、契、皋陶，皆益王。"

穆王征犬戎得炼刚赤刀，用之割玉，如割泥焉。（《御览》卷七十四）

张澍按：《鱼龙河图》："流州在西海中，下多积石，后为昆吾石，冶其石成铁作剑，光明四照，润如水鞲，割玉如泥。"

6. 洛书

《洛书·灵准听》曰："有人方面目衡，重华握石椎，怀神珠，西王母受益地图，舜受终，凤皇仪，黄龙感，朱草生，蓂荚孳。"（《御览》卷八十一）

（二）书类

1. 总称《尚书》

《尚书》所谓“二十有八载，放勋乃殂落”是也。（《御览》卷八十）

尧率诸侯群臣，沉璧于洛河，受图书，今《尚书中候》《握河纪》之篇是也。（《初学记》卷九）

尧与诸侯群臣沉璧于河，乃为《握河纪》，今《尚书候》是也。（《文选·三月三日曲水诗序》注）

徐宗元按：正文《尚书》下脱“中”字。

尧与诸侯群臣沉璧于河，乃为《握河记》，今《中候》是也。（《路史·后纪十》）

《尚书》云：“釐降二女为妫汭，嫔于虞。”（《太平寰宇记》卷四十六）

《尚书》曰：“舜生三十登庸。三十在位，五十载陟方乃死。”（《初学记》卷九）

唯孔安国注《尚书》云：“鸣条在安邑西。”考三说之验，孔为近之。（《后汉书·野王二老传》注）

穆王即位，命伯婴为太仆，今《尚书·君牙》《伯冏》二篇是也。（《类聚》卷四十九）

徐宗元按：“伯婴”当作“伯冏”。

又率群臣刻璧为书，东沉于洛，言天命当传舜之意，今《中候》《运衡》之篇是也。（《御览》卷八十）

2.《尚书序》

《尚书序》曰：“鲁侯伯禽宅曲阜。”（《初学记》卷二十四）

《书序》曰“仲丁徙于嚣”；《书序》曰“河亶甲居相”；《书序》曰“祖乙圮于耿”；《书序》曰“盘庚五迁，将治亳殷”；故《书序》曰“成王既黜殷命，还归在酆”。（《御览》卷百五十五）

伏犠氏，仰观象于天，俯观法于地。观鸟兽之文与地之宜，近取诸身，远取诸物，于是造书契以代结绳之政，画八卦以通神明之德，以类万物之情。（《御览》卷七百二十一）

张澍按：孔安国《书序》云："伏羲王天下，造书契以代结绳之政，由是文籍生焉。"士安本之。

3. 单称篇名

（1）《禹贡》

宓羲为天子，都陈，在《禹贡》豫州之域。（《御览》卷百五十五）

舜陶于河滨，即《禹贡》之陶丘，今济阴定陶西有陶丘是也。（《元和郡县图志》卷十二）

舜陶于河滨，即《禹贡》之陶邱，今济阴定陶之西有陶邱是也。（《寰宇记》卷十三）

言陶于河滨，即《禹贡》所谓陶丘。今济阴定陶之西南陶丘亭是也。（《诗·魏风谱》正义）

汤始居亳，学者咸以亳本帝喾之墟，在《禹贡》豫州洛河之间，今河南偃师西二十里尸乡之□阳亭是也。（《御览》卷百五十五）

商契始封于商，在《禹贡》太华之阳。（《御览》卷百五十五）

（2）《伊训》

《伊训》曰："造攻自鸣条，朕哉自亳。"又曰："夏师败绩，乃伐三朡。"（《尚书·汤誓》正义）

（3）《汤诰》

《汤诰》曰："王归自克夏至于亳，三朡在定陶。"（《尚书·汤誓》正义）

（4）《仲虺之诰》

故古文《仲虺之诰》曰："乃葛伯仇饷，初征自葛。"（《御览》卷百五十五）

古文《仲虺之诰》曰："汤征自葛始。"（《毛诗·商颂·玄鸟》正义）

（5）《立政》

《立政篇》曰："三亳坂尹。"（《御览》卷百五十五）

（6）《盘庚》

盘庚以耿在河北，迫强山川。自祖辛以来，奢淫不绝，乃渡河，将徙都亳之殷地。人咨嗟相怨，不欲徙。盘庚乃作书三篇，以告谕之。

今《尚书·盘庚》三篇是也。亳在偃师。(《后汉书·郎凯传》注)

盘庚以耿在河北,迫近山川,自祖辛以来,奢淫不绝,盘庚乃南渡河,徙都于亳,人咨嗟相怨,不欲徙,乃作书三篇以告之。(《后汉书·杜笃传》注)

(7)《商书》

《商书》曰:“成汤既没,太甲元年。”孔安国注云:“太甲,太丁子,汤孙也。太丁未立而卒,及汤没而太甲立,称元年。”(《初学记》卷九)

宋翔凤《集校》:自“《商书》曰”至此,非士安原文。

(8)《洪范》

舜即天子位,洛出龟,六十五字,是为《洪范》,所谓《洛书》。(《稽瑞》)

(9)《五子之歌》

《尚书·五子之歌》曰:“惟彼陶唐,有此冀方。”(《初学记》卷二十四)

故《五子歌》曰:“惟彼陶唐,有此冀方,今失厥道,乱其纪纲,乃底灭亡。”(《御览》卷百五十五)

(10)《程寤》

太姒梦见商庭生棘,太子发取周庭之梓,树之于阙间,梓化为松柏柞棫。觉而惊,以告文王。文王不敢占,召太子发,命祝以币告于宗庙群神,然后占之于明堂,及发并拜吉梦,遂作《程寤》。(《御览》卷八十四)

(11)《吕刑》

穆王修德教,会诸侯于涂山。命吕侯为相,或谓之甫侯。五十一年,王已百岁,百岁老耄,以吕侯有贤能之德,于是乃命吕侯作《吕刑》之书。(《御览》卷八十五)

徐宗元按:前“百岁”二字,疑是衍文。

（三）诗类

1. 总称

及为天子，都平阳，于《诗风》为唐国，武王子叔虞封焉，更名唐。故吴季札闻唐之歌曰："思深哉，其有陶唐氏之遗民乎！"（《御览》卷百五十五）

《诗》云："上天之载，无声无臭。"（《群书治要》卷十一）

《诗》曰："韦顾既伐，昆吾夏桀。"（《尚书·汤誓》正义）

故《诗》称："笃公刘，于豳斯馆。"（《御览》卷百五十五）

故《诗》称："率西水浒，至于岐下。"（《御览》卷百五十五）

即《诗》所谓"乃召司空，乃召司徒，俾立室家"，"其绳则直，作庙翼翼"，"筑之登登，削屡冯冯"者也。（《长安志》卷二）

《诗》云："既伐于崇，作邑于丰。"（《史记·周本纪》正义）

2. 称篇名

（1）《云汉》

宣王元年，以邵穆公为相，秦仲为大夫，诛西戎。是时，天大旱，王以不雨遇灾而惧，整身修行，欲以消去之，祈于群神，六月乃得雨。大夫仍叔美而歌之，今《云汉》之诗是也。（《御览》卷八十五）

（2）《王风》

平王时，王室微弱，诗人怨而为刺，今《王风》自《黍离》至《中谷有蓷》五篇是也。桓王失信，礼义凌迟，男女奔淫，谗伪并作，九族不亲，故诗人刺之。今《王风》自《兔爰》至《大车》四篇是也。（《毛诗·王风谱》正义）

（3）《小雅》

诗人歌武王之德，《小雅》自《鱼丽》至《菁菁者我》七篇是。（《毛诗·小大雅谱》正义）

3. 诗纬

《诗含神雾》

太皞帝庖牺氏，风姓也，母曰华胥，燧人之世，有大人之迹，出于雷泽之中，华胥履之，生庖牺于成纪。蛇首人身，有圣德。（《礼

记·月令》正义）

张澍按：《孝经钩命决》云："大迹出雷泽，华胥履之，生宓羲。"《诗含神雾》说同。

《初学记》：颛顼，黄帝之孙，昌意之子，姬姓也。母曰景仆，蜀山氏女，为昌意正妃，谓之女枢。金天氏之末，瑶光之星，贯月如虹，感女枢于幽房之宫，生颛顼于若水。

张澍按：《含神雾》云："瑶光蜺贯月正白，感女枢注星光如虹蜺注贯月也。"

（四）礼类

1.《周官》

黄帝都涿鹿，于《周官》幽州之域，在汉为上谷。（《御览》卷百五十五）

［黄帝都］涿鹿，于《周官》职方氏，幽州之域也。（《寰宇记》卷七十一）

2.《周礼》

后作《云门》《咸池》之乐。《周礼》所谓大咸者也。（《群书治要》卷十一注）

3.《周书》

故《周书》曰"维周王季宅程"是也。（《御览》卷百五十五）

故《周书》称"我乃卜涧水东，瀍水西，唯洛食"。（《御览》卷百五十五）

文王嗣位五十年，即《周书》所谓"文王受命，享国五十年"是也。（《御览》卷八十四）

（五）春秋类

1.《春秋经》

故《春秋经》曰"天王入于成周"是也。（《御览》卷百五十五）

敬王三十九年，《春秋经》终。（《左传·哀公十九年》正义）

2. 总称《春秋传》

《春秋传》所谓"伊尹放太甲，卒为明王"是也。（《御览》卷八

十三）

故《春秋传》曰“成王定鼎于郏鄏”，河南是也。（《御览》卷百五十五）

《春秋传》曰：“陈，太昊之墟也。”（《御览》卷百五十五）

《春秋传》曰：“谓之有崇伯鲧，国在秦晋之间。”（《御览》卷百五十五）

《春秋传》曰：“阏伯居商丘，祀大火，相因之，故商主大火。谓之辰，故辰为商星。”（《御览》卷百五十五）

少昊民自穷桑登位，故《春秋传》曰：“世不失职，遂济穷桑登帝位。”（《御览》卷百五十五）

《春秋传》曰：“命伯禽而封少昊之墟。”（《御览》卷百五十五）

《春秋传》曰：“卫，颛顼之墟也，谓之帝丘。”（《御览》卷百五十五）

《春秋传》曰：“命伯禽而封少昊之墟。”（《初学记》卷二十四）

《春秋外传》所谓“玄王勤商，十有四世，帝甲乱之，七世而陨”是也。（《御览》卷八十三）

3. 列具体书名

（1）《左传》

《左传》：昆吾与桀同日亡。（《续汉志·郡国志一》注）

玄晏先生曰：“《左氏春秋》称夏少康之起，有田一成，有众一旅。若汉之再命，世祖不阶成旅之资，平暴反正，遂建中兴，与夏少康同美矣。”（《御览》卷九十）

《左氏传》曰：“赵穿侵崇。”（《御览》卷百五十五）

（2）《公羊传》

故《公羊传》曰：“王城者何？东周也。”（《御览》卷百五十五）

徐宗元按：《公羊传·昭公二十二年》云：“王城者何，西周也。”与此正文所引不同。

4.《春秋纬》

（1）《春秋纬命历序》

神农氏都陈，又营曲阜，故《春秋》称“鲁大庭氏之库”。（《御览》卷百五十五）

张澍按：以神农为大庭氏，《春秋纬命历序》之言也。谯周云：“炎帝居大庭。”皇甫士安从之。

（2）《春秋文曜钩》

命羲和四子羲仲、羲叔、和仲、和叔，分掌四岳。（《御览》卷八十）

《春秋文曜钩》云：“唐尧即位，羲和立象仪。”

（3）《春秋潜潭巴》

尧时，厨中自生肉脯，薄如翣，摇则风生，使食物寒而不臭，名曰翣脯。（《御览》卷九）

张澍按：《春秋潜潭巴》云“君臣和，得道度协中，则翣脯生于庖厨”。

（4）《春秋佐助期》

景星曜于房，群瑞毕臻，德被天下。（《御览》卷八十一）

张澍按：《春秋佐助期》云“舜时景星出房”。

（5）《春秋合诚图》

黄帝服斋于宫中，坐于玄扈。洛上乃有大鸟，鸡头、燕喙、蛇颈、龙形、麟翼、鱼尾，其状如鹤。体备五色，三文成字。首文曰顺德，背文曰信义，膺文曰仁智。不食生虫，不履生草。或止帝之东园，或巢阿阁。其饮食也，其雄自歌，音如箫笙。（《初学记》卷三十）

张澍按：《春秋合诚图》云：“帝游玄扈洛水上，与大司马容光，左右辅周昌等百二十人，临观凤凰衔图置帝前，黄玉为匣，署曰黄帝诏，司命集帝行录，开之其文，曰晓帝。”再拜受图。又云：“帝坐玄扈阁，凤凰衔书致帝前，其中得五始之文。”

帝尧陶唐氏，祁姓也，母曰庆都，孕四十四月而生尧于丹陵，名曰放勋。或从母姓伊祁氏，年十五而佐帝挚，授封于唐，为诸侯。（《御览》卷八十）

张澍按：《春秋合诚图》云："尧母庆都，盖大帝之女，生于斗维之野，常在三河东南，天大雷电，有血流润大石之中，生庆都。长大，形象大帝，尝有黄云覆盖之，蔑食不饥，年二十寄伊长孺家，无夫出，观三河，奄然阴风，赤龙与庆都合，有娠而生尧。"

尧伊祁姓也，母曰庆都，孕十四月而生尧于丹陵，名曰放勋。鸟庭荷胜，眉有八采，丰下锐上。（《初学记》卷九）

张澍按：《春秋合诚图》云："赤帝之为人视之，丰长八尺七寸，丰下锐上，龙颜日角，八采三眸，鸟庭荷胜，琦表射出，握嘉履翼，窍息洞通。"

（六）孝经类

1.《孝经援神契》

故《援神契》曰："八方之广，周洛为中。"（《御览》卷百五十五）

神农氏，长于姜水。始教天下耕种五谷而食之，以省杀生。尝味草木，宣药疗疾，救夭伤之命。百姓日用而不知，著《本草》四卷。（《御览》卷七百二十一）

张澍按：《孝经援神契》云："神农耕桑得利，究年受福。"

龙颜大口，黑色，身长六尺一寸，有圣德。（《御览》卷八十一）

张澍按：《孝经援神契》云："舜龙颜重瞳大口，手握褒。"

2.《孝经钩命决》

神农氏之末，少典氏娶附宝，见大电光绕北斗枢星，照郊，感附宝。孕十二月，生黄帝于寿邱。（《初学记》卷一）

张澍按：《孝经钩命决》云："附宝出降大灵生帝轩。"

太昊帝庖羲氏，风姓也，燧人之世有巨人迹，出于雷泽，华胥以足履之，有娠，生伏羲于成纪。蛇首人身，有圣德。（《御览》卷三百六十）

张澍按：《孝经钩命决》云："大迹出雷泽，华胥履之，生宓羲。"

东巡狩，登南山，观河洛，受图书。（《御览》卷八十一）

张澍按：《孝经钩命决》曰："舜即位巡省中河，登南山录图受文。"

伯禹夏后氏姒姓也，母曰修己，见流星贯昴，梦接意感，又吞神

珠薏苡，胸折而生禹于石纽。（《御览》卷八十二）

张澍按：《孝经钩命诀》云："命星贯昴，修纪梦接生禹，注命使之星。"

（七）四书类

1.《论语》

故孔子称："韶，尽美矣。"（《御览》卷八十一）

故孔子称："韶，尽美矣，又尽善也。"（《类聚》卷十一）

黄帝在位百年而崩。年百一十岁矣。或传以为仙，或言寿三百年。故宰我疑以问孔子。孔子曰："民赖其利，百年而崩；民畏其神，百年而亡；民用其教，百年而移，故曰三百年。"（《群书治要》卷十一）

（黄帝）在位百年而崩，年百一十岁。或言寿三百岁。故宰我疑以问孔子，孔子曰："人赖其利，百年而崩；人畏其神，百年而亡；人用其教，百年而移，故曰三百年。"（《初学记》卷九）

舜立诽谤之木，论曰：孔子称"古者三皇五帝，设防而不犯，故无陷刑之民"。（《群书治要》卷十一）

孔子曰："天子之德，感天地，洞八方。"（《御览》卷七十六）

2.《孟子》

《孟子》舜卒鸣条，乃在东夷之地。（《御览》卷百九十四）

《孟子》称："汤居亳，与葛为邻。"（《御览》卷百五十五）

故《孟子》称："文王生于毕郢，西夷人也。"（《御览》卷百五十五）

《孟子》称："文王生于毕郢。"（《史记·司马相如传》集解）

（八）乐类

天子至尊之定名也，应神受命，为天所子，故谓之天子。孔子称："天子之德，感天地，洞八方。"是以功合神者称皇，德合天地者称帝，仁义名者称王。（《类聚》卷十一）

张澍按：《乐纬·稽耀嘉》云："德象天地为帝，仁义所生为王。"

（九）小学类

《尔雅》曰："再成为陶丘，'成'犹'重'也。"（《元和郡县图志》卷十二）

《尔雅》曰："再成为陶邱，'成'犹'重'也。"（《寰宇记》卷十三）

二、史部

（一）正史

1.《史记》

（1）总名

《续汉志·郡国志》注引《史记》："秦昭王伐魏，取吴城。"

（2）篇名

①《秦本纪》

秦非子始封于秦，故《秦本纪》称周孝王曰"朕分之土邑秦"。（《御览》卷百五十五）

《秦本纪》曰："公事猎至汧，乃卜居之。"（《御览》卷百五十五）

故《秦本纪》曰："宁公二年，徙居平阳。"（《御览》卷百五十五）

《秦本纪》曰："德公元年，初居雍。"（《御览》卷百五十五）

《秦本纪》曰："作为咸阳，筑冀阙，徙之。"（《御览》卷百五十五）

②《太史公传》

《太史公传》曰："长安，故咸阳也。"（《御览》卷百五十五）

2.《汉书》

《地理志》："尧之以后徙涿鹿。"（《御览》卷百五十五）

案《地理志》：上党商都，有天井关，即天门也。有羊肠坂，在太原晋阳西北九十里，为通西上郡关，即吴起之所云也。洛皆在阳城，非都，审矣。（《御览》卷百五十五）

徐宗元按：正文"上党商都"，乃"高都"之误。顾观光：《御览》误作"商都"，依《汉书·地理志》改。

案《地理志》：葛，今梁国宁陵之葛乡是也。汤地七十里，葛又伯耳，封域有制；葛伯不祀，汤使亳众为之耕，有童子饷食，葛伯夺而杀之。计宁陵至偃师八百里，而使亳众为之耕，有童子饷食，非其理

也。今梁自有二亳，南亳在谷熟，北亳在蒙，非偃师也。（《御览》卷百五十五）

沙丘，《地理志》在巨鹿东北七十里。（《御览》卷百五十五）

案《地理志》，葛今梁国宁陵之葛乡是也。汤地七十里耳。葛伯不祀，汤使亳众为之耕，有童子饷食，葛伯夺而杀之。（《毛诗·商颂·玄鸟》正义）

《地理志》："王城本郏鄏之地，是以或谓之郏鄏。"（《御览》卷百五十五）

（二）别史

《逸周书》

《谥法》："残义损善曰纣。"（《初学记》卷九）

赧非谥，《谥法》无赧。（《史记·周本纪》索隐）

汤退居中野老幼虚国奔之，同日重职者五百国。（《路史·后纪十三下》注）

张澍按：此说本《逸周书》。

太姒梦见商庭生棘，太子发取周庭之梓，树之于阙间，梓化为松柏柞棫。觉而惊，以告文王。文王不敢占，召太子发，命祝以币告于宗庙群神，然后占之于明堂，及发并拜吉梦，遂作《程寤》。（《御览》卷八十四）

张澍按：《逸周书·程寤》："解文王去商在程，正月既生魄，太姒梦见商之庭，产棘小子发，取周庭之梓树于阙，代为松柏棫柞，寤惊以告文王，乃召太子发占之于明堂王，及太子发并拜吉梦，受商之大命于皇天上土帝。"

武王命召公释箕子之囚，赐贝千朋。（《类聚》卷十二）

张澍按：《逸周书》云："命召公释箕子之囚。"

（三）杂史

1.《战国策》

《战国策》称："桀之居，左天门之险，右天溪之阳，成皋在其北，伊洛在其南。"吴起对魏武侯亦言："桀之居，左河济，右太华，伊阙

在其南，羊肠在其北。”（《御览》卷百五十五）

2.《国语》

黄帝有熊氏，少典之子，姬姓也。母曰附宝，其先即炎帝，母家有蛴氏之女，世与少典氏婚，故《国语》兼称焉。（《御览》卷七十九）

《国语》曰：“幽王灭，周乃东迁，本殷之畿内。”（《御览》卷百五十五）

3.《世本》

《世本》又言：“夏后居阳城。”（《御览》卷百五十五）

《世本》：“契居蕃，相土徙商丘。”……《世本》又言：“太甲徙上司马，在邺西南。”（《御览》卷百五十五）

《世本》曰：“懿王居大丘，厉王淫乱，出于彘。”（《御览》卷百五十五）

《世本》云：“涿鹿在彭城南。”（《御览》卷百五十五）

4.《皇览》

或传帝为仙，或言寿三百岁，葬于上郡阳周之桥山。（《御览》卷七十九）

张澍按：《皇览》云：“黄帝冢在上郡桥山。”

颛顼在位七十八年，年九十一岁，岁在鹑火而崩，葬东郡顿丘广阳里。（《类聚》卷十一、《御览》卷七十九）

张澍按：《皇览》云：“颛顼冢在东郡濮阳顿丘里城门外广阳里中。”

尧以甲申岁生，甲辰即帝位，甲午征舜，甲寅舜代行天子事，辛巳崩。年百十八，在位九十八年，葬于济阴之城南，西北是为谷林。（《史记·五帝本纪》集解）

张澍按：《皇览》云：“尧冢在济阴城阳。”

5.《古史考》

神农氏都陈，又营曲阜，故《春秋》称：“鲁大庭氏之库。”（《御览》卷百五十五）

张澍按：以神农为大庭氏，《春秋纬命历序》之言也。谯周云：“炎帝居大庭。”皇甫士安从之。

张澍《帝王世纪序》：若其记户口，记分野，尤意见之独伟，此其体例盖仿谯周之《古史考》，主于证据明通。……若乃皇甫氏之记分野，记户口，尤意见之独伟者也，其体例盖仿谯周允南之《古史考》，主于证据。

三、子部

（一）儒家类

1.《家语》

舜恭已无为，歌《南风之诗》。诗曰：“南风之时兮，可以阜吾人之财兮。南风之薰兮，可以解吾人之愠兮。”（《御览》卷五百七十一）

张澍按：《南风诗》见《尸子》，亦见《家语·辩乐解》。郑玄注《乐记》云：“其辞未闻。”王肃难之。马昭以为《家语》王肃增加。

2.《孔丛子》

《孔丛子》所谓“忧思三年，追悔前愆，起而即政，谓之明王”者也。（《御览》卷八十三）

（尧）身长十尺。（《御览》卷十二）

张澍按：《孔丛子》云：“尧身长十尺。”

3.《潜夫论》

又曰本起烈山氏，或时称之，一号魁傀氏，是为农皇。（《御览》卷七十八）

张澍按：《潜夫论》云：“炎帝自号魁傀。”

张良，韩之公族，姬姓也。（《史记·留侯世家》索隐）

张澍按：王符《潜夫论·氏姓志》“张良韩公族，姬姓”，此据受姓之初而言。皇甫谧《高士传》：“张良易姓为张也。”

4. 贾逵

居于穷桑，故亦曰穷桑氏。（《路史·后纪七》）

张澍按：贾逵曰："处穷桑以登帝位，天下号曰穷桑氏。"

帝喾之世羿掌射，加赐弓矢，封之于鉏，为帝司射，历唐及虞。（《路史·后纪九》注）

张澍按：贾逵云："俈赐弓矢者羿之先祖。"

羿有穷氏，未闻其姓，其先帝喾。以世掌射故，以是加赐以弓矢，封之于鉏，为帝司射。历唐及虞、夏，至羿，学射如吉甫，其辞佐长，故亦以善射闻。与吴贺北游，使羿射雀左目，羿引弓射之，误中左目，羿俯首而愧，终身不忘。故羿善射，至今称之。及有夏之衰，羿自鉏迁于穷石。因夏民之不附以代夏政，逼篡帝位，故号有穷氏。（《御览》卷八十二）

张澍按：贾逵曰："羿之先祖为先王射官，帝喾时有羿，尧时亦有羿，羿是善射之号，此羿夏时诸侯有穷之君也。"

5. 郑玄

庖牺氏作八卦，神农重之，为六十四卦。黄帝尧舜引而申之，分为二《易》。至夏人因炎帝曰《连山》，殷人因黄帝曰《归藏》，文王广六十四卦，著九六之爻，谓之《周易》。（《初学记》卷二十一）

张澍按：郑康成云："伏羲世，质作易，以为政令而不书，止画其卦，神农重之为六十四爻。"《魏志》云："博士淳于俊曰：伏羲因燧皇之图以制八卦，神农演之为六十四卦。"士安从郑玄及淳于俊说也。

（二）医家类

1.《本草》

炎帝神农氏，长于姜水。始教天下耕种五谷而食之，以省杀生。尝味草木，宣药疗疾，救夭伤之命。百姓日用而不知，著《本草》四卷。（《御览》卷七百二十一）

又使岐伯尝味草木，典医疾，今《经方》《本草》之书咸出焉。（《群书治要》卷十一注）

又使岐伯尝味百草，典医疗疾，今《经方》《本草》之书咸出焉。（《御览》卷七十九）

岐伯，黄帝臣也。帝使岐伯尝味草木，典主医病，《经方》《本草》《素问》之书咸出焉。（《御览》卷七百二十一）

黄帝使岐伯尝味草木，典医疗疾，今《经方》《本草》之书咸出焉。（《初学记》卷二十）

［黄］帝使岐伯尝味百药，主典医病，今《经方》《本草》之书咸出焉。（《路史·后纪五》注）

2.《难经》

黄帝有熊氏命雷公、岐伯论经脉、傍通、问难八十一，为《难经》。教制九针，著《内外术经》十八卷。（《御览》卷七百二十一）

（三）杂家类

1. 诸子

诸子称神农之王天下，地东西九十万里，南北八十五万里。（《玉海》卷十七）

诸子称：神农之王天下也，地东西九十万里，南北八十五万里。及黄帝受命，始作舟车以济不通。（《续汉志·郡国志一》注）

自天地设辟，未有经界之制，三皇尚矣。诸子称：神农之王天下也，地东西九十万里，南北八十五万里。盖所制里于今有所不同。（《路史·后纪三》注）

2.《墨子》

《墨子》以为"尧堂高三尺，土阶三等"。（《御览》卷八十）

《墨子》以为尧堂高三尺，土阶三等，茅茨不翦，采椽不斫，夏服葛衣，冬服鹿裘。（《群书治要》卷十一）

《墨子》以为"尧堂高三尺，土阶三等。北教八狄，道死葬蛩山之阴"。（《水经注》卷二十四）

3.《管子》

神农氏，长于姜水。始教天下耕种五谷而食之，以省杀生。（《御览》卷七百二十一）

张澍按：《管子》云："神农作，树五谷。淇水之阳，九州岛之民，乃知谷食而天下化之。"

4.《吕氏春秋》

声禁重声，衣禁重衣，食禁重味，居禁重食。(《路史·后纪五》注)

张澍按:《吕氏春秋·去私篇》曰:“黄帝言:‘声禁重声，衣禁重衣，食禁重味，居禁重食。’”此士安取本。

汤出，见罗者。汤下车，命解其三面而置其一面，更教之祝曰:“昔蛛蝥作网，今人学结。欲左者左，欲右者右，欲高者高，欲下者下；取其犯命者。”(《御览》卷九百四十八)

张澍按:《吕氏春秋》《新序》:“汤见祝网者置四面，其祝曰:‘从天坠者，从地出者，从四方来者，皆罗吾网。’汤曰:‘嘻，尽之矣。非桀其孰能为此。’汤乃解其三面置其一面，更教之祝曰:‘昔蛛蝥作网，今之人循序，欲左者左，欲右者右，欲高者高，欲下者下，吾取其犯命者。’汉南之国闻之，曰:‘汤之德及禽兽矣。’四十国归之。人置四面，未必得鸟；汤去三面，置其一面，以网四十国，非徒网鸟也。”

5.《淮南子》

禹治水过轩辕山，禹化为熊，谓涂山氏曰欲饷必闻鼓声乃来，禹排石误中鼓，涂山氏往见，禹方作熊，惭而去，化为石。(《路史·余论九》)

张澍按:《淮南子》末云:“至嵩山下化为石。禹曰归我子，石破北方而生启。”今《淮南子》无之，士安当本《鸿烈》为说也。

纣政弥乱，殷太史向挚，载其图书而归周。(《类聚》卷十二)

张澍按:《吕氏春秋》云:“殷内史向挚见纣之愈乱迷惑也，于是载其图法出亡之，周武王大说以为内史。”而士安作“太史”与《淮南子·氾论训》同。

6.《白虎通》

黄帝吹律定姓。(《玉海》卷六)

张澍按:《白虎通》曰:“古者圣人吹律定姓，以纪其族人，舍五常而生正声，有五音宫商角徵羽，转而相杂，五五二十五转生四时，异气殊音悉备，故姓有日也。”

尧时有草夹阶而生，每月朔旦生一荚。至月半则生十五荚，自十六日后一荚落，至月晦而尽。若月小则余一荚，厌而不落，唯盛德之君应和气而生，以为瑞草，名为蓂荚，一名历荚。(《初学记》卷一)

张澍按：《白虎通》："王者考历得其分度，则蓂荚生于阶间，蓂荚者树名也。一日一荚生十日毕，至十六日一荚去，故夹阶而生以明日月也。"

7.《山海经》

《山海经》曰："尧葬狄山之阳，一名崇山。"(《水经注》卷二十四)

黄帝于东海流波山得奇兽，状如牛，苍身，无角，能走，出入水中则风雨，光如日月；其音如雷，名曰夔。帝杀夔以其皮为鼓，声闻五百里。(《初学记》卷九、《御览》卷八百九十九)

张澍按：《大荒东经》有"流波山入海七十里，有上有兽状如牛，苍身而无角，一足出入水则必风雨，其光如日月，其声如雷，其名曰夔。黄帝得之，以其皮为鼓，橛以雷兽之骨，声闻五百里，以威天下。"士安本此为说也。

癸北氏，虞帝之第三妃，生二女：一曰宵明，二曰烛光。(《御览》卷八十一)

张澍按：《山海经》："洞庭之山，舜之二女居之，一曰宵明，二曰烛光，处河大泽，光照百里。"士安说本之。

四、集部

《西京赋》

《西京赋》曰："秦里其朔，实为咸阳。"(《御览》卷百五十五)

通过对前面引书情况的分析，可以看出皇甫谧不但引《古文尚书》，而且引孔安国注，其他纬书的内容也大量采用。这样做都服务于其编撰目的，即从当时已有的材料中编排出最详细的故帝王事迹。

而其所引以经、史、子三部为主，特别是对经部的各个方面都有涉猎。对集部也有引用，所引内容既与皇甫谧重视地望有关，也与其对赋体的关注分不开，因为他的《三都赋序》就有一些赋体理论的阐释。

地方语言民俗研究

固原老街道——滘沱街的过去与现在

刘衍青①

摘　要：固原旧城改造工程已于2015年启动，一些老旧的街巷将面临被拆迁、改造的命运，其中，不乏历史悠久、故事丰富的街巷，位于固原老城区的东滘沱即是这样一条街巷，它是固原土著居住的街道之一，至迟在光绪年间，已经是功能齐全、建设成熟的街巷。它经历了同治兵燹、1920年大地震，以及“文革”和改革开放等不同历史时期。该文通过方志与实证考察相结合的方式，追溯滘沱街的变迁，旨在呼吁有关部门在拆迁时能够兼顾文化遗产保护，关注旧街巷的保护与利用。

关键词：固原　东滘沱　西滘沱

在城市化进程中，一些老旧的街巷将会被拆迁，更确切些说是“拆”，而无法“迁”，这就意味着，这些街巷将会永远消失，对于市容市貌未尝不是一件好事，从长远看，对于百姓日常生活的便捷也是益处颇多。但是，这些古旧街巷的消亡，不仅从情感上让人难以割舍，而且从文化遗产保护的立场看，拆毁一条承载着几百年历史的街道，还是应该慎重为之。伴随着2016年固原市旧城改造工程的推进，这座小城将会承受“拆”之痛，其中，固原老街道——滘沱街已经列入拆迁范围，这条街对于老固原人而言是熟悉而亲切的，作为一名人文社科工作者，同时也是在滘沱街生活近三十年的居民，有必要在这条老

---

①刘衍青(1971—　)，女，甘肃庆阳人，文学博士，宁夏师范学院文学院教授、固原历史文化研究中心研究员。

街从地理空间消失之前，凭借方志典籍与实证考察相结合的方式，记录下她的过去和现在，为记忆中的老街留存下一份历史与情感的档案。

一、地方志中的东、西濘沱

濘沱街位于固原老城区，由于街道较长，人们习惯以固原的鼓楼为界，东边称东沱，西边称西沱。在清朝和民国时期，濘沱街地处固原政治、文化的中心地段。从固原城遗存古迹的地理位置，如城隍庙、武庙、大南寺巷、小南寺巷以及东濘沱街现在的位置，并对照《宣统固原州志》“固城图”中固原城遗存古迹的地理位置，可以推断出，濘沱街位于固原城的中心，南接城隍庙，直线距离约一千米，立于东濘沱街的一些院落，城隍庙北面庙宇高大、厚实的屋脊清晰可见。向南步行至武庙，也只需十分钟左右。濘沱街西毗固原州署，北临大、小南寺巷等闹市区。另据《宣统固原州志》“地舆志”记载，州城西隅西沱有菩萨殿，一名观音阁。[①]《民国固原县志》“聚落”篇载：“客居、土著，律有明文，迁移流落，在所必考。固原土著老户，寥落无几。城市区中有炭窝子田姓，东关晏姓、计姓、赵姓，南市巷秦姓、王姓，布店街方姓，庙街子党姓，赏门街石姓，白米市王姓，东沱、西沱李、赵、高诸姓。”[②] 由此可知，东、西濘沱街是固原一条古老的街道，在这里曾经居住着固原土著居民赵姓、李姓、高姓等人家。那么，这条街修建于什么时候呢？方志中没有具体的记载，从相关资料推测，至迟在清同治末年至光绪初年，濘沱街已经是一条建设成熟的街道。《民国固原县志》载：“同治兵燹，固邑人民徙居异乡者，指不胜屈。兹就光绪初年，因从军从政而他徙者约略记之：……西沱塾师李乐天，徙居平凉县。除少数回庄外，余皆流落未归。”[③] 从这则资料可知，清光绪初年，濘沱街的土著居民李乐天等被迫迁居外地，而且

---

①固原地区地方志办公室.宣统固原州志[M].陈明猷标点. 西安:陕西人民出版社,1992:68.
②宁夏固原县志办公室整理.民国固原县志[M].银川:宁夏人民出版社,1992:174.
③宁夏固原县志办公室整理.民国固原县志[M].银川:宁夏人民出版社,1992:174.

再没有返回滗沱街。这一场社会动荡，使“（固原）村落凋残，人烟萧索”[1]。但百姓在遭受战乱、迁出固原的同时，亦有外省人口在迁入。《宣统固原州志》“人物志·流寓”篇载：“固原自兵燹，川、楚、皖、陕民人，多有寄籍。”[2] 说明同治以后有大批外省人口迁入固原，但其中回汉各自占多少，以从事什么职业为主，均不得而知。可以肯定的是，以经商而寄籍者应该不在少数。清光绪初，“因经商寄籍者，东沱有李翰章、申有福”[3]。通过这些资料可以得知，到了清光绪年，东、西滗沱街的住户已经不全是土著了，外地经商的，或许还有从事其他行业的人开始在滗沱街定居，形成了土著与外来户杂居的状态。尽管有经商人士居于滗沱街，但这条街仍然是安静的居民区，与闹市区没有关联。

经历战乱的固原城在清末至民国初年，处于休养生息、元气渐复的时期。“城内街市，如布店街，山货市、米粮市、白米市、鸡鸭市，大、小南市巷，毂击肩摩，头头是道。”这些街市呈现出繁荣景象，东、西滗沱街未在繁华的街市之列。然而，滗沱街居民这种恬静、安宁的生活并没有维持多久，又被一场史无前例的自然灾难打破了，这便是震惊世界的民国九年（1920 年）海原大地震，地震不仅使固原城建筑尽毁，而且死伤惨重，以致“户口锐减，村市就墟”。虽然无法找到这条街的居民究竟死伤多少、破坏程度如何的具体数据，但从方志中有关滗沱街周边城隍庙等建筑物损毁的情况看，滗沱街的命运一定是惨烈的。令人欣慰的是，滗沱街依然存在着，而且还有新的发展：民国十六年（1927 年），东滗沱街东口修建了一所初级小学，后迁至文庙，易名为第二国民学校，这所小学是城关镇内五所初级小学之一，另有三所高级小学。[4] 学校的修建既便于滗沱街的孩童接受启蒙教育，也使这条街更具文化气息。

---

①宁夏固原县志办公室整理.民国固原县志[M].银川：宁夏人民出版社，1992：174.
②宁夏固原县志办公室整理.民国固原县志[M].银川：宁夏人民出版社，1992：293.
③宁夏固原县志办公室整理.民国固原县志[M].银川：宁夏人民出版社，1992：174.
④宁夏固原县志办公室整理.民国固原县志[M].银川：宁夏人民出版社，1992：339.

民国二十九年（1940年），实行新的县制，全县分为16乡镇，第一镇即城关镇，其管辖区域“东至菜园子，西至西门店，南至同仁街，北至关帝庙”[①]。城关镇具体包括44条街市，其中即有东渟沱和西渟沱，多数街市的名称如今已经不存在，一些街名，四十岁以上的固原人依然熟悉，如西门什字、鸭子巷、大南市巷、小南市巷、中山街、炭窝子、同仁街、宋家巷、后壕、东关街、南关街、南门坡子等。[②] 作为古旧的街道，它们在城市中的服务功能与经济效益正在弱化，似乎有拆迁、改造的必要，但是从文化遗产保护的角度看，这些古旧街道的民居、民俗、民风及其背后的文化记忆，都是一座城市物质的与非物质的文化资源，这些资源随着旧街道的消失也会慢慢消失，因此，无论是以名人故居知名的街巷，如北京的帽儿胡同、南锣鼓巷，上海的静安别墅，还是如渟沱街这样普通而古老的街巷，都值得在保护的基础上开发利用，而不是简单地拆旧布新。

二、记忆中的渟沱街

中华人民共和国成立后，东、西渟沱街的主要功能是居民区，居民的成分趋于多元，以东渟沱街为例，既有当地土生土长的固原人，也有从外地迁来的人家。如固原的殷实人家张氏父子，因为家庭被定为地主成分，原有地产被没收，便搬来东渟沱街，他家里有一口水井，周围的人家便在他家挑水，大家并不交钱。我家是20世纪70年代中期迁至渟沱街与张家为邻居的，当时，也只是父亲去人家家里打了声招呼，说明要从水井里挑水，以后便顺理成章地从张家挑水吃，直至通上自来水，大家相处融洽。张氏的父亲是民国初年生人，身材高大，背微驼，寡言，和我爷爷年龄相仿，两个老人见面只是客客气气地打个招呼。当时，他们家里生活艰难，日常饭菜是玉米面馍馍、煮洋芋，

①宁夏固原县志办公室整理.民国固原县志[M].银川：宁夏人民出版社，1992：302.

②宁夏固原县志办公室整理.民国固原县志[M].银川：宁夏人民出版社，1992：303.

很少有白面馒头。我家父母都上班，每月可以从粮店买到供应的白面、大米，蒸了馒头，奶奶总会支使我或妹妹端两三个过去，张家总会道谢并收下。他家煮了洋芋或有时新的豆角、杏子，也会让孩子端来，大家便在艰苦的岁月里结下亲人般的深厚感情。80 年代改革开放后，张家的生活改善明显，老爷子在家里经营起固原城第一家私人豆腐作坊，半夜便听见老人吆喝孙子起来帮忙磨豆腐的声音。夏天早上八九点，他已经挑着豆腐担子走街串巷忙活起来。记得他家是邻居里第一个买电视机的，一个九寸的日立牌黑白电视机，吸引得远近的孩子挤在他家灯光昏暗的小屋里看电视。90 年代初，随着老爷子病逝，儿孙们各自做起更赚钱的生意，豆腐作坊也就停业了，固原城里便再也听不到那一声声高亢、苍凉的吆喝声“豆腐——”了。现在老爷子的两个儿子已经是七十多岁的老人，仍住在东滜沱，随着这条街的拆迁，他们将不得不离开生活了几辈子的老宅子。

滜沱街住有十几户像张氏父子一样的老住户，他们主要以务农为主，改革开放之后，兼做一些小生意，生活境况得到较大改善。也住有几十户“公家人”。新中国成立后，政府在东滜沱街中部修建了县委家属院，家属院里有普通职工，也有县委一些职能单位的领导，如公安局局长等。这些家庭的女性多为家庭妇女，男性则着中山装或步行或骑自行车上班，有的手上提个黑包，在当时还是孩子的我眼里，他们多不苟言笑。90 年代，县委家属院里的住户陆续搬出，迁入新居；另有散居的“公家人”也纷纷搬入单位新盖的家属院。旧房子或出售或出租，目前，居住在这条街的住户以外来务工人员为主，像张氏那样的老住户只有零落的四五家了。

除了县委家属院外，这条街以独门独户的小院为主要格局，90 年代中期，这些小院依然保留着固原城镇民居的传统特色：木制的双扇大门，多漆黑色或木头本色，镶有门环，里面有两至三道木门栓；进门有照壁，东、西厢房和面北向南的正房，一些人家还有炭房、鸡窝、狗窝等。宽敞的院落里都有花园，不仅种有花花草草，还有果树，收获的季节也是邻居间交换品尝果品、加深感情的好机会，邻里间亲切的关系延续至90年代末。当然，也会因为琐事而争吵，甚至打架，但是僵持的关系似乎都不会太长久，总有热心的邻居劝和，慢慢地也就和好了。新世纪以来，院落里的平房多被拆掉，改建为二层或三层小楼，每家在改建时都会扩展出来半米或几十厘米，街道相比以前窄了许多。

东滹沱和西滹沱虽然分属一条街的两段，但东滹沱比西滹沱更为当代的固原人熟知。这主要是因为东滹沱至今仍然作为居民区而存在，西滹沱则于80年代初期即被改造成商业街，自那个时候起，西滹沱作为一条老街道已经消亡了。因此，如今很少被人们提及。多数年轻的固原人说不清楚西滹沱的具体位置，甚至不知道有这样一条街，但说起“二市场”，却人人皆知。“二市场”徒有虚名，并非农贸集散市场。它是80年代初，政府以西滹沱为基础，修建的第一条商业街，街道两边建有整齐的商业门面房，供生意人租用。换言之，“二市场”是在西滹沱的旧址上建起来的。商业房高于路面，需上五六个台阶方能进店购物。90年代末期，这条街又一次被整改，商铺与地面平行。“二市场”一度成为固原城里最繁华的商业街。固原人熟悉“二市场”，却淡忘了西滹沱。如今的东滹沱倒与市场有着更多的联系。东滹沱东头的巷口是名副其实的市场，以经营活禽、海鲜及宠物狗为主，卫生环境十分不好，密集的摊位、拥挤的人流、嘈杂的声音，使这里已经不太适合居民居住。夏天，从早晨六七点起，就开始了一天的繁忙与吵闹，直到晚上八九点商贩收摊后，才得以恢复清静，但鸡、鸭、鱼等的腥臊气味，估计得到后半夜才能散去。相比“二市场”的繁荣与时髦，东滹沱则如操劳的农妇，皮肤粗糙、衣服土气，似乎不得不进行改造了。

三、滹沱街名变迁

“滹沱”二字在字典里只有一个注释：“水名，源出中国山西省，流入河北省。”然而，固原市及周边地区，并没有滹沱河流经。另据

《宣统固原州志》记载，固原有河 19 条，池、泉亦有 19 处[①]，但没有一条水系被称作滹沱河或与其谐音，因此，可初步排除该地名因水系而得名的可能性。“滹”的异体字有“浒”“浮”“潳”等，由此可知，“潳沱”的“潳”取自“滹”的异体字，相比原字，将右面的“虎”字头改为“雨”字头。为何选取这一异体的“潳”字，并没有文字记载。但据居住在这条街巷的老住户说，之所以叫“潳沱”，是因为这条街一下雨便成了“泥糊涂”（固原方言，读音为 ni hudu，意为烂泥滩，踩上去发出的声音，与“沱”谐音）。这一说法是否可靠，尚需要进一步考证。如果可靠，由其名字可以勾勒出这条街巷较早的样貌：是一条泥土路，下雨天便泥泞难行。90 年代，东潳沱被铺成石子路，新世纪改建成水泥路，现在路面平整干净，居民不再为下雨天出行发愁了。

从民国固原城关镇管辖的街衢名称看，各街巷要么体现服务功能，如米粮市、白米市、布街巷、布店后街、山货市、柴市街、菜市街、估衣街等；要么反映地理位置，如东门街、西门街、西门什字、外月城街等；要么可看出其载负的政治、宗教功能，如提督街、赏门街、火神庙街、财神楼街、县府街等。唯独“潳沱”二字，从字面上无法猜测出当初命名的缘由，而且“潳沱”二字生僻难写，在固原的城市街道名称中十分少见，可见，这一地名的改定，经过了文化人的推敲与思考。“文革”期间，潳沱街被改为向阳巷，“文革”结束后，恢复了原名东潳沱、西潳沱，该名沿用至 20 世纪末。在实地走访这条街时发现，东潳沱门牌号已经易为凌云巷，经查证，改于 21 世纪初。多数旧的门牌已被拆弃，只有不多的几家大门门楣上端，或一上一下，或一左一右，钉着新旧两个门牌号，旧的漆迹斑驳，“潳沱”二字模糊不清；新的蓝底白字、醒目干净，“凌云巷”这个名字里寄寓着很高的期许。然而，“潳沱”这个老名称还是让人倍感亲切，这条老街巷里藏着太多的往事，似乎只有“潳沱”才承载得起，“向阳”也好，“凌云”

---

①固原地区地方志办公室.宣统固原州志[M].陈明猷标点.西安:陕西人民出版社,1992:65-67.

也罢，到底单薄了些。因此，在文化遗产的保护中，古旧街巷名称的保护应该引起相关部门的重视，不要轻易改换街巷的名称也是对村镇、街衢等文化遗产的一种保护方式，是对百姓集体记忆的尊重与呵护。即使更改，也要有一定的程序，必要时应该举行社会听证，让各个方面都有机会表达自己的想法，避免“任性”地乱改地名。

像滹沱街这样承载有固原城古老历史的街巷还有很多，如过店街、大小南寺巷、后壕等，如果一一挖掘、整理，它们都有一段丰富、曲折的故事。有的街巷在改造过程中，重视地域文化的保护与利用，如过店街，保存了安安桥、财神楼等建筑物，使这一条街在“换新颜”的同时，存有旧迹。滹沱街的改造是否也可以借鉴这一方法，甚至恢复一些古迹，使这条古老的街道在新时期依然能够承载起固原厚重的历史文化，既具有街巷的服务功能，又具有文化遗产保护的价值，这是需要政府、学者与民间百姓共同思考的问题。

六盘山地区春官的活动形式

朱进国[1]

春官“说春”（在六盘山地区俗称“仪程”“驿臣”）是一项延续了两千多年的独特民间习俗。春官的活动形式处在不断发展变化的动态之中。它随着社会的发展而发展，随着人们观念的变化而变化，无定式而有常态。春官因时代不同、地域不同而呈现出不同的形式，一般说来有两种。一是独立行走的春官，由一到两名春官组成，到农村走家串户，送二十四节气表、送农业生产知识、送祝福、送文化、禳灾驱邪送吉祥，这类春官在1949年以前是经过县衙等机构专门培训的，属于民间艺人；二是随同社火走的春官，他们起源于图腾崇拜的原始歌舞，应该不是原始意义上的春官，或者说是真正春官的雏形，从奴隶主、诸侯长老、祭祀主管、巫师到春官等逐步演变而来。随着人们对农业生产的大致掌握，

①朱进国（1958—　），男，宁夏西吉人，宁夏师范学院教育科学学院教授。

春官宣传介绍农业生产知识的功能被淡化，而教育、祝福、祈福、禳灾、娱乐等内容逐渐加强。

一、独立行走的春官

古时的春官怎样活动，我们无从得知，据清朝春官的活动形式，我们这样推测：身穿较为入时的服饰或者古老的服饰；头戴官帽（风帽），眼戴墨镜，以显示身份；身背褡裢，褡裢前面装着印制好的黄历（即《廿四节气表》），后面装着农民送的谢礼；一手捧着木刻的“黄牛”（即牛背上骑一个人，此人为“三皇爷”），一手拿一根长竹棍；脚蹬布鞋，风尘仆仆；嘴里哼着“走了一山又一山，眼看太阳要落山……”,眼睛四面张望，“春官生来眼儿尖，看见你家炕上宽”。春官翻山越岭、走村串户，如官员视察民情：“走过一户又一户，这是一家富裕户。他靠勤劳致了富，院中栽棵摇钱树。摇钱树，长得大，长有七股八棵杈。抓住棵杈摇一把，银钱淌得哗啦啦。”似乞丐户户必到：“如若给我没盘缠，我来给你下黄连。春官来了门关了，祖祖辈辈穷干了。”如教员村村传道：“过罢年来打罢春，农民地里务庄农，勤除草来勤上粪，今年又是好收成。”似朋友处处说笑：“双扇门儿大大开，春官迎得喜进来……”

清朝末年、民国时期，春官是通过政府认可的，政府不定期举办春官培训班，在培训班上春官要学习相关知识，如二十四节气歌，皇（黄）历的知识、农业生产知识、天文地理知识，说唱的腔调、打击乐器等也要学习。学习结束，发给证书。一般在每年春节前夕，县上会主办隆重的春官说春比赛（甘肃平凉市近几年仍举办春官说春比赛，可以看作是这一习俗的延续），全县所有的春官都要来县城集合，新老春官拿出看家的本事，互相比赛，互相学习，敲锣打鼓地去各家说春。政府规定：不管经过门前的春官有几个，主人都要依次拿出谢礼，每个春官都一样，不能厚此薄彼。这带有一点政府的行为。那时的人们由于缺少文化娱乐活动，对春官比较欢迎。另外，春官来说春，不仅能了解节气，还能听到不同春官对家家户户不同的祝福话，讨个好彩头，应该是春节里的一大喜事。

从现有的老艺人口中得知，清朝末年春官说春是相当盛行的。每年农历十一月冬至前后，春官开始出发去说春。春官一般是两人一组，每次外出时间为1~2月左右，常在春节前后返回自己家园。外出说春时，他们手里总是拿着一个黄杨木雕刻的驮着一个人的小春牛，牛背上骑的人传说就是远古时的“三皇爷”。传说中的“三皇爷”是管天管地的，当然也主管农业生产。另外，春官们总是身背一两个褡裢，褡裢前面装着用彩色纸自印的有文有图的《廿四节气表》，后面装着人们赠送给他们的“谢礼”等。春官在活动期间，翻山过河，走村串户，每来到一家，先把小春牛托在手上，或放在主人家的桌子上，接着就唱起欢快、动听的“报春歌”“十二送春”“新春喜”等。这些歌的内容一般是祝愿人们吉祥如意、幸福安康、发财致富。如“十二送春”：“一送老者长百岁，二送先生贵子生。三送玉石珍珠宝，四送栋梁西北材。五送荣华多富贵，六送状元早回来。七送仙女坐莲台，八送嫦娥喜开怀。九送文武登科早，十送皇王萦金牌。十一要送摇钱树，十二再送聚宝盆。”“新春喜”则诙谐幽默，是典型的春官词：“正月里，过新年，家家户户好喜欢；香蜡纸火点神前，鞭炮声声响连天；三眼冲，地雷神，震得山摇地动弹；五百头的‘霸王鞭’，一气响到个鸡叫唤；半夜子时才睡觉，鸡叫五更就亮了眼；早早起来把年拜，拜罢众神拜祖先；……说新年来道新年，新年的喜事说不完；唱到这儿算一段，恭贺新禧我拜个年。”唱完后，就给这家赠送一两张《廿四节气表》。有些地方称为“送春”，此活动源远流长，年复一年。

春官的行走路线是规定好的，春官必须按照县衙分配的路线去说春，不得随意更改。春官所得“谢礼”，一部分归于县衙，一部分属于自己。

据老春官说，春官手里总是拿着竹棍和一叠颜色鲜艳的纸，竹棍在行话里叫“提手”，也叫“春牛棒”；颜色鲜艳的纸印刷的是耕牛图。

关于“春牛棒”还有一个惩恶扬善的凄美传说：杨广坐龙舟到扬

州观琼花，命令八百名美女拉纤取乐，无数女子为此累死在拉纤路上，这些累死的美女的冤魂上天告状，玉皇大帝十分震怒，将杨广贬为畜生，第二年长安城里的一头母牛产下一头牛犊，脖子上仿佛看见“杨广”两字，意谓杨广被贬为畜生，为人民耕田犁地。春官拿上“春牛棒”，为的也是提醒人们，春天到了，是种庄稼的时候了。

春回大地农事紧，我给农民提个醒；
惊蛰之后地解冻，不违农时闹春耕。

春官拿竹棍的真正意图是防身，即打狗、打狼等。

耕牛图一般是木刻印刷，比较粗糙，图案为童子骑牛，下面还印刷着节气，忌什么宜什么。耕牛图贴在墙上，预兆着来年粮食丰收、事事顺利，是美好祝愿的载体。

说春是一种民间口头创作的歌谣艺术，类似于快板，春官们通常要才思敏捷、口齿伶俐、脑筋灵活，平时就要有相当丰富的生活积累和锻炼，要有触景生情的创作能力。要积累很多“套语官帽儿”，留头换尾，临场救急，但不是简单地背诵。说春是要灵活变通的。这样碰到对象后，要迅速组织好最少四句话，既要合辙押韵，又要切合场景。这是检验一个春官能力的关键。

到了农家庄院门前，开口就来：

春官到门前，四季保平安。
人口多发旺，富贵万万年。

这家财门大大开，我把财运带进来。
子孝媳贤合家欢，孝贤家风世代传。

进入农家院落说春，首先要表一表房子的建造：

高门楼子大上房，凤凰落在门楼上。
四面房子都盖满，松木柱子砖头墙。

大门楼子高院墙，凤凰落在房脊上。
元宝在家娃娃爽，代代儿孙状元郎。

或根据主人家的情况夸大赞美，如：

砖铺平地白粉墙，核桃柱子松木梁。
白马金钓挂两廊，社戏挂画在中堂。

或者看见主人家的家具、农具，都可以随口表赞：

这个炉炉四四方，灯在里面放亮光。
捻子喝的乌江水，灯花落在江岸上。

主人出来，就要表主人的年龄、穿戴、气色，根据主人的身份说中肯恰当而略带赞美的吉祥话，如见主人家招呼入座，端茶送水递烟，就唱主人家“礼数多”（讲文明懂礼貌）；见到主人家有长大的女儿，就祝她找到好婆家。

这个姑娘长得俊，心灵手巧人攒劲；
将来找个好婆家，婆婆疼来丈夫亲。

这位姑娘好容颜，赛过当年女貂蝉，
心灵美，五官俊，文明礼貌人攒劲。

主人家有读书的小孩，就夸其聪明，长大会“考个状元”或“考上大学”；主人的问话，也要临时编出应景又押韵的回答；后来的说春还加上了劳动致富、宣传政府的方针政策等内容。

碰到有婚丧嫁娶的人家，水平低的春官不敢上门，就是因为人多、环境复杂，怕一时接不上口。优秀的春官最喜欢人多的地方，这样才好显摆自己。

如碰到祝寿，春官便说：

正月里来正月正，正月十五贺寿星；
福如东海长流水，寿比南山不老松。

××尊翁届寿辰，亲朋戚友莅堂庭；
斟酒举杯添寿筹，三多五福共椿龄。

如婚嫁：

抬起头来用目观，一顶花轿到门前；
轿内坐的天仙女，郎才女貌好百年。

×公家中喜盈盈，才子佳人联成婚；
夫唱妻和谐白头，少长和睦基业兴。

如丧葬：

白事红过世间稀，各有理论不为奇；
百岁白发归真去，一对红颜孕子嗣。

春正原本乐无穷，未料苍天不怜人；
召彼灵椿弃养去，子孙怀悲酬德恩。

如遇到主人开大门，便有固定的“开财门”春官词。这些春官词基本上有“套语官帽儿”，有较为固定的说辞，临时稍加改造即可，俗称“翻版”。

有些农家喜欢考考春官，春官进门，男主人听完春官对房屋院落的唱表后，突然说：“我现在要出门了，你怎么说?”春官立即回答道：“仁兄出门不空手，四方赚钱四方有……”春官进门时有些主人已经布置好了“场景、道具”，如在院中放一“手扶拖拉机的摇把”。因为摇把在古代是没有的，春官只能现编。“王二旦，真捣蛋，一个摇把放当院；娶了个媳妇张二妹，漂亮勤劳人人赞。”这家主人叫王二旦，媳妇叫张二妹，春官词切景入情，博得一片掌声喝彩。当然，一般行家放“道具”是有寓意的。如放一个盆，寓意“聚宝盆”，里面盛水曰“财源”；放一根葱即谓“一条龙”；等等；另外，春官有一些较为固定的春官词。遇到喜欢的，就邀请春官多说唱点，并叫来邻居一并欣赏。这些较为固定的春官词有《二十四节气歌》《劝世文》《女儿春》《懒人歌》等。

单独说春的春官为偏僻山庄的劳动人民，这类说春既传播了各类知识，又活跃了文化生活，颇受群众欢迎。20 世纪八九十年代，是单独说春习俗最后的辉煌时期。随着社会的发展、电视及网络的普及，农民对春官的需求越来越少，单独行走的春官的表演也越来越不受欢迎。因此学做春官的人越来越少，说春的情景也越来越少见。年轻人都不想学，觉得说春苦，也不缺那几个钱。人们没有将说春看作一种艺术形式，没有把它作为非物质文化遗产而继承和发扬光大。单独说春的春官后继无人，单独说春这一项流传了两千多年的民间习俗，面临被遗忘、被淡出民俗的困境，有失传和销声匿迹的可能!

二、随同社火的春官

随同社火走的春官，是春官发展史上的一次革命，是春官顺应时代潮流、寻求自身发展的结果。正如笔者在前文所说，随同社火走的春官，其传播文化、教育人民、娱乐、祝福的功能变化不大，但对农业生产知识的传播逐步淡化，而祈福、禳灾的因素逐渐加强。随同社火走的春官随着祭祀（社火的雏形）的产生而产生，随着祭祀的发展而发展变化，应该在宋代已具备今天春官的基本形式和功用。

这里我们有必要对社火的发展做一介绍，因为这与随同社火走的春官紧紧联系在一起。关于社火起源有不同的说法，如：

社火起源于远古的图腾崇拜，与原始宗教、原始歌舞有着渊源关系。图腾崇拜在我国历史上经历了极为漫长而复杂的演变过程，原始宗教是先民精神世界的主要内容之一，它协调原始时期人与自然的关系，反映当时人的本能与文化之间的张力，满足人们的精神需要。原始宗教和原始崇拜紧密联系，经历了由低级至高级、由自然神到人格神的转变过程，即从自然崇拜、灵物崇拜、图腾崇拜、祖先崇拜到后世的圣贤崇拜。现在的庙宇就属于圣贤崇拜的延伸。原始社会的人们把本氏族的图腾标志雕刻在石壁、木柱上，或刺在身上，画在脸上，有的还制成面具，每逢祭祀，人们在身上绘有图腾图案或戴上图腾面具，边击打劳动工具，边跳模拟图腾物的舞蹈，狂呼狂舞，祈望所崇拜的图腾能给予他们一种神奇的力量，保佑五谷丰登、族人平安。原始崇拜（宗教）在发展过程中逐步形成一些以谋求控制自然力为目的的仪式，这便是巫术。从事巫术和主持祭祀起初并无专门人选，往往由氏族首领临时担任，以后逐渐出现职业祭司和巫师。这里的职业祭司应该是春官的雏形。

社火起源于宫廷逐鬼的祭祀仪式。社火是汉民族传统文化的一部分，起源于中国上古祭祀活动。根据甲骨文及《周礼》《礼记》，到了商周时期（公元前 11 世纪—公元前 256 年），宫廷里有了逐鬼的祭祀仪式，周代称之为“大傩”，是一种带有巫术性的舞蹈。《月令》曰：“季春之月，命国难（音“那”，下同），九门磔攘以毕春气。仲秋之月，天子乃难，以达秋气。季冬之月，命有司大难旁磔。”《论语疏》称傩为逐疫鬼也。

汉代的大傩以十二月腊祭前一日为期。《汉书·礼仪志》记载非常详细：“先腊一日，大傩，谓之逐疫。其仪：选中黄门子弟年十岁以上，十二以下，百二十人为侲子。皆赤帻皂制，执大浅。方相氏黄金四目，蒙熊皮，玄衣朱裳，执戈扬盾。十二兽有衣毛角。中黄门行之，冗从仆射将之，以逐恶鬼于禁中。夜漏上水，朝臣会，侍中、尚书、御史、谒者、虎贲、羽林郎将执事，皆赤帻陛卫。乘舆御前殿。黄门令奏曰：'侲子备，请逐疫。'于是中黄门倡，侲子和，曰：'甲作食杂，巯胃食虎，雄伯食魅，腾简食不祥，揽诸食咎，伯奇食梦，强梁、祖明共食磔死寄生，委随食观，错断食巨，穷奇、腾根共食蛊。凡使十二神追恶凶，赫女躯，拉女干，节解女肉，抽女肺肠。女不急去，后者为粮！'因作方相与十二兽舞。谨呼，周遍前后省三过，持炬火，送疫出端门；门外驺骑传炬出宫，司马阙门门外五营骑士传火弃雒水中。百官官府各以木面兽能为傩人师讫，设桃梗、郁櫑、苇茭毕，执事陛者罢。苇戟、桃杖以赐公、卿、将军、特侯、诸侯云。"①

张衡《东京赋》也有记载："尔乃卒岁大傩，驱除群厉，方相秉钺，巫觋操茢。侲子万童，丹首玄制。桃弧棘矢，所发无臬。飞砾雨散，刚瘅必毙。煌火驰而星流，逐赤疫于四裔。然后凌天池，绝飞梁。捎魑魅，斫獝狂。斩蝼蛇，脑方良。囚耕父于清泠，溺女魃于神潢，残夔魖与罔像，殪野仲而歼游光。八灵为之震慑，况魃蛊与毕方。度朔作梗，守以郁垒。神荼副焉，对操索苇。目察区陬，司执遗鬼。京室密清，罔有不韪。"②

唐代驱傩的场面更加宏大。《乐府杂录》载："用方相四人，戴冠及面具，黄金四目，衣熊裘，执戈，扬盾，口作'傩、傩'之声，以除逐也。右十二人，皆朱发，衣白画衣。各执麻鞭，辫麻为之，长数尺，振之声甚厉。乃呼神名，其有甲作，食者；巯胄，食虎者；腾简，食不祥者；揽诸，食咎者；祖明、强梁，共食砾死寄考者；腾根，食蛊者等。侲子五百，小儿为之，衣朱褶、素襦，戴面具，以晦日于紫宸殿前傩，张宫悬乐。太常卿及少卿押乐正到四阁门，丞并太乐署令、

①班固.汉书[M].北京:中华书局,1965:207.

②萧统编,李善注.文选[M].北京:中华书局,1977:194.

鼓吹署令、协律郎并押乐在殿前。事前十日，太常卿并诸官于本寺先阅傩，并遍阅诸乐。其日，大宴三五署官，其朝寮家皆上棚观之，百姓亦入看，颇谓壮观也。太常卿上此。岁除前一日，于右金吾龙尾道下重阅，即不用乐也。御楼时，于金鸡竿下打赦鼓一面，钲一面，以五十人，唱色十下，鼓一下，钲以千下。”

南宋皇家“禁中以腊月二十四日为小节夜，三十日为大节夜，呈女童驱傩，装六丁、六甲、六神之类”。十二月八日为腊日。谚语：“腊鼓鸣，春草生。”汉族民间驱傩加入了燃放爆竹的方式。“正月一日是三元之日也。《春秋》谓之端月。鸡鸣而起，先于庭前爆竹，以辟山臊恶鬼。”

明嘉靖《贵州通志》记：“除夕逐除，俗于是夕具牲礼，札草船，列纸马，陈火炬，家长督之，遍各房室驱呼怒吼，如斥遣状，谓之逐鬼，即古傩意也。”在历史记载中，宫廷祭祀基本是由春官担任的。

随着岁月的流逝，经朝历代，驱傩由宫廷传入民间，逐渐形成盛大的民俗礼仪活动，演变为乡村祭神、娱神、迎神的赛会，并加进杂戏表演。这种古老的习俗一直沿袭至今。皇家的春官，也就演绎成了民间的春官。

社火源于勾龙。相传水神共工的儿子勾龙是社神。共工长相奇特，人面蛇身，头发赤色，性情暴躁，极为好战。共工素来与颛顼（一说祝融，传说中的火神）不合，二者发生一场惊天地泣鬼神的大战，最后以共工失败愤怒地撞上不周山而告终。共工这一撞竟把撑天的柱子撞断，顿时天崩地裂，洪水泛滥，万物遭殃，幸亏女娲炼了五彩石及时把天补好。勾龙见父亲闯下大祸，心里非常难过，不辞辛苦把九州大裂缝一一填平。黄帝知此，便封他为“后土”，让他丈量并掌管土地，此后勾龙便成了人们祭祀的社神。共工还有个儿子死后变成了瘟疫鬼，到处散布瘟疫，这个瘟疫鬼什么都不怕，就怕响器烟火，故有了击器而歌、燃放烟火以消灾祈福的民俗。社火起源于火，形成于社，远古时代，火的出现，结束了人们茹毛饮血的荒蛮生活，人们将火奉若神明。因此，每遇灾害、瘟疫就“施烟火及作金刚力士以逐疫”。南北朝梁宗懔撰《荆楚岁时记》记述更为详细：“村人并击细腰鼓，戴胡头，及作金刚力士以逐疫。……”宋施宿嘉《会稽志》记载：“除夕爆竹闻，亦或硫磺制作爆药，声尤震惊。”

据南宋范成大《上元纪吴中节物俳谐体三十二韵》记载：“社火，在节日扮演的各种杂戏。”又称：“民间鼓乐谓之社火，不可悉记，大抵以滑稽取笑。”原始社会中，人类为了战胜野兽常在猎兽之后庆贺，或聚会扮兽庆贺，教育后代，培养智、勇、谋各方本领。这是最早的扮兽戏和“村傩”活动。农家以户族设“堂”，以村、堡设“社”；与“社”有关的事称“社事”，诸如“香火朝山会社”“社火会”“孝义会”“自乐班会”等。这种会社，每逢迎神报赛、庆贺集会，必然举行游艺活动，锣鼓火把助威，狮子龙灯游行，人群相随，显然是“人威”助长了“神威”，就形成了社火风俗，它与民间的香火还愿风俗（庙会风俗）如同孪生姊妹，正如民俗所言：“社火娱神，香火娱人。”宋代诗人陆游在《游山西村》中写道：“箫鼓追随春社近，衣冠简朴古风存。”可见其延绵之久。民俗学家顾颉刚先生在《古史辩》第一册首序中是这样记述社的：“社是土地之神，从天子到庶民立有不等的社。……乡村祭神的结会，迎神送祟的庙会，朝顶进香的香会，都是社火的变相。”

远古时生产力极其低下，原始先民对人类的生死及自然界许多现象，如日月、灾荒等不可理解亦不能抗拒，只能幻想借助于超自然的力量来主宰它，于是创造出各种各样的神。当社会生产由渔猎转入农耕，土地便成了人类赖以生存的基础，于是渴望风调雨顺、五谷丰收或驱鬼逐疫的祈禳性祭祀活动便产生了。

社火起源的传说。民间社火艺术吧有这样的记载：关于社火的起源存在多种传说，其中广为流传的有三种，一是“护清官”的传说，二是火化蒲州的传说，三是苗庄王乔装出逃的传说。

“护清官”的传说。很久以前，有个清官庄王，他爱百姓亦深受百姓拥护。当时权奸嫉恨，诬陷庄王聚众谋反，皇帝下令将庄王满门抄斩。老百姓得知后，出谋划策，营救庄王全家。当时正值正月十五元宵节，庄王一家全部被化装成社火表演队成员。庄王化装成“卖膏药的”，男眷化装成“鼓子”，女眷化装成“拉花”，儿童化装成“棒槌娃”，其他杂役化装成“傻公子”“丑婆子”“大头和尚”“竹马子”以及帮场人物等，混杂在百姓中逃出城去，庄王因此得救。当地百姓为了纪念此事，约定以后每年元宵节都要举办社火。

火化蒲州的传说。很久以前，山西的蒲州连年风调雨顺、五谷丰登，老百姓过着幸福美满、健康快乐的生活。有一年，东海龙王的儿子化为人形来到蒲州城里游玩。在街上，他看到了一个年轻漂亮、体态多姿的姑娘，便心生歹意，上前调戏那个姑娘。老百姓看到后，便痛打龙王的儿子。龙王的儿子回龙宫后，向龙王说了蒲州百姓许多坏话。龙王听后十分生气，向玉帝报告了蒲州百姓的罪行，请求玉帝处罚他们。玉帝信以为真，就下令火化蒲州，关圣帝君得知后，决定拯救蒲州的百姓。他变成一个老妇人到蒲州的一个百姓家求食，这家人热情地招待了他。临走时关圣帝君送给这家人一首诗。诗为：“正月十五月浑黄，预防灾星起南方。红灯高悬庭堂处，夜过子时凶化祥。”这家人不明白诗里的意思，便向当地的老学者请教。老学者看了看说：“真是上天有好生之德啊！这是上天眷顾你家，救你们于水火之中啊！诗里说正月十五月色昏暗不明，将有火灾发生。你要在家门口挂个红灯笼，这样就可以逢凶化吉。”这样，一传十，十传百，到正月十五的晚上，蒲州城里家家户户挂起了红灯笼，远远望去整个蒲州就像是一片火海。关圣帝君向玉帝报告：“蒲州已经火化。”玉帝站在云端看见蒲州一片火海，就此作罢。人们为了庆祝逢凶化吉，以后每年正月十五都要挂灯笼，并载歌载舞，慢慢演变为社火。

苗庄王乔装出逃的传说。苗庄王正在琐阳城逍遥自在，突然报敌军四路大军逼近琐阳城，苗庄王紧急召集大臣，商议对策。有大臣献计说：“让两位大臣装扮为两位财主，财主后面跟上两位率兵大将，其中，一位大将后面跟上若干名敲打小鼓的人；另外一位大将后面跟上若干男扮女装的打锣的人，后面再跟上几位拿两根木棒互相敲打的小男孩。再有一人手中拿一把扇子，戴墨镜。苗庄王反穿羊皮袄，画成鬼脸，一只手提一个墨水瓶，另一只手拿一根毛笔。庄王后扮成麻脸大肚婆，最前面再打几面旗子……”苗庄王无计可施，言听计从。他们装扮好后，整个队伍都活动了起来。敌人迎面扑来，首先抓住了两位财主，以为其中之一就是苗庄王，而放过了其他人。后发现上当，但苗庄王已逃。由于这个形式可以化险为夷，带来吉祥，人们便把它流传下来，形成了社火。

这些传说有着深厚的传统文化内涵，表达了两层意思：一是禳灾祈福、驱恶避邪，“击器而歌，拊掌而舞，祈于天地，以其古也”（《风俗通义》）；一是热爱清官。这些传说不论真假，其内涵和今天社火的深意完全相同，和春官的目的也大致吻合。

社火亦称“射虎”，是我国北方地区古老的汉族民间艺术形式，是指在祭祀或节日里迎神赛会上的各种杂戏、杂耍的表演。火除了表达敬畏之外，还具有红火、热闹之意。

随着社会的进步、时代的演变，社火的形式、内容发生了质的变化，新的时代赋予社火以新的内容。“文化大革命”期间，古代剧目停演，社火也被斥为宣传“帝王将相、才子佳人”的四旧之一，被禁演。到了20世纪80年代，社火这一传统民间娱乐活动才得到恢复。现在，社火从根本上不再是人们表达对神的崇拜的活动，而是演变成了一种内容健康、形式活泼、名目繁多、生动有趣的文化教育娱乐活动。

笔者以为社火起源于远古的图腾崇拜（宗教）的原始歌舞，而宫廷逐鬼的祭祀仪式和今天的社火等，只是发展变化的不同形式而已，实质是相同的，那就是禳灾祈福、驱恶避邪、教化娱乐，只是形式随着社会的发展、人类的进步而不断发展变化罢了。为什么把今天社火中说诗的人叫春官，因为他就是《周礼》中的春官，即主管祭祀的官。今天的春官就是从古代主管祭祀的春官发展而来的。

随同社火走的春官，其表演形式按对象可分为出庄（社火接送）、上庙降香、跑场子、走村串户、进城等。

出庄（社火接送）：农村至今有社的说法，跟今天农村的行政村和自然村不同，是按敬奉的神（圣贤）的不同而划分的。出庄其实是出社。社火到邻村去表演谓之“出庄”。这是社火表演中最为热闹、精彩的内容，更是春官表现的最佳场合。社火出庄要提前到前去的村庄下帖或受对方的邀请，双方确定具体时间。出庄前要做好准备工作，挑选四个精明能干的小伙子，穿上兵衣，其中两个叫旗牌（旗童），两个叫马牌（马童）。马牌也叫探马，亦称先锋。春官是核心人物，是社火的精气神所在。春官头戴风帽，身披风衣，眼戴墨镜，胡须飘飘，手执羽扇（现在好多春官拿的是扇子）。根据前去村庄的远近，决定启程的时间。如果远，早早动身，在距离到达村庄一里左右的路程停下。接社火一般在黄昏。这时探马就要不停地穿梭于两个队伍之间，看到对方的灯火，便立即返回，报告春官：“前面有灯火。”春官大声说：“再探。”两个探马返身跑到接社火的一方，当面单膝跪地，对方春官大步走到探马前，对探马说：

探马探马好探马，头上脚下一朵花；
急扶探马快起来，赐给探马一杯茶；
我请探马快跑回，告知年兄我接他。

两个探马喝茶后，转身跑回去，对自己的春官道：“前面黑压压一大片人。”“退后！”春官挥动羽扇，大步向前，大声吩咐：“明灯点火，锣鼓伺候。”霎时灯火齐明，锣鼓喧天。

双方在约定的地点会合，齐齐跪下，双方春官大声对阵，这是第一接。（为了交代方便，下面以出庄的为出方，接社火的为接方）

接方：年兄一口诸葛髯，手持一把花雕扇；
六起兵马出祁山，为我历历受风寒。
出方：年兄胡子长又长，赛过宋朝杨六郎；
六郎把的三关口，手提报国一银枪。
接方：我在家中吃酒醉，忽听年兄人马来；
一时来的怠慢了，我怕年兄降下罪。

出方：不该不该实不该，不该年兄接我来；
　　半夜三更来惊动，姑舅生气我惭愧。
接方：我在家中抽香烟，耳听年兄到门前；
　　揭了罩子吹了灯，衣着不整接年兄。
出方：不该不该实不该，不该年兄接我来；
　　年兄接我多有劳，我把年兄带进朝。
接方：两家打锣同一音，我和年兄一路行；
　　兄让弟，弟让兄，我让年兄左边行。
出方：风吹红旗雨洒洒，梦里也没到一搭；
　　今日夜晚在一起，和和气气来玩耍。
接方：年兄好比一园韭，刀刀割，刀刀有；
　　把我好比一根葱，汉大腰粗腹中空。
出方：我俩烂文没个完，忘记乡亲和老年；
　　请一声年兄对我言，乡亲是否都平安？
接方：男男女女喜开颜，公公婆婆都安然；
　　娃娃整天玩得欢，蹦蹦跳跳没个完；
　　提起家务说三天，我让年兄进庄园。

双方起来一同前行，走不了几步，便又开始对阵，算是第二接。

出方：莫要接，莫要迎，咱们都是自家人；
　　姑舅接我双膝跪，我把姑舅搀起来。
接方：三十三天天外天，当阳桥上会八仙；
　　今日见了年兄面，好比拨云见青天。
出方：一条大路通古城，我和年兄称弟兄；
　　虽然不是同胞弟，手托手儿向前行。

进了庄子，开始第三接。

出方：宝庄宝庄实宝庄，宝庄修在卧龙岗；
年年修，月月盖，一股银水淌进来。
接方：龙灯纸马进了庄，年兄一路受风霜；
人人都有高堂母，祝愿年兄安康再安康！

社火接迎中还有好多讲究和说法，诸如：接迎双方的春官第一次见面，先要大步上前碰慷子（胸脯要碰在一起），如果双方是友好的，这碰慷子就是一种仪式，表示友好，相当于拥抱；如果双方有过节（矛盾），这碰慷子就有讲究，它就成了双方较量的第一个回合。相传在清朝末年，周原铺的社火和戴家班的社火第一次合演，双方的春官高低有别，周原铺的春官大胜，让戴家班的社火和春官很没有颜面。于是在第二年双方接迎时，戴家班的春官就在胸前绑了一个马鞍子，尖的一方朝外，碰慷子时，戴家班的春官十分用力，结果周原铺的春官因胸脯受到重创，不能用力说话而败北。第三年双方社火又互相接迎。双方春官见面时，周原铺的春官换了一个人高马大、力大无比的孙四，戴家班的春官本想故伎重演，没有想到孙四没有给机会，碰慷子时，孙四巧妙地躲过，一把抓住戴家班春官的手："你我就像亲弟兄，不碰慷子也能行，手拉手儿往前走，我们给大家说仪程。"戴家班的春官手被捏得快碎了，疼得要命，哪里还说得了仪程。从此以后，周原铺的仪程——孙四就成了方圆百里的名人。到现在，宁夏西吉，甘肃会宁、静宁等地还都在说"周原铺的仪程——孙四（松事）"，不过今天已经用成了歇后语，意谓：不重要的事情、可办可不办的事情。

另外，双方春官都比较谦和，况春官相互熟悉，一般接迎双方在斗智斗勇中不大难为对方，和为贵。在对句中，出一些常见且容易接下来的内容。如出方："啥为阳来啥为阴，啥朝手里说仪程？"对方一般知道，就对："天为阳来地为阴，宋朝手里说仪程。"反之，则在接迎中处处刁难，你来我往，争强斗胜。戴家班的事情也时有发生。社火队伍中有一个害婆婆，奇丑无比，化妆后比雨果笔下的加西莫多还丑，据说他是保护春官的，他手里拿一个长长的烟锅（有些地方是长长的棍子），提个花篮。这就是保护春官的武器。

三接之后，双方社火在春官的带领下浩浩荡荡地来到接迎方的庙宇，开始虔诚而热闹的降香。

上庙降香、演出结束后，本社人员招待来社演出的全体人员。

出方：一把茶壶渐渐高，贤良子女把茶烧；
茶吃了，酒喝了，我把姑亲打搅了。
接方：说句话儿年兄听，粗茶便饭作照应；
言差语差莫记怀，我把年兄送一程。
出方：言差语差字不差，一树能开几样花；
姑亲送我十里远，我把姑亲挡回家。
接方：接了年兄送年兄，再把年兄送一程；
年兄一路多保重，我望年兄一路平。
出方：正月十五月正东，个个姑亲你请听；
姑亲请回家中缓，我的人马撤利行。

说罢，春官扯掉胡子，互致问候便分手。

上庙降香：这是一个非常虔诚而又热闹非凡的仪式。有些地方的春官行动前要斋戒、沐浴。社火进庙降香有春官“叫门”的传统习俗（庙里执事故意将庙门虚掩，让春官说叫门词方能进庙降香），传统春官降香有开路、山门、颂赞、叫门、降香等环节。

如开路，春官要说“灯火一片金光照，社火踏上金光道；金光大道通皇庙，社火降香先上庙”等内容。

到山门前，春官要说山门词：“远看是皇城，近看是庙门；春官来到此，香烟冒纷纷。”

进了山门，春官要说颂赞词，可以是通用的，如：“三官大地降吉祥，满天星斗降道场，共分天地水三官，赐福解危消罪行。”也可以针对庙中所敬奉的圣贤而说，如所敬为灵官，便说：“唐王燕驾去征东，一王二帅九国公。扈杨城里瘟疫大，闹起社火禁瘟神。”如到关帝庙，则说：“昔日提刀上灞桥，五关斩将逞英豪，玉泉山下得妙道，桃园结义胜同胞。”

要进入正殿，还要叫门，其词曰：“锣鼓轻声且莫催，铁关金锁彻夜开；庙堂灯火放光辉，社火上庙降香来。”

进入正殿，降香正式开始，春官一般要跪拜说，这些降香词和颂赞词区别不大：“进得庙门雾腾腾，双膝跪在地流平；香在炉中花在瓶，蜡在玉架放光明。”再如：“点起黄表火一团，好像瑶池一篷莲；今夜晚上烧一卷，烧出个风调雨顺太平年。”

降香仪式结束，春官伴随秧歌拉花绕着“天坛”齐声颂唱“十炷香”等，紧随鼓点，伴着唢呐等响器列队载歌载舞。曲调委婉悠长，唱词情意切切，场面庄重严肃。和接迎、送别、走村串户等相比，春官及春官词格外谨慎，语调舒缓，多以祈求神灵护佑为主要内容。

“十炷香”唱毕，春官高喊：“深施一礼出庙门，多谢众仙降神恩；来年社火要得红，再拜众仙说仪程。”

出了庙门，在庙门前开始“跑堂子”，有“三堂五堂”之说。所谓“跑堂子”就是春官从对方提前设置好的五关或三关的第一关开始说到第五关（或第三关），说过一关去掉一关，最后一关也叫“总坛”。一直要说到神人满意，方可结束。以三堂为例：摆下一、二、三个堂，社火队都要跑到，这一点大多数人叫“累疲将军跑倒马”。两个探马改作马牌，两个旗牌掌两面大旗。旗前马后，上上下下，进进出出，交叉跑“8”字形。两面鼓，四面锣，同时敲响，锣鼓敲得紧，旗牌、马牌跑得快，敲得慢，跑得慢。

跑完后，春官要按接方的摆设陈词，三个堂都要说到。春官来到一堂。

出方：猛然抬头观，头堂在前面；
上有昆仑顶，下有东海洋；
东海洋，水帘洞，花果山前聚英雄。

接方：照着午门扇三扇，回汉两教插花站；
你叫主，我叫天，风调雨顺太平年。
出方：大堂门口一树槐，四路姑亲站两排；
我请姑亲往后退，我的衙役摆堂来。
接方：我的人马随身带，走州列式把堂拜；
虎皮搭在草胸膛，春官官小难升堂。

来到二堂。

出方：来到二堂前，二堂摆在五庄观；
真乃大仙来把守，唐僧难吃草龙丹；
请了菩萨降临凡，菩萨应邀来凡间；
杨柳枝儿玉净瓶，搭救唐僧出了关。

来到三堂。

出方：来到三堂前，三堂摆长安；
牦牛来吸水，青龙搭江边；
金鹤银鹤两边站，黄鹤一旁打旋旋。
接方：你把皮鼓莫要打，我给年兄说实话；
桌上摆的白没啥，希望年兄莫笑话。
出方：榆木桌子绿蓝边，八宝仙丹齐摆全；
上面摆的十三花，春官官小不敢夹。
接方：桌子本是一根柴，能工巧匠做出来；
里八层，外八层，两条板凳两条龙。
出方：酒杯酒杯圆又圆，外修八宝串子莲；
吃一杯，划三拳，头杯奠在神面前。

三堂过罢，出庄社火要给接方的家家户户断瘟。春官带领赵王二帅走在前面，后面人山人海地跟着，簇拥着来到农家院落。

出方：进得门来喊三声，赵王二帅紧随身；
手持金牌响一声，瘟癀染疾断起身。
接方：大门楼子高院墙，凤凰落在房脊上；
元宝在家娃娃爽，代代儿孙状元郎。
出方：四合院子檐对檐，对厅台子三尺三；
二面滴水双飘带，文武状元插花来。
接方：点红灯，点红灯，点起红灯断瘟神；
此庄有的瘟癀染，春官带到九牛宫。

有些地方上庙降香完毕，接着是“打台”，即直接唱神仙戏，最典型的是“上天官”或“天官赐福”。这两折戏，内容大同小异，人物基本相同。唱戏的地方根据接方的安排，要么在选好的场地，要么直接在早已搭建好的舞台。如“上天官”：天官在黑王二帅（黑即黑虎赵灵官赵公明，王即王灵官）的保护下，带领财神刘海、文斗魁星等。具体程序是：在演出场地摆一桌子，上面摆放烟酒糖果等。社火队来到这里，春官先说，说毕，开始“上天官”的表演。桌子前面放一条长凳，意谓各路大仙在空中踩的祥云。此时黑虎黑人黑衣，青面獠牙，手持一条金鞭跳上凳子，大吼一声：“生吾当天黑地暗，降吾当星斗未蹿；上世与鬼神为伴，修炼在峨眉宝山；太师文仲将咱搬，胯下黑黑离山前。”算是自我介绍。紧接着王灵官红衣红人，凶神恶煞般手持金鞭跳上凳子，大声自我介绍：“头戴七星宝鼎冠，手持金鞭和金砖。金鞭打恶不打善，监察御史王灵官。”威武的二帅站在凳子上静候天官的到来。这时天官斯文地迈上长凳：“吾在九重做天官，常在玉帝宝殿前；怀抱如意白玉钩，天官赐福将令传。吾王，上天天官是也。今有某省某县某乡某地社火表演，要一个大的无灾，小的无难；牛羊马匹低头吃草，抬头长膘；和风细雨下平川，冰雹冷子落在旷野深山；大吉大利，万事如意；一籽落地，万籽归仓；贼来迷路，狼来锁口。”然后命令：“赵王二帅，将这庄前庄后，庄左庄右，瘟癀染疾，冰雹冷子，统统搜捡。”赵王二帅手执金鞭在庄前庄后、庄左庄右，或院子里巡视一遍回禀道：“搜捡已毕。”天官说：“搜捡已毕，筒在吾的袍袖里边，带上天庭，压在一十三天，永世不得下凡。”这时，天官向远处做瞭望状，自言自语：“观见西南祥云缭绕，不知是哪位大仙来到？”二位灵官回禀道：“刘海大仙。”天官作揖道：“刘海大仙请了！”此时，眉清目秀、手提金蟾的刘海上场回揖道：“天官请了！”天官问道：“大仙来此为何？”刘海说：“特来撒钱。”问：“所带多少铜钱？”答：“一十五万贯有余。”天官道：“为何不撒？”“说撒就撒。”刘海边说边跳上长凳，一手提着金蟾，一手从金蟾口中取出主人早已准备好的铜钱和糖果，边撒边说：“一撒风调雨顺，二撒国泰民安，三撒牛羊满圈，四撒四季发财，五撒五谷丰登。”这时众人只顾抢钱与糖果沾喜气，顾不了其他。刘海此时高声喊道：“撒钱已毕，待我留诗一首。刘海本是上八仙，来到云头撒金钱；贫道撒钱具善缘，忤逆奸佞难沾边。重德谨孝随所欲，一能成十百成千。奉劝世人莫为恶，一道发财并不难。仙钱撒在福禄地，富贵荣华万万年。”这时天官亦做瞭望状，问：“观见东南方红云飘飘，不知哪位大仙驾到？”此时长凳上跳上一位青面红发、奇丑无比、手执毛笔的大神：“青脸红发赛鬼王，肚内文章拿斗量；皇王天子不取我 ，气怒屈煞在科场。吾，金斗文魁是也。朝罢王母从空过此，观见天官已在吉庆堂前与民赐福。待吾与民点元一回。尊声天官请了。”“边请点来。”“说点就点。一点状元天下扬，二点探花太花郎，三点传龙金笔点，四点进士进科场。”赵王二帅保护天官向着供桌三赐福。天官说：“天官赐福福寿堂。”刘海说：“刘海撒钱降吉祥。”文魁说：“魁星点元生贵子。”最后三人合说：“状元榜眼探花郎。”“上天官”结束。

“上天官”各地不尽相同，但功能一样，一是驱邪除瘟，二是赐福降吉祥。一个天官，一个刘海，一个赵灵官，一个王灵官，两个灵官简称赵王二帅。表演内容为天官赐福、刘海撒钱、二帅除魔。天官赐福表示来年风调雨顺，五谷丰登；天不降灾，人不生祸，一团和气。

刘海撒钱表示人人勤劳，庄稼有底；买卖公平，兴隆有余；穿衣有布，吃饭有粮。二帅除魔也好，药王赐药也好，均表示来年人不染疾，身体健康；家家平安，户户吉祥，国泰民安。接下来是演戏、看戏，招待。结束后是送行。

跟随社火走的春官还有驱邪禳灾的作用。驱邪禳灾往往针对一个社、一个村庄、一户人家，但也可以针对一个人，谁家的大人、小孩爱生病，医治不好；或者是此人今年逢“勒候”（笔者不知道这两个字该怎么写，算作音译。其意为此人属相为猴，今年正好是猴年，预示今年此人不顺利，经过春官及社火队里的狮子等的禳祷，便大吉大利。还有另外的说法，这只是其中一种），便可请春官“过关”。一般探马看到会报知春官，如果来不及，过关的人要跪在春官前，春官一看就知道，于是用鹅毛大扇，在过关者头上、身上来回扇动、挥舞，口中道：“春官抬头用目观，小小孩子来过关；我的人马过一遍，保你身体永平安。”春官要跨过（俗称跷尿臊）过关者，跟随春官的大神人人摸着过关者的头而过，如果是小孩，则把这个小孩送进狮子口里，再从狮子的屁股中抱出，如果是大人，狮子则围绕过关者转几圈，狮子用头在过关者前后左右“呼、呼”如狮子吼叫，来回示威。过关者一般要给春官谢礼。至此，过关算完成。

走村串户：社火在春节后一般要在本社家家户户走走，意为断瘟神、送吉祥、送祝福。社火串户往往选择吉祥如意的好日子或在正月初九（俗称“上九”）、十五。探马在最前面开道，提前打探谁家接社火，谁家有人要过关。春官带领社火队，紧随探马。探马引导社火来到接社火的人家，接社火的主人要准备香案，要放鞭炮迎接。噼里啪啦的炮声过后，春官高喊：“春官抬头用目观，年兄接我在面前；不用接来不用迎，咱们都是自家人。”进入院子，主人给春官挂一匹红，春官又高喊：“这个院子修得洋，一哈修到虎背上；虎翻身来人兴旺，后辈儿孙状元郎。”这时社火中的诸神（跟随社火的“神仙”，如赵王二帅、天官、刘海、文魁等）、狮子等绕农家院落一周，意谓断瘟。春官此时可喊：“大年初×岁首天，诸神撒下避瘟丹。单打锣鼓咚嚓响，一年四季永平安。”按规矩，主人要给春官看酒，春官接酒浇地说：“亲戚递我酒一盅，理解亲戚好心情；我的官小不敢饮，奠敬此方土地神。”凡接社火的人家就这样一户户过。

春官在农户家的说辞灵活多变，有些是适合所有人家的，春官只要记住一些，就可以灵活运用。如：

过新年来迎新春，对联贴得万家红；
家家歌颂共产党，村村祝贺好收成。

好人住进好地方，从此发财有指望，
五谷丰登牛羊壮，一年更比一年强。

五福门来五福门，五福门上挂红灯；
周公入就三吉地，鲁班造成五福门。

房上扣的琉璃瓦，墙上挂的金娃娃。
前院骡子后院马，子子孙孙显荣华。

社火到你家，恭喜把财发；
一脚踏开银子窖，大人掏，娃娃抱，你看热闹不热闹。

社火到你家，恭喜把财发；
我来代表社火队，给你恭喜把年拜。

有些春官喜欢临场发挥，这些春官词就有了极强的针对性：

这是一家忠厚家，忠诚老实人人夸。
庄稼行里是行家，丰衣足食有钱花。
社火进了你家院，我把婆媳赞一番；

儿媳孝顺婆婆喜，团结和睦心里甜。

走过一家又一家，这一家是农户家；
劳动门第春光好，幸福门前喜事多。

你家酒菜十里香，好像天上玉琼浆，
过路君子喝一口，永生永世也难忘。

这个巷子修得长，里面赶出一群羊；
你的计划比人好，发家致富比人早。（这是一家养羊专业户）

一张桌子四条腿，一个背篼顶了个美；
干果碟子与肉方，两瓶烧酒放中央。（这是一户困难户，接社火家里连一张院子里放的桌子都没有，就把自编的背篼倒扣，上面放一张小炕桌。故春官如是说）

进城：这主要是农村社火进城。改革开放后，城市有的单位或因政府号召，或因自身宣传的需要，在春节时组织起社火队，临时训练，到政府组织表演的日子就纷纷出动。其声势浩大，前所未有。春官此时带领的不仅有赵王二帅、丑婆婆，还有狮子、长龙、旱船、秧歌队、高跷队、扇子队等，还有装扮奇特、美丽豪华的车队。

政府组织有选定的集合地点、选定的行走路线，社火队有组织、按顺序依次经过各单位。哪些单位接社火，组织者已经告知所有的社火队，接待方式比较简单：打开大门，放一张桌子，桌子上摆放烟酒、糖果等。有人专门负责接迎，看社火队到了，便放鞭炮欢迎。春官此时根据单位性质、职能不同现编现说。

如到县政府，春官便说："春官亲自把队带，先向政府把年拜；党的政策放光芒，和谐社会胜天堂。"

到法院："人民法院本姓包，执法如山威信高；法律面前讲公道，天王老子也不饶。”

到医院：“社火拜年进医院，大夫护士门前站。救死扶伤技术精，个个都像白求恩。”

到啤酒厂：“啤酒厂，规模大，矿泉啤酒闯天下。质量高，信用好，一年四季都是宝。改机制，善经营，连年效益都走红。抓营销，创市场，经济收入年年涨。”

有些单位的领导感觉去年不顺利（政绩不突出、员工生病或工作不积极、事故频发，领导自身工作推进不力、身体欠佳等），想借助新年头上的社火改改逆气，希望社火给单位带来新的发展机遇，凝聚人心，新年新气象。如果是这样，那就对社火非常重视，一般是一把手亲自接迎，春官进门后，亲自挂红，春官便知其意，指挥人马，尤其是扮演“神仙”的赵王二帅、狮子等在该单位的院子旮旯跑上一圈，驱逐邪气，扶持正气，带来吉祥。春官也要大声喊出：“春官社火来拜年，这个单位接得欢；新年必有新气象，平安如意大发展。”“锣鼓声声震天响，邪马伪道赶出场；领导员工齐心干，牢记人民牢记党。”优秀春官一般在这种场合会临时组织内容，多说几段祝福的春官词。

有些单位不重视，甚至慢待了社火队，春官的嘴也不会放过。某年社火队来到某政府大院，院子里放一张桌子，桌子上什么也没有，接迎鞭炮也没有，于是春官就来一段：“政府大院当官的多，个个都是怕老婆；晚上睡觉端尿盆，早上起来开鸡窝。”有些单位干脆不接迎，春官也不会放过：“我领社火来拜年，没人接来没人管；单位领导谝闲传，人情世故差得远。”惹逗得围观者哈哈大笑。

在行进的途中，春官看到人多的地方，也会不失时机地来几句，一是歌颂党的领导、宣传党的方针政策、教化人民，二是显摆自己及其社火队。

“四路社火进县城，大街小巷挤满人；舞狮摇船又耍龙，悟空斩妖在空中。”

“春官抬头用目观，回汉人民站两边；男男女女面前站，老老少少笑开颜。”

“正月十五闹花灯，各乡社火齐上城；庆新年来庆新春，歌颂党的好恩情；干部群众一条心，共建美丽××城。”

“红日高照映蓝天，各乡社火齐上县；各个单位去拜年，盼来一个丰收年。”

春官在沿途碰到自己喜欢或者想逗趣的人，就会临场发挥，现编现说。

“这位姑娘好容颜，赛过当年女貂蝉，心灵美，五官俊，文明礼貌人攒劲。”

“这位大娘好气派，独生子女抱在怀，不娇惯，不溺爱，准把子孙育成才。”

春官的活动形式，主要有单独行走的春官和随同社火走的春官两大类，而在这两大类下，其活动方式因地域、文化背景等的不同而丰富多彩。笔者这里所说只是一种典型的形式而已。

六盘山地区春官的活动形式吸取了相近艺术的有益成分，不断完善，它不仅传承着六盘山汉族民间优秀的文化遗产，而且在严谨而灵活的形式下诠释着人生，引发人们对人类、民族、家庭、自身的深深思考！

宁夏古丝绸之路回族文化遗产“花儿”翻译传播现状与发展策略研究

马俊杰[①]

摘　要：古丝绸之路上的回族“花儿”是宁夏重要特色文化品牌之一。与国内其他少数民族特色文化翻译传播状况相比，宁夏回族“花儿”的传播进程相对落后。本文在对宁夏回族“花儿”的翻译现状进行回顾的基础上，基于“花儿”翻译传播存在的问题，有针对性地提出了“花儿”翻译传播应做到翻译传播工作常规化、研究工作规范化、翻译质量标准化以及传播途径多元化的发展策略。

关键词：回族“花儿”　翻译传播　现状　发展策略

外宣翻译是近些年翻译领域研究的热点话题之一。基于国内外翻译理论依据，对中国少数民族特色文化传播进行研究，是对外宣翻译研究的深化，也是近年来的研究趋向。例如：乐萍从目的论视角出发，在她的博士论文中对贵州地区少数民族文化外宣翻译进行了系统研究[②]；彭杰也从翻译目的视角出发，对云南少数民族文化外宣翻译进行

---

①马俊杰，宁夏师范学院外国语学院。

项目基金：国家社科基金青年项目“宁夏回族花儿的认知体验及英译研究”(16CYY011)阶段性成果。

②乐萍.目的论视角下贵州地区少数民族文化的外宣翻译研究[D].上海外国语大学博士学位论文，2014.

了研究[①]；杨惠馨和刘小玲从翻译视角出发，对新疆民族文化的现状与前景进行了分析与研究[②]；周艳鲜在对广西壮族嘹歌进行英译的基础上，探究了广西壮族嘹歌的英译策略[③]。令人遗憾的是关于宁夏回族特色文化的翻译与传播研究，仅有周玉忠、杨春泉从翻译的角度宏观地探究了宁夏文化“走出去”战略[④]。相比国内其他少数民族文化外宣翻译而言，宁夏文化外宣翻译文献资料短缺，尚缺乏全面而深入的研究。

古丝绸之路上的回族“花儿”是宁夏重要特色文化品牌之一。实现宁夏回族“花儿”的翻译与传播，可搭建一座宁夏回族传统文化与世界文化对话的桥梁，可为进一步提高宁夏回族“花儿”的国际影响力打下坚实基础。随着国家“一带一路”发展战略新构想的规划与实施，宁夏被定位为“一带一路”国家战略规划支点。“战略支点”将会是宁夏文化走向国际化规划的新起点，同时，宁夏古丝绸之路文化将会成为宁夏旅游发展的新触点。做好宁夏古丝绸之路特色文化的传播与发展，对实现宁夏文化“走出去”和“引进来”的双向性融合具有重要现实意义。本文将在对宁夏回族“花儿”的翻译现状进行回顾的基础上，发现存在的问题或不足，并有针对性地提出相应的发展策略。

一、宁夏回族“花儿”的翻译传播现状

纵观国内外“花儿”研究文献，宁夏回族“花儿”的翻译传播现状可以从“花儿”翻译实践和外文著述研究两个方面来管窥。

---

①彭杰.从翻译的目的性看待云南少数民族文化外宣翻译的意义与研究思路[J].宿州教育学院学报,2013(5).

②杨惠馨,刘小玲.基于翻译视角的新疆民族文化研究现状及前景分析[J].新疆财经大学学报,2013(3).

③周艳鲜.广西壮族嘹歌壮语英译策略研究[J].广西民族大学学报,2012(3).

④周玉忠,杨春泉.从翻译的视角看宁夏文化“走出去”战略[J].宁夏社会科学,2014(2).

1. 宁夏回族“花儿”的翻译实践状况

国内“花儿”的翻译实践与研究主要集中在区内各大高校外国语学院。宁夏大学外国语学院硕士生导师刘艳芬的翻译团队进行《宁夏回族文化图史》翻译实践时，她的硕士生邹昕在硕士毕业论文《〈宁夏回族文化图史〉翻译（节译）实践报告》中对团队翻译过程中关于宁夏回族“花儿”的翻译方法进行了报告。[①] 该团队采用的主要翻译方法有直译、意译和增译。为了比较忠实地传递“花儿”歌词原文的意义和形象，保持原文的风格和特点，他们采用直译法。例如“南山的牡丹红艳艳”。他们翻译为“Red, red peonies in South Mount”。因“花儿”唱词含有一些方言语，外来人难以理解，翻译时需要将方言语转化成通俗语表达后再进行翻译。因此，译文难以保持原有的形式，该团队采用了意译法。例如“咱俩的姻缘到一搭”。原句意思是情侣两人天生一对，将会有一段美好的姻缘。“到一搭”是宁夏方言语，意为“在一起”。若不加以理解，直接将原文译为“Our marriage will get together”，会让外国人感觉莫名其妙。因此，他们最终译为“We are fated to become a happy couple”。“花儿”唱词多为无主句，翻译需根据语境补充主语，以保持句子的完整性，该团队采用了增译法。例如“恭喜、恭喜、大恭喜，欢欢乐乐地来讨喜”。该句中的“欢欢乐乐地来讨喜”是典型的汉语无主句，根据歌词语境，补充完整后的句子应该为“我们欢欢乐乐地来讨喜”，相应的英文翻译为“We come to celebrate with joyousness”。这是笔者目前发现的唯一一篇介绍宁夏回族“花儿”翻译方法的文献。

北方民族大学非物质文化研究所与外国语学院组建了“花儿”翻译与实践团队，并邀请外籍专家就“花儿”翻译进行指导。据央广网记者采访报道[②]，北方民族大学武宇林教授说“北方民族大学外国语学院与非物质文化研究所，计划将《中国花儿通论》编译成英文，向英

①邹昕.《宁夏回族文化图史》翻译(节译)实践报告[D].宁夏大学硕士学位论文,2014.

②董雯.武宇林——践行梦想，一路前行[EB/OL].HTTP://WY.NRC.c/at/DMZ/jazz/201410/t20141020_516629419.HTML.2014-10-20.

语世界介绍‘花儿’。”目前，还未有“花儿”翻译研究成果面世。

美国印第安纳大学民俗学与音乐人类学系苏独玉博士长期关注中国西北民间音乐“花儿”。1983年，苏独玉第一次来到中国，在南开大学留学，为写博士论文与“花儿”结缘。她回国后向美国的学术界介绍“花儿”的情况，据宁夏新闻网记者采访报道①，她本人亲口说：“我让他们（美国学术界）听录音，大家都觉得特别有意思，我还把‘花儿’歌词翻译成英文，他们觉得歌词也很美。”这是目前笔者所掌握的唯一记录外国学者翻译“花儿”的文献。

2. 宁夏回族“花儿”的外文著述研究状况

除了国外学者为了研究的便利而将“花儿”翻译成本国语言外，外文著述研究宁夏回族“花儿”的国内学者寥寥无几，北方民族大学的武宇林教授是唯一一位学者。根据中国民族新闻网记者对武教授的采访报道②，她在日本留学期间开始了对“花儿”的研究，多次到宁夏、甘肃、青海等地走访国内“花儿”研究前辈，寻觅“花儿”文字资料，多次奔赴各地“花儿会”进行田野调查。她在日本用日文完成了博士论文《中国西北部口传民歌“花儿”研究》。为了在海外弘扬祖国的民族民间文化，让更多的外国人了解中国“花儿”，她决定在日本出版“花儿”专著《中国花儿通论》。该书列举了中国西部原生态经典“花儿”630多首，而且均被翻译成通俗易懂的日语，这对日本该领域的学术研究来说无疑是弥足珍贵的。2005年9月，该日文专著在日本正式出版。

二、宁夏回族“花儿”翻译传播存在的主要问题

从宁夏回族“花儿”翻译传播现状可发现，宁夏回族“花儿”翻

①陈秀梅.苏独玉：我与宁夏30年剪不断的情缘[EB/OL].HTTP://WWW.news.net/sh/system/2014/10/10/011060743.HTML.2014-10-10.

②李睿劼.武宇林：心中装的全是“花儿”[EB/OL].HTTP://minimum.people.com.c/GB/166721/10845529.HTML.2011-01-26.

译传播研究成果屈指可数，且现有研究成果多集中在翻译实践层面；缺乏专门的“花儿”翻译学术成果；翻译团队组建不合理，懂翻译者不懂“花儿”，懂“花儿”者又不懂翻译。概括起来，笔者认为宁夏回族“花儿”翻译传播存在以下几个问题。

1.“花儿”翻译实践工作缺乏科学理论指导，导致“花儿”翻译成果质量不高

民歌翻译在语言和文化方面存在诸多翻译障碍[①]。民歌翻译是翻译领域的难题，它不仅仅涉及两种语言的转化问题，更重要的是怎么很好地兼顾译文形义的完美传神。没有科学的理论依据，民歌翻译只能是一种简单的语言转化，确保不了译文的质量。上文文献综述发现，现有宁夏回族“花儿”翻译成果只是简单介绍翻译实践所采用的翻译方法，缺乏理论的指导与辨析。例如“花儿”唱词中意象的翻译问题。翻译过程中意象的恰当处理就是一个难题，需要翻译者采用相关理论基础来支持与辨析译文的准确性与形象性。帕尔默的文化语言学理论的核心就是意象，其对翻译的启示为：意象图式的合理转化与意象的恰当选择[②]。该理论不失为“花儿”唱词中意象准确与传神翻译的重要理论指导。因此，“花儿”的翻译实践需要这样的科学理论指导，才能在不断的打磨中提升翻译的质量。

2.“花儿”翻译传播工作处于“临时任务型”和“临时拼凑型”状态，团队组建不合理，缺乏翻译传播工作的常规化

一个组织有序、强有力而科学领导的翻译机构是确保翻译工作有序开展的保障。现有的“花儿”翻译工作要么为了应对旅游宣传的需要，要么为了研究文献的需要，要么为了学术成果的推介，大多翻译工作处于“临时拼凑”和“临时任务”状态，现有的翻译实践团队组建不够合理，懂翻译的成员不懂“花儿”，懂“花儿”的成员却又不懂翻译。总而言之，目前，宁夏回族“花儿”翻译没有专门的翻译传

①贾云鹏.少数民族诗歌翻译的哲学思维[J].贵州民族研究,2015(6).

②董广才,冷慧,刘佳.吸纳、修正与重组——帕尔默文化语言学中的认知语言学体系[J].辽宁师范大学学报,2010(3).

播与研究组织机构，团队组织涣散，缺乏统一领导与规划，这使得“花儿”翻译传播工作缺乏常规化。

3.“花儿”翻译传播途径单一化

目前，“花儿”翻译传播处在前期翻译实践和外文著述中简单的“花儿”翻译阶段。“花儿”翻译传播仅靠学术研究手段，使得传播途径单一化。随着信息科技的发展，多元化的传播方式是目前“花儿”翻译传播的努力与发展方向。

4.“花儿”翻译传播研究仅凭“一家之言”，缺乏学术讨论与研究

翻译成果需要研究者集思广益、共同研讨来实现翻译成果标准化。目前，宁夏“花儿”的翻译传播工作仍处于“自我消化”状态，没有关于宁夏“花儿”翻译的学术研讨会议，“花儿”翻译传播工作仅是“一家之言”，缺乏研究者之间的学术交流与研讨。定期开展“花儿”翻译研究学术研讨会与交流会，不失为一种有效提升翻译质量的途径。

三、宁夏回族“花儿”翻译传播发展策略

基于目前宁夏回族“花儿”的翻译状况以及存在的主要问题，为了更好地实现“花儿”的翻译传播，有效推进“花儿”传播的国际化进程，笔者提出以下三个方面的发展策略，以求教于大方。

1. 宁夏回族“花儿”翻译传播工作常规化

“花儿”的国际化传播无疑是一个漫长而艰辛的过程，需要翻译工作者不断努力去奋斗实现。因此，“花儿”的翻译传播工作应实现常规化，而不应该处于“临时任务”和“临时拼凑”状态。首先，建议政府和文化部门设立宁夏“花儿”翻译传播推介组委会，专门负责“花儿”的翻译与传播工作，有计划、有步骤地开展“花儿”的译介与传播工作。其次，组建既懂“花儿”又懂翻译的翻译团队。政府与文化部门要充分利用区内高校人才资源，整合资源，实现人才资源的优化，组建专业翻译团队，常年开展“花儿”的翻译与研究工作；同时，也要加强对团队的培训与指导，以确保团队译介工作的专业化。

2. 宁夏回族“花儿”翻译传播研究规范化、质量标准化

翻译质量是确保“花儿”国际化传播的重要基础。“花儿”蕴含着巨大的地方文化信息，“花儿”的翻译是一项极具挑战的工作。简单的语言转化显然不能达到“花儿”国际化传播的目标。因此，一定要确保“花儿”翻译质量的标准化。首先，翻译团队要加强语言学、传播学与音乐学理论知识的扎实学习与灵活运用，以确保“花儿”翻译实践具有科学的理论指导。其次，政府、文化部门和各高校要加强配合，联合定期开展“花儿”翻译学术研讨会与交流会。对团队翻译成果开展批判性讨论与分析，为提升“花儿”翻译成果质量奠定基础。再次，翻译团队要加强国际交流与合作。国外一些学者对“花儿”的研究也具有浓厚的兴趣。例如美国印第安纳大学民俗学与音乐人类学系苏独玉博士，她自从到南开大学求学开始，便对“花儿”情有独钟，毕业回国后，向国内学者介绍“花儿”，还曾多次到中国西北来调查与研究“花儿”。翻译团队要主动出击，借助国外学者的语言资源优势，加强“花儿”翻译的交流与合作，为实现将“花儿”翻译成地道的外文歌谣而迈出坚实的一步。

3. 宁夏回族“花儿”翻译传播途径多元化

传播效果直接决定着译介工作的成功与否。“花儿”的翻译工作不能仅仅停留在因研究的需要而进行的翻译实践上，其翻译传播途径应该多元化。首先，政府和文化部门要尽力实现“花儿”翻译成果的“走出去”和“引进来”。所谓“走出去”，就是政府和文化部门要通过一些途径让“花儿”翻译成果走出国门。例如，将“花儿”翻译成果纳入国家海外孔子学院的教学计划，编制和排练外文版本“花儿”作品，组建专业演艺团队进行海外友好文艺演出。所谓“引进来”，就是政府和文化部门要依据“花儿”翻译成果在区内打造“花儿”文化旅游区，以吸引海外游客前来旅游而达到传播之目的，也可借助区内高校与海外高校的合作基础，通过双语教学方式向来宁高校留学生开展“花儿”学唱课程。其次，要充分发挥与利用网络资源，创办专业的“花儿”译介网站，以供海外网友访问了解；借助国家海外电视频

道，录制外文版“花儿”作品进行不定期播放。再次，通过国内各大机场、公共场合电子屏幕播放宣传外文版“花儿”。

四、结语

“花儿”作为宁夏一个知名文化品牌要走出国门，让世人了解“花儿”语言与文化，就必须打好国际化传播这张牌。那么，“花儿”的翻译与传播就成了最重要的工作。只有做到“花儿”翻译传播工作的常规化、研究工作的规范化、翻译质量的标准化以及传播途径的多元化，我们才能扎实而有序地推进“花儿”国际化传播的进程。

固原方言的文白异读

高顺斌①

摘　要：固原方言的文白异读较为丰富，主要表现在中古全浊声母仄声字送气、中古疑影母字白读 ŋ、n、ȵ、见晓开口二等字保留舌根声母等诸多方面，所反映的语音事实大多与汉藏对音材料所反映的唐五代西北方音有着密切的渊源关系。

关键词：固原方言　文白读　新老派

文白异读是汉语方言中存在的一个较为普遍的现象，它指的是某方言系统内部一个汉字由于受到不同时期、不同方言或强势语言的影响，在读书识字和方言语境下日常说话时有不同的发音，读书识字发音称为“文读”，方言语境下的日常说话发音称为“白读”。从本质上说，“文白异读实际反映的是共存在一个方言或语言中的同源成分的不同的语音形式。而这种不同形式折射了历史上的标准语和方言的关系”[1]。固原方言分属中原官话秦陇片，有着较为丰富的文白异读，主要表现在如下 11 个方面。

一、古全浊声母字的文白异读

中古全浊声母清化后今读塞音、塞擦音的字，大多数北方方言按

①高顺斌(1971—　)，男，宁夏固原人，宁夏师范学院固原历史文化研究中心研究员。

照古平声、仄声的条件分化为全清和次清两类，其中平声字送气、仄声字不送气。固原方言中古全浊声母今读塞音、塞擦音的字在读音上存在不一致的情况：平声字均读送气清音，仄声字则大多读不送气清音，有少部分字读送气清音。现将读送气清音的少部分仄声字列举如下。

并母：pʻ 耙部簿步倍辟避刨佩辨饽面~仆瀑

定母：tʻ 舵大掉蘿灰~沓突特挺艇

从母：tɕʻ 藉~因因 褯尿~子　　tsʻ 錾~子

澄母：tʂʻ 住动词补语 纣秩撞　　tsʻ 绽

群母：kʻ 跪

根据《方言调查字表》（剔除固原方言不用的字），共有全浊塞音、塞擦音仄声字 234 个，其中固原方言读送气音的仄声字 31 个，占 13%。在这 31 个字中，只有白读音的有 2 个，有文白异读的 19 个，具体如下。

1. 只有白读：褯 tɕʻiɛ　錾 tsʻ æ̃

2. 文白异读（前为文读、后为白读，下文同）

部簿步 pu—pʻu	倍 pei—pʻei	避 pi—pʻi
刨~花 pɔu—推~子 pʻɔu	辨 pi æ̃—pʻi æ̃	饽 pɤ—pʻɤ
舵 tuɤ—tʻuɤ	大 ta—tʻuɤ	掉 tiɔu—tʻiɔu
藉 tɕiɛ—tɕʻiɛ	住 ~店 tʂu—接~ tʂʻu	纣 ~王 tʂəu—~棍 tʂʻəu
绽 破~ tʂæ̃—~开 tsʻæ̃	秩 tʂʅ—tʂʻʅ	撞 tʂuaŋ— tʂʻuaŋ
跪 kuei—kʻuei	特 tʻɤ—tʻei（属韵母异读，下文讨论）	

值得注意的是，固原方言有部分古全清声母字文读不送气，白读送气。

帮组：波 pɤ—pʻɤ	杯 pei—pʻei	胞 pɔu—pʻɔu
见组：规 kuei—kʻuei	巩 kuŋ—kʻuŋ	
精组：躁燥 tsɔu—tsʻɔu		

是否读送气声母，这与说话人的知识水平和语言习惯有着直接关系。固原老派方言均读为送气音，而新派方言受普通话影响，将很多

字改读为不送气音，同时认为读送气音是说话“土气、口音重”的表现。

对唐宋西北方音古全浊声母的音读，学界进行了深入且富有成效的研究。李如龙、辛世彪先生在前人研究的基础上进一步认为：“唐五代西北地区既有全浊声母读为送气清音的方言，也有全浊声母读为不送气的方言。关中晋南一带的方言属于前者，河西走廊一带的方言属于后者。”[2] 据此，今关中晋南方言全浊声母不论平仄一律送气，可能是唐五代西北方言全浊声母送气的语音特征。张维佳先生认为：“关中方言古全浊声母读为送气音是围绕中心城市西安及其附近地区依次向周边地区波散开来的。”[3] 固原地处古丝绸之路东段北道必经之地，在文化形成与传播上更多地受到中原关中文化的影响，固原方言全浊塞音、塞擦音有 31 个仄声字及部分全清声母字读送气音，应该是受到关中方言的波散影响，是早期语音演变在方言中不同程度的保留。

二、古疑影母字的文白异读

中古疑影母字，固原方言今开口呼白读大多为 n 母，个别读 ŋ 母；部分疑影母今齐齿呼白读为 ȵ 母，具体如下。

疑母：蛾鹅俄饿 ɤ—nuɤ　碍艾捱 ɛi—nɛi　崖 ia—nɛi
熬傲鳌 ɔu—nɔu　藕偶 əu—nəu　岸 æ̃—næ̃
昂 ɑŋ—nɑŋ　我 uɤ—ŋɤ　疑 i—ȵi
咬 iɔu—ȵiɔu　严~肃 iæ̃—~实 ȵiæ̃　业 iɛ—ȵiɛ
眼 iæ̃—ȵiæ̃　言语~ iæ̃—~传 ȵiæ̃　仰 iɑŋ—ȵiɑŋ
硬 iŋ—ȵiŋ

影母：哀埃爱蔼挨矮隘 ɛi—nɛi　袄 ɔu—nɔu
欧瓯呕殴沤怄 əu—nəu　庵揞暗安鞍按案 æ̃—næ̃
恩 əŋ—nəŋ　恶 ɤ—nuɤ　押压轧 ia—ȵia

从以上所列情况可得知固原方言疑影母今读音比较一致，读 n、ŋ

声母的均是开口一、二等字，读 ȵ 声母的是开口二、三等字。曹强认为，属中原官话秦陇片的海原话疑、影母在某个阶段已经合流，其今读音是合流后根据共同条件变化的结果：“海原话疑影母演变的轨迹，先是十二世纪末影母和疑母合流，然后由于介音不同而产生分化。声母 ŋ 由于受介音 i 的影响转化为 ȵ 母。影母在今开口韵前读 n，是影母先过渡到 ŋ，然后伴随着疑母开口字，一起转入 n。而今由于受共同语影响，海原新派话疑影母字均开始向零声母靠拢。”[4] 固原方言与海原话同属一个方言片区，其疑影母演变轨迹当与海原话相同，即疑影母细音字在变成零声母前曾经历 n 母的阶段，可记为：ŋ—n—ø 或 ŋ—ȵ—ø。固原方言“我”读 ŋ 母，是最古老的形式。

在具体语言实际中，疑影母是否白读为 n、ŋ 或 ȵ 主要与使用者年龄有关，与词语本身、词语使用的条件也有一定关系。以“蛾、鹅、俄、饿、严、业、眼、恩、肮、恶”等字为例，老派读音均为白读音，新派则将“俄、鹅、严、业、恩、肮”读为文读音而基本不读白读音，个别字如“饿、眼、恶”也因语境需要分别读为文读音或白读音。

除文白读之外，固原方言今齐齿呼与撮口呼逢 n 母均读作 ȵ 母，如：

尼泥拟你逆匿溺腻倪孽 ȵi　镊聂捏 ȵiɛ　鸟尿 ȵiɔu　牛纽扭 ȵiəu

蔫年碾撵捻辇念　ȵiæ̃　宁凝 ȵiŋ　娘 ȵiɑŋ

同上文所述情况一致的是，这种情况亦可看作是受介音 i 的影响转化为 ȵ 母的演变轨迹在固原方言中的存留，可以预想，随着普通话的进一步推广和普及，此类声韵配合终将完成舌面声母的舌尖化。

三、见晓组开口二等字的文白异读

固原方言中，见晓组开口二等字白读声母多为 k 、kʻ、x，其中存在文读音的，文读声母为 tɕ、tɕʻ、ɕ，这种现象大多表现在蟹摄字，具体如下。

假开二：挆 tɕʻia—kʻa　吓 ɕia—xa　下~雨ɕia—底~、~来、~山、上~xa

蟹开二：界芥戒街解 tɕiɛ—kɛi　鞋 ɕiɛ—xɛi

咸开二：咸 ɕiæ̃—xæ̃　衔 ɕiæ̃—xæ̃

山开二：瞎 ɕia—xa

江开二：项巷 ɕiɑŋ—xɑŋ

梗开二：杏 ɕiŋ—xəŋ　行$_{品\sim}$ɕiŋ—$_{道\sim}$xəŋ

中古群匣二母浊音清化字与见溪晓三母合流，形成 k、kʻ、x 三个舌根音声母，后在细音前产生介音 i 并舌面化，分化出了 tɕ、tɕʻ、ɕ 三个声母。按照词汇扩散理论，固原方言中诸如“嘉、敲”等均完成了从舌根音到舌面音变化的进程，但个别字仍保留了舌根音声母，由此产生了文白异读。见晓组开口二等字是否读舌根音声母与词语本身、词语使用条件以及使用者年龄有密切关系。以上所列日常用字如“下、吓、街、解、鞋、咸、瞎”等在口语交际中多白读为舌根音声母，这在中老年人群中使用频率很高；年轻人近年来受普通话的影响，在较多场合文读为舌面音声母；而“下”在“下雨、下雪、下货、下面$_{面条}$”等词语中新老派均文读为 ɕia；“界、芥、戒、项、巷、杏、行”等只在较固定的口语词如“满世界、芥辣子、戒箍子、项圈子、脖项、巷子、酸杏儿、道行”中白读为舌根音声母，而在“界定、芥末、戒指、项目、宋家巷、接杏、品行”等词语中文读为舌面音声母。这说明固原方言见晓组声母的舌面化是从新派方言以及书面语开始的，而老派方言以及日常高频用字中仍然完整地保留了较古层次的舌根音读法。

四、果摄一等字的文白异读

果摄一等字在固原方言中不论开合口大多读 uɤ 韵（个别读 a、ɤ 韵），咸、山、宕摄开口一等及宕摄开口三等的部分入声字与之合流，文白异读大多出现在见晓两组（疑影母文白异读前文已讨论，这里不再重复列出），具体情况如下。

果开合一见组：可科棵颗课 kʻɤ—kʻuɤ　骒 kʻuɤ（只有白读）

果开合一晓组：河何荷贺和禾 xɤ—xuɤ

咸开一端见晓组入声：溻 tʻa—tʻuɤ　磕 kʻɤ—磕 kʻuɤ

合喝盒 xɤ—xuɤ

山开一见晓组入声：割 kɤ—kuɤ　喝~采 xɤ—xuɤ

宕开一端见晓组入声：烙 lɔu—luɤ　乐 lɤ—欢~ luɤ　各 kɤ—kuɤ

郝 xɔu—xuɤ　鹤 xɤ—xuɤ

宕开三端精知章组入声：着 tʂɔu—~凉、睡~ tʂuɤ　勺芍ʂɔu—ʂuɤ

江开二见组入声：壳 kʻɤ—kʻuɤ

以上所列固原老派方言均读白读音，新派方言已将果开合一见组、宕开一端见晓组入声字改读为文读音，其余各摄字因语境需要而文白读共存。

五、遇流摄一等泥来疑影母字的文白异读

固原方言中遇合一泥母字与流开一疑影母字合流，白读为 nəu，即努=殴，怒=怄；文读则分别为：əu 藕偶沤殴怄，nu 奴努怒。

流开一来母字与遇合一来母字合流，白读为 lu，即楼=炉，耧=芦，篓=庐，搂=鲁，漏=路，陋=露，流开一来母字文读为 ləu。

以上所列流开一疑影母字，固原新派方言受普通话影响现均已读为零声母音节。

六、假摄麻韵三等字的文白异读

麻韵三等字文读韵母为 iɛ 或 ɤ，基本上没有白读字。但在固原方言中属麻韵三等字的“爹、也”却分别白读为 ta 和 ia ，这种白读音与王力先生对切韵音系的拟音相吻合[5]，罗常培先生《唐五代西北方音》也反映了这个特征[6]，张维佳先生认为此读音当为宋代以前的读音[3]。

七、止摄开口三等字的文白异读

止开三帮并明母部分字文读 ei ，白读 i ，如：

碑卑被~子被~迫备 pei—pi　眉 mei—mi

止开三滂母个别字与蟹合一灰韵合流，文读 i ，白读 ei ，即pʻei 披丕＝胚坯。

其中，固原新派方言受普通话影响均读文读音，白读音多为中老年人使用。（下文八、九、十均为此种情况，不再赘述）

八、蟹摄合口一等泥来母字、止摄合口三等来母字的文白异读

蟹合一与止合三泥来母字合流，文读 ei ，白读 uei ，如：

内 nei—nuei　雷儡垒类泪累劳~、积~ lei—luei

九、止摄合口三等晓影喻母字的文白异读

“支微入鱼”现象是指止摄合口三等字读如遇摄合口三等字，王军虎认为普遍存在于晋陕甘方言的白读音中，敦煌石窟发现的唐五代汉藏对音材料、汉字注音材料和俗文学中的别字异文表明，“支微入鱼”现象至迟在唐五代的西北方音中已经出现。[7]

固原方言中止合三逢晓影喻母个别字、通合三逢心邪母个别字读如遇合三等字，如：

毁讳 xuei—ɕy　慰苇 uei—y　肃宿俗 su—ɕy

止合三微母字“尾”，文读 uei ，白读 i 。

十、梗摄开口二等、曾摄开口一三等、深摄开口三等入声字的文白异读

固原方言中梗开二、曾开一三、深开三入声字文读为 ɛi 或 ɤ，白读大多为 ei 。

梗开二入声：百柏伯迫白 pɛi—pei　拍 pʻɛi—pʻei　魄 pʻɤ—pei
拆 tʂʻɛi—tsʻei　泽择责 tsɤ—tsei　窄摘 tʂɛi—tsei
麦脉 mɛi—mei　策册 tsʻɤ—tsʻei　格革隔 kɤ—kei
客 kʻɤ—kʻei　核 ~桃xɤ—~实xei　核 xu（只有白读）

曾开一入声：墨默 mɤ—mei　得德 tɤ—tei　特 tʻɤ—tʻei　则 tsɤ—tei
腮鳃 sɛi—sei　塞 sei—tsei　克 kʻɤ—kʻei
刻 kʻɤ—时~、用刀~ kʻei

曾开三入声：侧测 tsʻɤ—tsʻei　色啬 sɤ—sei

深开三入声：涩 sɤ—sei

十一、其他字的文白异读

固原方言中还有一些规律不强的文白异读（新老差异）字，形成原因较繁杂，现列举如下。

臂 pi—pei	绿 ly—liəu	跃 yɤ—iɔu
缩 suɤ— ʂuɑŋ	雀 tɕʻyɤ—tɕʻiɔu	滴 ti—tiɛ
去 tɕʻy—tɕʻi	寻 ɕyŋ—ɕiŋ	做 tsuɤ—tsu
矛 ~盾mɔu ~子miɔu	起 tɕʻi—tɕʻiɛ	就 tɕiəu—tsəu
腆 腼~tʻiæ—~肚子tʻiɛ	额 ɤ—nɛi	横 ~行霸道xəŋ—~~子ɕyɤ
藏 收~tsʻɑŋ—~下tɕʻiɑŋ	铸 ~铁tʂu—~锅tɔu	耀 iɔu—ʐɔu
鼠 ʂu—tʂʻu	荣 ʐuŋ—yŋ	谋 mu—mei
脚 tɕiɔu—tɕyɤ	角 拐~tɕyɤ—牛~kɤ	药钥 iɔu—yɤ
馅 ɕiæ—ɕyæ	物 u—vɤ	塑 su—suɤ
凿 tsɔu—tsuɤ	尝 tʂʻɑŋ—ʂɑŋ	陷 ɕiæ—sæ

跨 kʻua—tɕʻia	鞘 tɕʻiɔu—ɕiɔu	仇 tʂʻəu—ʂəu
渴 kʻɤ—kʻɑŋ	腔 秦~ tɕʻiɑŋ—~板子 kʻɑŋ	涎 不断~ ɕiæ̃—~水 xæ̃
溅 tɕiæ̃—tsæ̃	拽 tʂuɛi—tʂuei	篾 miɛ—mi
痒 iɑŋ—ȵiɔu	酿 ~酒 ȵiɑŋ—~皮子 ʐɑŋ	轴 tʂəu—tʂu
虹 xuŋ—tɕiɑŋ	蜗 vɤ—kua	蝙 piæ̃—piɛ
降 ɕiɑŋ—tɕʻiɑŋ	联恋 liæ̃—luæ̃	

参考文献：

[1] 刘勋宁. 文白异读与语音层次 [J]. 语言教学与研究，2003（4）.

[2] 李如龙，辛世彪. 晋南、关中的“全浊送气”与唐宋西北方音 [J]. 中国语文，1999（3）.

[3] 张维佳. 演化与竞争：关中方言音韵结构的变迁 [M]. 西安：陕西人民出版社，2005.

[4] 曹强，王玉鼎. 古疑影母在海原方言中的演变 [J]. 安康学院学报，2009（5）.

[5] 王力. 汉语史稿 [M]. 北京：中华书局，2004.

[6] 罗常培. 唐五代西北方音 [M]. 北京：商务印书馆，2012.

[7] 王军虎. 晋陕甘方言的“支微入鱼”现象和唐五代西北方音 [J]. 中国语文，2004（3）.

固原面食文化中的特色方言词汇

赵红芳①

摘　要：固原方言中有一大批富有地域特色的面食词汇，从这些词汇中既可以看出地方面食词汇的丰富，又可以透视出地方面食文化的特色，本文拟从面食特色和饮食方言词汇两方面对固原的面食文化进行阐述。

关键词：固原　面食特色　面食词汇

“在任何一个饮食文化体系中，食物原料都是其最基本的部分，原料构成在很大程度上决定着饮食生活的基本面貌，决定着饮食内容、饮食方式和营养结构。”② 一个地区食物原料的形成与其外部地理环境有很大的关系。固原地处六盘山区，地势高亢，气候高寒，地下水资源贫乏，又没有黄河水域灌溉，在这种典型靠天吃饭的地理气候特征下，只适合种植耐干旱的小麦。同时，历史上的固原农田多以山地为主，生产工具古老、生产技术落后，再加上天气条件恶劣，导致小麦产量低而且不稳定，无法满足人们基本的生活需要。为了解决温饱问题，人们很早以前就寻找到了合适的解决办法，即增加农作物的种类，在固原地区的山地中广泛种植莜麦、糜子、荞麦、玉米等适宜于山地

①赵红芳(1974—　)，女，宁夏灵武人，硕士，宁夏师范学院文学院副教授、固原历史文化研究中心研究员，主要从事现代汉语、宁夏方言研究。

②[美]尤金·N.安德森.中国食物[M].马孆，刘东，译.南京：江苏人民出版社，2003：250.

生长、耐干旱、生产技术要求相对较低的杂粮来满足人们的生活需要。“西海固地区种植杂粮的历史悠久，早在距今4000年以前的海原菜园村新石器时代遗址中已有粟的遗迹”①。

固原地区特殊的地理环境决定了固原地区的饮食内容、方式，使固原人民形成了以面食为主的饮食文化，与这种饮食文化共同发展的就是记录这些饮食的方言词汇。

一、面食为主，细粗粮精工细做

饮食是一种文化，一个地方的饮食文化不是一朝一夕形成的，它一旦形成，便会传承下去，即便是随着社会的发展与进步、生产技术的提高，也不会轻易地发生改变。所以直到今天，固原地区的人们还是保留着先民们的饮食习惯，以面食为主，还是会把面粉做成各式各样的食品。

固原地区的粮食作物分夏粮、秋粮两类。据明嘉靖《固原州志》载，当时夏粮有大麦、小麦、豌豆、扁豆，秋粮有荞麦、蚕豆、大豆、谷子、糜子，共9个种类。清宣统《固原州志》载，夏粮有大麦、小麦、豌豆、扁豆，秋粮有荞麦、蚕豆、大豆、谷子、糜子、莜麦、玉米、大燕麦、洋芋，共13个种类。到1990年，夏粮有小麦（冬小麦、春小麦）、豌豆、扁豆、洋麦（黑麦）、大麦5种，秋粮有谷子、糜子、莜麦、荞麦、大燕麦、洋芋、玉米、高粱、蚕豆、大豆10种，共15个种类，一年一熟，复种极少。② 从以上几组数据可以看出固原粮食作物的品种一直在丰富，但始终以小麦为主、杂粮为辅，使得这一作物结构类型成为固原地区农耕文化的一个特征。食物原料决定了固原地区以面食为主的饮食特色。

城乡平时一日三餐，农村在大忙时四餐，冬季农闲时两餐。早餐

①徐兴亚.西海固史[M].兰州：甘肃人民出版社，2002:9.

②固原县志编纂委员会.固原县志[M].银川：宁夏人民出版社，1993:983.

称为“干粮”“歇晌”，常以馍馍喝茶为主；午餐称为“午饭”“饭罢饭”，常以各种面食为主；下午餐称为“晌午”，也多以面食为主；晚餐称为“黑饭”，多以馍馍就菜为主。因不产水稻，米饭纯粹为点缀食品，所以为了调节口味，面食花样繁多。现在，随着生活水平的提高和改善，当地人们更是讲究面食的做法，善于细粮精做、粗粮细做，形成了非常浓厚的地方面食文化。

在固原地区人们习惯把小麦称为细粮，其他杂粮统称为粗粮，粗细粮在饮食结构中的地位随着社会发展的不同有着鲜明的时代特征。20 世纪 80 年代以前，粗粮食品在固原地区一直占主导地位，细粮食品只是作为饮食的一种点缀而出现，成为人们逢年过节时的一种奢望品。虽然粗粮的营养价值并不低，但口感不如细粮，也不如细粮好消化，为改善口感、提升食欲，产生了许多粗粮面食的做法，因而粗粮细做就成为这一时期的主要特点。粗粮细做既提升了人们的饮食质量，又丰富了当地的饮食文化。20 世纪 90 年代后，由于生产技术的提高，政府对固原地区的投入不断加大，小麦产量随之不断提高，当地百姓的生活逐渐富裕起来，细粮在人们的日常生活中占据了主要地位，粗粮反而成了当地饮食的调剂品，独具特色的粗粮食品甚至代表固原饮食出现在了宴席餐桌上，如燕麦糅糅、洋芋擦擦。当然，细粮代替粗粮进入人们的生活，不光是食物结构上的变化，饮食方式也要有所更新与提升，细粮的做法也不断翻新，手艺上更精益求精，细粮精做又成了这一时期的鲜明特点。

在粗细粮饮食结构与饮食方式的转变过程中，除了当地饮食文化的变化外，还产生了许多记录饮食的方言词汇，促进了地方语言的发展。

二、面食方言词汇

汤饭［tʻɑŋ^{213}fæ̃^{44}］带汤面食的总称。

干面［kæ̃^{213}fæ̃^{44}］不带汤面食的总称。

连锅面［liæ̃^{24}kuɤ^{24}miæ̃^{44}］一种面食的做法，将汤、面、菜、各种调味品放在一起做成的面食。这种面食的做法在固原地区以前较多，究其原因，与固原地区人们的生活水平有关，以前家里人口多、粮食少，用汤水增加食物的分量。

干捞面［kæ̃^{213}kuɤ^{21}miæ̃^{44}］一种面食的做法，将面、菜、各种调味品单放，最后调和而成的面食。菜炒好单放，面也单另煮好，然后将面、菜、调味品搅拌在一起食用，也称为“干拌面”。这种面食的做法固原地区较多，究其原因，与固原地区人们的辛苦程度、对粮食的态度有关。吃干食不容易饿，而且不会产生浪费，固原的干捞面是按碗下的，吃几碗下几碗面，剩下的面、菜可放到下顿食用，还能保证面食的筋道。

烩面［xuei^{44}miæ̃^{44}］一种面食的做法，将原料油炸或煮熟后备好，食用时放入锅内加辅料、调料、高汤烩制。

炒面［tsʻɔu^{53}miæ̃^{44}］一种面食的做法，将煮熟的面片再加油、肉、菜、佐料炒一遍。

炒面［tsʻɔu^{53}miæ̃^{21}］一种玉米面制品。将玉米颗粒洗净晾干，在锅内放细沙，将玉米颗粒炒熟后磨成面粉，食用时以沸水冲搅成团，就咸菜。此食品现已很少食用。旧时出远门打工的人常携带该食品，不易变质，吃法简单。

饸饹面［xuɤ^{24}luɤ^{21}miæ̃^{44}］一种杂粮面食，一般由荞面制成，也有用高粱面制成的。通常是将和好的荞面团放在特制的模具里面，加力使面条从模具中直接漏入锅中，煮熟捞出，加佐料配菜即可食用，可汤可干，视个人的口味而定。

浆水面［tɕiɑŋ^{213}ʂuei^{53}miæ̃^{44}］一种加入浆水、粗细粮都可以制成的面食，是固原地区特有的汤面。将蔬菜经过发酵后过滤得到的液体就是浆水，浆水可食用，味酸，做面时可顶替食醋，加入这种水的面食就是浆水面。浆水面多在夏天食用，口感酸爽清凉。

搅团［tɕiɔu^{53}tʻuæ̃^{21}］一种杂粮面食，多由荞面（或莜面、豆面）制成。将荞面慢慢撒入温水锅中，边搅边加热，将面粉搅成软硬适中的黏稠面团即可食用，吃时蘸蒜、醋等调味品制成的佐料水（一般用醋加葱、蒜、辣椒等熬成，口味浓重），也可以炒出肉臊子、韭菜放在搅团中间就着吃，有些地方还做汤配着吃，只是为提升口感。

洋芋面［iɑŋ^{24}y^{44}miæ^{44}］一种粗细粮都可以制成的面食，过去多用荞面、莜面、高粱面，现在多用白面，这种面最大的特点是利用洋芋（土豆）的沙性提升口感。先炒出些葱花或韭菜，然后锅中放冷水和切成小拇指粗细的洋芋一起煮，洋芋煮到八成熟时将面叶子下入，等面熟时倒入事先炒好的葱花或韭菜，放入少量的盐即可食用，味道清香。

麻食子［ma^{24}ʂʅ^{21}tsʅ^{21}］一种粗细粮都可以制成的面食，过去多用荞面、莜面、高粱面，现在多用白面。把和好的面搓成指头粗细的长条，然后用刀切成指头肚大小的面疙瘩，用手指再搓成形状像猫耳朵一样的面卷即可下锅。也说“猫耳朵”。麻食子可炒可烩，口感很好，有嚼劲。

荞面片片［tɕʻiɔu^{24}miæ^{44}tʻiɔu^{24}tʻiɔu^{24}］一种杂粮面食，一般由荞面、高粱面制成。可直接做汤面、干面，也可上笼蒸熟，然后切成面片炒着吃或蘸佐料水吃。

拨斯糊蛋［pa^{53}sʅ^{53}xu^{44}tæ^{44}］一种杂粮面食，一般由荞面、高粱面制成。将和好的面放在手板上，用筷子把面挤入锅，多会挤成大小不等的疙瘩状，煮熟后加菜食用，特点是快捷省时。

散饭［sæ^{53}fæ^{21}］一种杂粮面食。通常是等米粥熬好后，将豆面或其他杂粮面放入，做成的比较黏稠的食物。

焪饭［tɕʻyŋ^{53}fæ^{44}］一种杂粮面食，一般由荞面、高粱面制成。将洋芋切成小拇指粗，将擀好的面切成柳叶状，一层洋芋一层面地铺好，然后上笼蒸熟后加入事先炒好的菜或调料搅拌后即可食用。

焪焪［tɕʻyŋ^{53}tɕʻyŋ^{21}］也叫“洋芋焪焪”。将土豆去皮切成条状并用水煮，然后将面粉均匀撒入不停搅拌，用文火将水烧干焪熟即成。

面疙瘩［miæ^{53}kɤ^{21}ta^{21}］又称为猪血面。和好面，擀成片儿，再将用猪血和好的面也擀成同样大小的片儿，一层一层地摞在一起，然后上笼蒸熟即成。吃时切成小薄片，或炒或煮均可。

拌汤［pæ̃^{44}t'ɑŋ^{21}］一种面汆汆汤。先炒出些葱花或韭菜，将面和成絮状，下锅时边搅边下，成糊状，有时加入搅碎的鸡蛋，汤滚放入事先炒好的葱花或韭菜，加入盐、醋而成的一种带汤的面食。有时因汤稀还可泡入油饼或锅盔同食。

面糊糊［miæ̃^{44}xu^{44}xu^{21}］一种粗细粮均可制成的面食，用面粉在锅中刷成或稀或稠的食物，多为晚饭，边喝边下馍馍。

米和和［mi^{53}xuɤ^{44}xuɤ^{21}］米饭和面条或面片放在一起加葱花等调料做成的饭，一般是用剩米饭和剩面做成的。

鱼儿穿纱［y^{24}ɛr^{21}tʂ'uæ̃^{213}sa^{21}］将饺子、面叶、小米煮在一起吃的食物。

白皮面［pei^{24}p'i^{24}miæ̃^{44}］一种白面制品。将和好的面扯成宽面条，清水煮熟捞出即为白皮面，吃时再配肉臊子或其他菜。

臊子面［sɔu^{44}tsɿ^{21}miæ̃^{44}］一种由粗细粮制成的面食。面条出锅后将炒好的臊子浇盖在上面即成。

生汆面［səŋ^{213}ts'uæ̃^{213}miæ̃^{44}］一种由白面制成的面食，将肉切成肉末，和着葱花搓成肉丸子备用，将面和好切成面片，以连锅面的方式做成汤面，在面煮到八成熟时放入肉丸子一起煮熟。

炒寸节［ts'ɔu^{53}ts'uŋ^{44}tɕiɛ^{21}］一种由白面制成的面食，将面拉成筷子粗细，切成指节长短，边炒菜边煮寸节，然后把寸节放在菜中翻炒而成。

胡卜［xu^{24}pɤ^{21}］一种可由细粮制成的面食。先将肉丁和蔬菜炒熟，加少许水，再将面条生着盖在炒好的肉菜之上，用焖蒸的方法使面条变熟，随后搅拌即成。

青拌面［tɕ'iŋ^{213}pæ̃^{44}miæ̃^{44}］西北常见的一种面食。将面拉成长条状，煮熟捞出，再将炒好的肉丁、青菜拌入面中食用。

拉条子［la^{21}t'iɔu^{24}tsɿ^{21}］西北的特色面食，固原也广为流传。将面抻成长条状，如竹筷粗细，下锅煮熟，常干拌或炒着吃。

扯面［tʂ'ɤ^{53}miæ̃^{44}］也叫抻面，西北的特色面食，固原也广为流传。将面和好擀开，切成宽条，抓住两头把面抻长，下锅煮熟，可汤可干吃。

面叶子［miæ̃^{44}iε^{21}tsɿ^{21}］一种连锅面的做法，将面擀好后，切成小菱形，与菜、调料一起煮食。这种面食的特点是快捷省时。

雀舌头面［tɕ'iɔu^{53}ʂɤ^{24}t'əu^{21}miæ̃^{21}］一种连锅面的做法，把面切成小鸟舌头大小，与菜、调料一起煮食。这种面食也具有快捷省时的特点，更多是给小孩子或生病胃口不好的人吃，好消化。

宁夏边塞文化孕育的新成果

——略论杜晓明的“新边塞诗”

于永森①

摘　要：杜晓明的“新边塞诗”是宁夏边塞文化孕育的当代旧体诗创作的一个典型个案，数量多且质量较高，对当代诗词的发展具有重要参照意义。而其不足，则是在文化层次尚未真正对接边塞文化以“壮美”为主的审美意识、美学风格。只有在新审美理想艺术境界这一更高文化思想层次的指引下，旧体诗词乃至中国文艺未来的发展路径才是宽广的。

关键词：边塞文化　“新边塞诗”　杜晓明　审美理想　“神味”说理论体系

边塞诗是中国古代诗歌发展史上一个特色鲜明、成就很大的诗歌品类，尤其是唐代的边塞诗，更是取得了非常突出的艺术成就。从根本性质上来看，边塞诗的主要特色得之于“边塞”这一独特的地域、历史与社会等多个层面意蕴的交织，具有极其浓厚而独特的文化内涵。当代从新诗领域重新振起的“新边塞诗”，承接中国古代边塞诗和新中国成立后郭小川、艾青、贺敬之、闻捷等人书写新疆等地边塞内容的

①于永森(1977—　)，男，山东平度人，文学博士，宁夏师范学院文学院副教授，主要研究方向为中国古代文论与文学。

文化传统，以杨牧、周涛和章德益为领军人物，在20世纪80年代以后，稍后起于朦胧诗而异军突起于诗坛，取得了较大成就，也曾经一度引发了全国性的讨论，成为新时期以来文艺领域较为突出的文化现象之一。针对此情形，旧体诗界也做了呼应，1995年在银川召开的第八届中华诗词研讨会上，首次提出了旧体诗词领域的“新边塞诗”的概念；1998年在新疆石河子召开的第十一届中华诗词研讨会上，又进一步专题研讨了如何继承和发展边塞诗这一问题。由于新诗领域的“新边塞诗”迄今为止已然逐渐消歇[①]，而旧体诗词的作者队伍却日益广大，并且经过改革开放近四十年的发展，中国的社会生活已经发生了很大变化，尤其是在古代史意义上的古代边塞地区，可以说，重振“新边塞诗”至少在旧体诗词领域还是大有可为的。而以“塞上江南”著称的宁夏，从古代到今天，都在中国的疆域版图中具有非常独特的地位，具有非常显著的自然地理条件和民族风情，因此，当代“新边塞诗”的重振，宁夏诗词界应该积极作为，努力创作富有时代特色的作品，为当代诗词的发展增光添彩。而在宁夏当代诗词的发展过程中，杜晓明的“新边塞诗”可算是宁夏边塞文化孕育的一个经典个案，本文就此加以重点探析。

一

杜晓明，祖籍安徽淮北，1965年出生于吉林省白城市，毕业于吉林大学，毕业后入新华社吉林分社为记者，2009年4月任新华社宁夏分社副社长，2010年8月任社长，2012年年底调离宁夏。在宁夏工作的几年时间里，杜晓明旧体诗创作甚丰，仅收录在2011年由宁夏人民出版社出版的《杨柳依依》诗集中的“边塞诗”，就有近百首之多，占据了此书过半的篇幅。从整体上来看，杜晓明的“新边塞诗”大体

①艾翔《新边塞诗：未完成的经典化》(《湖北大学学报：哲学社会科学版》2011年第6期)一文凸显了对新诗领域“新边塞诗”理论研究的某种焦虑，其中一个根本的原因就是迄今为止研究对象已然后继乏人。

分为这样几个方面的内容。第一个方面是抒怀、怀古、咏古之作，抒发了他在宁夏工作期间对当地历史文化的一种感兴、认知，同时不少作品抒发了作者的胸襟怀抱，比如《夏日登银川沙泉寨赠友人》：

紫燕啾啾榆柳摇，黄河如带水迢迢。长城万里横朔漠，烽燧千年隐蓬蒿。相见意气从君饮，谁知不向戍边劳。山衔红日情无尽，霞落云飞暮复朝。

此诗作于2009年7月作者刚到宁夏不久，显然，从整体上偏于“古典”的优美气质的诗人，对于边塞的壮丽雄浑不能无所感发，甚至可以这样说，正是边塞这几年的工作经历，在一定程度上改变了诗人此前的气质和艺术境界，而杂入了一种慷慨豪放的壮美意识。2010年1月，诗人又在《塞上赠江苏同乡》一诗中写道：

眺望贺兰一阙高，春风将绿万丝绦。江南游子多意气，塞上欢歌尽英豪。辞却故乡山与水，兴边岁月暮复朝。但求民富国强事，何惧关河万里遥。

在此诗中，作者投身边塞工作的意气是很高涨的，为国为民奉献的愿望也是强烈的。为此，诗人甚至豪迈地道出了“相逢且醉长河外，年少休言归汉关”（《宁夏沙湖夜饮赠友人》）的诗句。而《阿拉善通湖草原赠友人》一诗，则表现出了作者在塞上生活的某种主体性诗意姿态：

大漠苍茫有轻雷，漫天甘露一时飞。原中草色绿堪染，塞上风清自在吹。足踏青云纵马去，鹰击沙海猎狐回。戍边无以酬知己，今夜须当带醉归。

此诗的意态，则简直就是豪纵了！在这种主体性非常强的意态中，诗人分明感觉到了自己存在价值的提高，因此道出了“人间万事须称意，塞上江南任去留”（《沙坡头赠友人》）的姿态，这可以算是诗人与宁夏当地在某种意义上契合的最高姿态。而诗人在宁夏工作数年间的心志，则在《塞上答友人》一诗中表现得最为充分：

欲写长河落日圆，须来塞上戍边关。朝云且晓春风暖，暮雨当闻秋雁寒。政事清平常动问，民生疾苦入心间。闲时却用诗家笔，题尽河西十万笺。

可见，诗人是抱着要大有作为的心态来到宁夏这个古代的边塞之地的，抒写同样心曲的，还有“从今四海为家日，塞上江南好筑边”[《塞上曲（二首）》其一]、“男儿本自行天下，况复戍边驻贺兰”（《登贺兰山遥寄友人》）等。而置身宁夏，诗人除了咏怀之外，还有不少咏古怀古之作，其中最有代表性的是以下两首：

贺兰山阙动长云，贺兰山畔草色新。百年王气凌霄汉，千秋荒冢向黄昏。唐来宋往茶帛事，夏兴元灭玉殿焚。金戈铁马沉沙底，塞北冰消万垒春。（《春日题西夏王陵》）

左公杨柳三千里，湖湘子弟知何去？陇上风寒行客稀，天山回首伤心碧。雨雪飘摇经雁字，红尘漫没掩车迹。远山近树向天涯，犹存西狩报国志。（《隆德县题左公柳》）

这些作品，包含着今人对古人、古迹的一种深沉慨叹，也包含着外地人对宁夏当地历史遗迹和历史文化的深沉慨叹，显然，这些无论是值得叹息还是借鉴的历史文化，都将成为宁夏人在今后社会历史发展中的一笔财富，成为某种内在的激励，这种深沉的历史感和责任感，也只有亲身在宁夏工作相当长的时间，才能感悟出来，当然，诗人的直觉更为敏锐。

第二个方面是塞上风景、风情、民俗之作，其中又分为塞上风情、民俗和塞上江南独特风景、风光两方面的内容。书写塞上风情、民俗的诗如《题中卫沙坡头》：

何惧单车去问边，一望朔方万里天。长河水来云从起，大漠山横落日圆。杨柳拂衣春塞暖，牛羊漫地雁声寒。银樽且与乡人举，醉卧黄沙不续还。

此诗既蕴含了王维《使至塞上》一诗所描写的边塞大漠落日的雄奇，又书写了当代边塞“杨柳拂衣春塞暖，牛羊漫地雁声寒”的美景，古今对比是非常鲜明的。又如《黄沙古渡暮雨》：

遥望黄沙古渡头，无边苍翠泛春洲。开河徐布严陵钓，耕作方驱宁戚牛。暮雨潇潇归远路，酸风黯黯射双眸。凭栏欲问东流水，多少烟波添客愁。

黄沙古渡在古代自然属于荒凉的边地，人烟稀少，而今天它却是“汇集了黄河、大漠、湿地、湖泊、田园为一体的自然景观”[①]，这种自然地理条件被今人利用，巧妙地改造成了富有现代理念和现代气息的旅游景观、旅游胜地，从而呈现出“鸥鸟鸣去闲”“黄沙侵古渡，绿浪涌平川”（《题黄沙古渡》）的独特魅力。又如《过昫衍城》（昫衍，此指宁夏盐池县）：

昫衍城头沙似雪，花马池畔柳如烟。何人塞上植芳树，一夜荒漠变青山。千载戎狄争战地，万里灵夏肘腋间。而今廿草盈乡野，滩羊满圈果满川。

①杜晓明.杨柳依依[M].银川：宁夏人民出版社，2011：11.

从古代的荒寒之地，变为今天的康乐景象，令人不敢想象。又如《题中卫北长滩（二首）》其一：

夏日阴阴黄水边，白云深处袅炊烟。散居村户依槐枣，自在渠塘下麦田。天外青山连朔漠，河滨紫陌入人间。里中父老偶相语，恍是误回魏晋年。

其二则有“鸡犬相闻闾巷间，水车摇荡牧牛还”“紫燕时来窥户牖，老农闲坐话村言”的描写。诗人抓住了一些特殊的地理景观，从古今对比的角度，渲染了只有在今天才能在这样一些荒寒边漠之地建立如此安居乐业而有特色的民生生活的主题，堪称时代的真实记录。又如《秋日过贺兰晴雪酒庄》：

万亩萧疏碧水流，贺兰山色欲经秋。遥岑农舍蓝屋瓦，近沼池塘白翅鸥。满架葡萄收欲尽，新醅美酒溢清幽。主人已自举鸡黍，稼穑言来意未休。

葡萄及葡萄酒是宁夏现代农业、工业整合而打造的比枸杞还更具深远发展前景的重点产业，贺兰山下、大漠旁边，葡萄园将来会达到百万亩规模，这在古人而言是根本连想象也无法想象的事情。除此而外，诗人还有反映回乡风情的《题同心清真大寺》、反映佛教风俗的《望海宝寺塔》等作品，也都从不同角度反映了宁夏这块古代边塞之地在今日的多姿多彩。书写塞上江南独特风景、风光的诗，在诗集中是一个不小的重点，比如：

贺兰孤高塞云飞，独障风烟万古摧。长河北去连朔漠，黄沙西来到此回。鍪空鹰隼击群鸟，松溪羊鹿嬉春晖。但见桃花映残雪，不见征战离人归。（《登贺兰山》）

一自春风绿苇芽，桃花掩映似陶家。参差柳陌藏屋瓦，断续归鸿入晚霞。篱畔葡萄藤满架，畦中白菜叶如纱。主人颔首江南客，大漠庄园可堪夸？（《早春访永宁海澜金沙园》[①]）

河水盈盈满西洲，风吹芦苇过人头。烟波去去归舟远，云日迟迟蝉唱收。曲径观鱼亲水岸，花间晏坐伴群鸥。孰言塞上花开晚，万卉争发不胜愁。（《夏日游爱伊河》）

碧海青天鹭鸟闲，山横水去紫云还。一轮圆满方出水，万木萧疏俱寂然。塞上蓑翁青箬笠，河滨娇女绿罗衫。此情此景非常有，恍是江南梦里边。（《仲夏月夜过银川爱伊河》）

诗人在这些篇章中所描写的今日宁夏，确实是“塞上江南遍生机”（《贺兰晴雪》），以至于诗人充满自豪地说“诸公欲问江南事，塞上江南遍春晖”（《游银川鸣翠湖赠友人》），不亲身到宁夏者，是不会有此体会的。

由上述可见，杜晓明的“新边塞诗”作品数量多，涉及的内容比较广泛，完全可以当作宁夏当代旧体诗词创作的一个典型；同时，其“新边塞诗”的艺术成就也较高——这也是非常重要的一点。

二

综观杜晓明的“新边塞诗”创作，他之所以能够在这么短的工作生活经历中写出如此“丰收”的“新边塞诗”，大致有这样几个原因：

①此诗作者自注“海澜金沙园”“辖地520亩……是宁夏治理沙漠，建设新型农庄的典范”，见杜晓明《杨柳依依》，宁夏人民出版社，2011年，第12页。

第一，作为到宁夏工作的外地人对宁夏当地自然地理环境、风光和风土人情“陌生化”审美的急切认知、体悟。无论是从东南还是从东北到西北，都是人生难得的一次际遇，都将且能够加深主体的生命体验，这是毫无疑问的。第二，作为新闻工作者，比其他行业更有条件在短时间内跑遍宁夏这个面积并不大的省区，且能将感受的侧重点放在宁夏的自然地理环境、风光和风土人情本身，这与一些从政者走马观花式的经历是不同的。第三，作者自小对于诗歌的认知、喜爱是旧体诗创作的良好基础。根据《杨柳依依·后记》可知，诗集中的这些“新边塞诗”是他到宁夏工作一年半左右时间里的创作：“一年多来，我走遍了宁夏山川大地，广交朋友，认真研读当地史志，遍访当地文化界、政界、经济界名家，学到很多东西，也有很多感怀。”[①] 杜晓明 1996 年就开始了旧体诗创作，此前已经出版过诗集《昔我往矣》，而在创作旧体诗之前，尚有创作新诗的基础。除此而外，对于诗歌本身，杜晓明还有一些比较系统的想法（见《杨柳依依·后记》）。上述这些情况说明，杜晓明到宁夏工作这么短的时间之内写出这么多的旧体诗，尤其是“新边塞诗”创作成就很大，并非偶然，也足以证明这些诗并非单纯追求数量的粗制滥造。

当然，在充分肯定杜晓明宁夏“新边塞诗”的创作实践和成就的同时，也应该充分认识到其“新边塞诗”至少存在这样几个方面的问题：第一，在宁夏工作时间仍然太短，对当地的一切仍然体会得不够深，毕竟，诗歌更高境界的积累和沉淀是需要相当长的时间来作为基础条件的，比如新诗领域的“新边塞诗”的一些诗人，能够十几年乃至数十年长期生活在新疆，对比后者，杜晓明在边塞之地的工作、人生阅历显然仍是远远不够的。工作时间短，加之作为新闻工作者对于具体的社会民生体验也往往缺乏持久而深入的了解、理解，因此杜晓明的“新边塞诗”还缺乏更为深沉博大的情感、情怀，而偏于游历性、出于个体气质性情的主体性较多。第二，杜晓明的“新边塞诗”整体

---

①杜晓明.杨柳依依[M].银川：宁夏人民出版社，2011：188.

上基本都是对宁夏作为塞上江南的歌颂，还缺少对社会民生生活的深切体会，对若干可能涉及的社会民生内容没有在诗中表现出来，对社会现实某些不正之风的批判几乎见不到，对宁夏此地仍然偏于保守、僵化的“思想精神落后”体悟不多不深，作品中没有相关表现，从而使得其诗缺乏深度，缺乏更为丰富、复杂、深刻的意蕴，“诗意”有余而“震撼”不足。就诗人在宁夏工作期间的心态来说，也基本上抱着一种“过客”的心态，如《塞上赠友人》诗云：“桃李春风百千重，相逢塞上此心同。贺兰山畔观云起，黄水渡头纵马行。客里光阴书作伴，戍边岁月花为情。他年若得遥相忆，诗赋百篇心底铭。”此外尚有“他年远戍长河后，琴剑江南笑论诗”（《塞上赠刘伟》）、“何时了却朔方任，万里归来共一樽”（《春日寄江南友人》）、“会当把酒江南岸，往事悠悠细论说”（《银川龙泉山庄夜饮赠江南友人》）等诗句。由此可见，虽身在塞上江南，但诗人时刻所想的仍然是归回真正的江南，那才是其真正想要、真正追求的诗意生活的自然地理条件载体。而上述心态，也明显与其在同一时期的表述如“但求民富国强事，何惧关河万里遥”（《塞上赠江苏同乡》）、“夜读青史欲投笔，长戍边陲万里关”，在内里是矛盾的。但即便如此，杜晓明的“新边塞诗”创作在当代旧体诗词创作领域，已然体现出了较为鲜明的摆脱“老干体”束缚的特征，并且艺术成就较高，这是非常了不起的。

杜晓明“新边塞诗”之“新”质，主要是与中国古代边塞诗相比，其内容有所不同。就“边塞诗”这一概念而言，其在中国古代诗歌史上的意涵是：“边塞诗，可谓古已有之，但作为一个概念，则专指‘产生于隋季唐初，极盛于开、天年间，流响于唐之中晚叶’，反映边塞战争、边塞生活、边塞风光的诗篇。‘边塞诗是中国文学史上产生于特定历史条件下的文学现象。’以上是就产生时间与诗歌的题材、内容而言的。在地域上，有将边塞诗定得很宽泛的，不但写西北边疆的诗是边塞诗，写东北边疆的乃至写西南边疆的诗篇，都可成为‘边塞诗’。但联系到边塞诗盛行的特定时代和边塞诗产生的背景（唐蕃战争），将边塞诗限定在西北边塞则适宜，即沿长城一线为中心，向西延伸到安西四镇，涵盖陕、甘、宁、青、新和内蒙古延边及剑南川西一带的广大地域。这是一个广义的‘大西北’地域概念。”① 这种理解大体不错，虽然在地域、时代方面较为狭隘，而宁夏作为古代边塞的地位、性质是确定的。从古代社会背景中的“边塞诗”概念来看，边塞诗主要涉及与征战、戍边相关的内容，这是其核心、根本的内容、意蕴，而“新边塞诗”之所以“新”，在于失落了征战这一核心、根本因素，戍边与新疆尚且关系密切，而与宁夏则关涉不深了。在这种古今主题、内容变换的情况下，“新边塞诗”要做到“新”，其实是很难的，必须探索有效的路径。从迄今为止的“新边塞诗”的创作实际来看，相对于古代的边塞诗，当代无论是新诗还是旧体诗词领域的“新边塞诗”，都具有自己的时代特色，尤其是新诗领域的“新边塞诗”。其主将之一的杨牧曾经这样总结过：“我们以为，就美学特征而言，如果说古边塞诗主要是高古、苍劲、粗犷和沉雄，如果说六十年代以前的新边塞诗主要是豪壮、健美、清新的话，那么七十年代以后特别是八十年代发展中的新边塞诗，在承续着上述美学特征的同时，还具有更多的积极和乐观、坚毅和顽韧、正派和簇新、诡奇和险峻、宏大和深邃、慷慨和淳厚。”② 应该说，就古今边塞诗的艺术特色和思想精神内涵而言，这一总结还是非常到位的，只不过在诗歌作品的艺术成就方面，新诗领域的“新边塞诗”缺乏中国古代边塞诗的某种“经典性”而已。应该说，迄今为止旧体诗词领域的“新边塞诗”在艺术特色和思想内涵方面（包括艺术风格的鲜明和多姿多彩）的成就还不如新诗领域的“新边塞诗”，如何从思想内涵和鲜明而多姿多彩的艺术风格之形成方面去强化旧体诗词领域的“新边塞诗”，旧体诗词显然还面临着巨大的挑战，而这一趋势作为一种任务，杜晓明的“新边塞诗”显然还远远谈不上“完成”，而只能是在逐渐“接近”的途中。

---

①彭金山.新边塞诗流变概观[J].西北大学学报:社会科学版,2000(1).

②杨牧.我们在衔接中开拓上升——新边塞诗抒怀[J].诗探索,1985(1).

三

解决上述问题，审美意识的转变是一个根本的问题，而审美理想的高度，则是一个最高的指引、标杆。虽然因为到宁夏工作的经历使得杜晓明的“新边塞诗”在短时间内呈现“爆发”的态势，并在一定程度上改变了（或增加了）其原有的以古典“优美”为性质的审美意识，但并不能在根本上得到改变。比如杜晓明在《杨柳依依》一书的后记中还强调、倡导“人要生活在诗的意境当中……在现代社会的纷扰中，我们更需要一份清静、安详的心绪。大自然和人类社会，为我们提供了无数的诗情画意，把它们记录下来，发而为诗，不失为寄托心灵、抒发性情、交流情感、启示人生的一种方法。有诗的意境，人生才有味道”①。作为一种人生存在诗意境界的追求，这当然是非常好的，但是从“新边塞诗”之“新”质及20世纪以后中国文学主流追求的最高审美理想艺术境界已经不再是“意境”这样一个态势来看，这样的审美意识至少贯彻在旧体诗创作之中，还是有着根本的不足的。与此相联系的是，杜晓明认为“写好诗歌，关键在于学会运用正确的方法。首先要学会赋、比、兴的方法。……其次，要选择与内容匹配的诗歌体裁”②。这些方法的优点不可否认，但毫无疑问它们最终都指向“意境”审美理想的追求，可以作为“意境”整体理论的一个部分，而且也是最为基本的一个部分。“意境”理论至少在中国古代诗歌的创作实践和艺术境界之中，是呈现出以优美为主的态势的，这样一种性质导致了杜晓明的“新边塞诗”在根本的审美意识和审美风格方面，甚至不如新诗领域的“新边塞诗”更为自觉。周涛曾经宣称：“我毫无疑问地崇尚豪放派，我只能被它感动、击中，并且坚信这一脉精

①杜晓明.杨柳依依[M].银川：宁夏人民出版社,2011：183-184.

②杜晓明.杨柳依依[M].银川：宁夏人民出版社,2011：186.

神乃是我们民族精神中最可贵、最伟大、最值得发扬的东西。”[①] 杨牧也曾经旗帜鲜明地提倡以壮美为主的审美意识、审美风格：“新边塞诗还很不成熟。……我们甚至认为，如果说‘边塞’二字中的‘塞’字，包含着远离现代文明的意味的话，是不是可以这样说，整个中国都还未进入世界经济、文化繁荣的中心，都还处在‘边’字的范畴？如果是这样，我们是何等需要穷极思富、荒极思荣、向现代文明拼搏进取的精神呵！而这种时候，如果不倡导（至少不反对）一种积极、昂奋、豪迈、壮实、大气磅礴、深邃沉雄、壮可以励己、热可以灼人、从而催征一个时代的堂正诗风，至少是有点不明智的。自然，小花小草，柔情蜜意，也是美，而且是不可缺少的美；但狷介局促、孤芳自赏乃至‘人比黄花’的顾怜，怕很难吟出一条民族的壮实脊梁！”[②] 也正如有的论者所指出的那样：“新边塞诗放在我们诗歌多元化的今天来看，其阳刚、豪放之气恰恰是我们当下新疆包括整个诗坛所不被重视的，当下的诗坛走向了多元化，诗人的写作在向着个性化的方向发展，所以这种昂扬大气的诗风还是应当持续发扬的。同时我们还应该看到新边塞诗自身存在的外强中干，有时候不免有点口号化的嫌疑，新边塞诗人们对现实的思考还不够深入，诗歌的技艺还不够娴熟，等等。但在那样一个时代，能在边远的省份抓住自己的地域特色展露诗坛，这种精神还是非常可贵的。”[③] 更有论者进一步指出：“诗中抒发的情思和抒发情思的视角，二者是互生的。为着抒发‘开拓者的气概和爱国者的情怀’，‘新边塞诗’秉持的是宏观视角，注目于大漠、戈壁、冰山、雪峰、枯林、黄沙、风暴、长河、落日、草原、骆驼、奔马、雄鹰、城堞、古战场、雪崩、辽远的地平线等这些能有力地表现气概和情怀的西部景观，诗歌由此也就呈现出粗犷豪放、昂扬雄健的风格。这是‘新边塞诗’的引人注目之处。但也要看到，这样的宏观视角也

---

①周涛.我已经寻找过我自己——一次关于文学或诗的对话//周涛散文(第二卷)[M].东方出版中心,1998.

②杨牧.我们在衔接中开拓上升——新边塞诗抒怀[J].诗探索,1985(1).

③张秋格.新边塞诗研究[D].新疆大学硕士学位论文,2011:25.

有其粗疏的一面，忽略了景观中秀丽和细腻的部分。还要看到，诗中所表现的‘开拓者的气概和爱国者的情怀’，追求‘个人情感和时代精神的相通’，是一种为主流意识形态或主流价值观所认可或倡导的‘大我胸襟’，那些纠结于日常生活的琐细而平常的‘小我情怀’，被有意识地舍弃了。这种忽略和舍弃一方面使得‘新边塞诗’的风格特征集中且鲜明，另一方面，这样的风格特征也显现出缺乏细腻与丰富的单一性，制约了‘新边塞诗’持续发展的疆域和潜力。”① 综合上述观点可知，就一般逻辑而言，以壮美性质的审美意识、审美风格为主，建构共性（“大我”）与个性（“小我”）统一而又最终在最高处呈现出个性的艺术境界，应该是“新边塞诗”的一个主流追求方向。对于新诗领域的“新边塞诗”而言，缺乏的是个性的开拓、艺术水平的提高，而旧体诗词领域的“新边塞诗”，如杜晓明，其作品的艺术性，就一个文本的完美程度而言，是要高于大多新诗领域的“新边塞诗”的，但由于杜晓明的“新边塞诗”在思想精神内涵方面不如前者，因此就难以呈现出以壮美为主的审美意识、审美风格。

四

其实，不仅仅是“新边塞诗”，进入 20 世纪以后，中国的诗歌（无论是新诗还是旧体诗）的发展都面临着极大的困境，迄今仍未得到根本解决，一个不可忽视的事实是，“20 世纪以后之文艺创作主流已不以‘意境’为最高之追求”②，也即“意境”作为中国传统文艺的旧审美理想，已经不能再在最高最上的维度上指引文艺进行整体性的开拓、突破和超越，我们必须建构“意境”之上的适应、符合并能指引中国未来文艺向更高更上境界追求的新审美理想理论体系。为此，笔者在《诗词曲学谈艺录》一书中系统建构、阐释了旨在突破、超越中国传统

①高波.“新边塞诗”的历史经验[J].新疆大学学报:哲学·人文社会科学版,2010(5).

②于永森.诸二十四诗品[M].银川:阳光出版社,2014:75.

文艺旧审美理想“意境”理论的新审美理想理论体系“神味”说理论，并延展到所有文体领域，其根本思路、宗旨是从批判王国维《人间词话》“境界”说的“有我之境”“无我之境”两分法的缺陷的角度入手，提出了比“无我之境”更高的第三种境界——“无我之上之有我之境”，“以‘无我之上之有我之境’出‘无我之境’之上，而以‘有我之境’‘无我之境’‘无我之上之有我之境’为文学艺术之三种境界，以‘无我之上之有我之境’为文学艺术之最高境界，所以本于性情而终之于人格境界、思想境界、精神境界，其核心则是豪放之精神，而期于儒道互补、取长补短之‘大我’之境界者也。‘神味’说本于‘意境过时论’，其根本宗旨在突破意境理论而为创新，以见后来者文学艺术之理想境界，此今之谈艺者所昧者也。由之以颠覆吾国传统文化精神、审美理想之以冲淡、消极、柔弱、出世、保守之为色彩者，而以壮美为帜，以养士之气而立其我性，突破士大夫文人文艺之以雅为根本格调，而以俗之精神为心，而尤重其心在世俗民生，以复兴吾国之文学艺术，而大其审美意识，国家、民族之运随之，终以人为最第一位之价值，则余究竟之理想也”①。在旧体诗领域，笔者以“神味”说为理论核心，撰写了《聂绀弩旧体诗研究》，对聂绀弩的旧体诗进行了全面系统的研究、阐释，指出了其诗歌艺术的最高境界已然不是“意境”，而是“神味”。② 为了方便读者系统把握“神味”说理论的内涵，笔者又将最新撰写的“神味”说理论总论简纲《“神味”说理论要义集萃》一文作为《诸二十四诗品》一书的附录③，从多个层次进行了总结性论述。而之所以要整体突破、超越“意境”这一旧审美理想，是因为“意境”的最高最上意蕴指向中国传统文化思想熏染的保守、僵化的精英阶层以雅正为主的审美趣味、审美格调，从内涵的角度来进行对比，则“意境”“神味”的内涵分别是：

①于永森.诗词曲学谈艺录[M].济南：齐鲁书社，2011：1-2.

②于永森.聂绀弩旧体诗研究[M].成都：四川大学出版社，2012：114-124.

③于永森.诸二十四诗品[M].银川：阳光出版社，2014：50-78.

以老庄哲学思想为主，以“以有限追求无限”为创构之根本方式，而以“意象”（“兴象”）为创构之最小质素、单位，一以贯之以平和、柔弱之精神，以“我”之寄托于物为核心，并综合运用有无、虚实、动静、刚柔诸二元辩证法，其最终之艺术境界之质量取决于此辩证法运用之质量（如“意象”选择及由此产生之不同创构），以求得言外之意、韵外之致，整体以优美、大雅之美为主，为中国传统文化意蕴孕育之士大夫、文人以雅正为主之格调、趣味之综合表现，以传统文化之共性征态寄托其优美高远之人生理想所造为之可复之艺术境界者，曰“意境”；“意象”“意境”提升质量之法，则老庄思想意趣之强化，而人格凸显，性情流露。无论其最小之质素、单位“意象”抑或最大最终之追求“意境”，均体现上述诸义旨也。

以儒、道两家哲学思想之补短取长、关注作意现实为理想，以“将有限（或局部）最佳化”为创构之根本方式，而以“细节”（以“九度”为质量之评衡）为创构之最小质素、单位，一以贯之以豪放之精神，以“无我之上之有我”之成就为核心，以外在无限丰富、复杂、深刻之世俗之现实世界之诸相、诸意蕴探求、表见世界、人生之本相、本质，及我性成就之矛盾、冲突、曲折、挣扎、痛苦，昭示以人为最第一之价值，而见为自我或“神味”之豪放磅礴、烂漫泼辣、淋漓尽致，整体以壮美、大俗大雅之美为主，为有志于自我成就、社会民生创新进步者思想、意识与世俗格调、趣味之综合表现，以世俗之现实世界之作为寄托、实现其人生之价值、理想或借批判而见其意，而见我性、世俗之现实世界之深闳伟美、大气磅礴之不可复之艺术境界者，曰“神味”；“细节”“神味”提升质量之法，则主体人格境界、思想境界、精神境界之提升，思想、精神之现实性是其关键，若与思想相关而见为技艺者，则“象征”（隐喻）一义整体之经营、笼罩，如此，虽“细节”而能见大，而无不意蕴、神采兼备。无论其最小之质素、单位“细节”抑或最大最终之追求“神味”，均体现上述诸义旨也。

“意境”之内涵，古今虽日益丰富，然其内涵、意蕴自唐代成熟后即无根本之改易，如王国维“境界”说者，亦但丰富之，逻辑强化之而已耳。“神味”之内涵，古今未多丰富，更无内涵、意蕴之根本改易，有之，则自“神味”说诗学理论体系始。其所谓“神”“味”“神味”，均大异于古：“夫‘神味’者，‘神’即‘传神’，即所以能表出‘味’者，此犹是古之高境，而其更进者，则个性性情之极致，主体性精神发挥之极致，作者之人格境界、思想境界、精神境界之极致，即‘无我之上之有我之境’；‘味’即‘无我之上之有我之境’中结晶之世俗民生、以俗为主之意蕴，及所表出之豪放泼辣、自信烂漫之境界、姿态，而非范温《潜溪诗眼·论韵》所言‘有余意之谓韵’之‘韵’，或风味、韵味、意味之‘味’。吾国传统诗学之‘味’论千百年来意蕴、内涵无进，乃自‘技’着眼，泛泛而论，不关乎‘大我’境界之成就也。‘大我’若不经由‘无我之上之有我之境’而至，则亦不深邃。……但能以不隔之姿态入世而及于现实世界之社会民生，积聚气、情以使我性结晶、独立而突露，便可直入于‘无我之上之有我之境’，若能具文学之才能而以表出之，达致‘将有限（或局部）最佳化’，即可至‘神味’之境界也。”①

总体来说，“神味”说理论就是要在根本上突破这种中国传统文化思想熏染下形成的以保守、僵化、平和、柔弱为品性的，以优美、雅正为主的审美意识、审美趣味，倡议创构一种以壮美为主、以大俗大

①于永森.诸二十四诗品[M].银川:阳光出版社,2014:71-72.

雅为审美意识及审美趣味的新审美理想艺术境界；从主体提升和表现的角度，以“无我之上之有我之境”突破、超越“无我之境”，在最高最上的艺术境界之中重新肯定自我、个性、思想、精神的意蕴，为自我、个性之文学提供理论支持；从突破以抒情诗为主的中国古代诗歌发展态势的角度，确立突破、超越“意境”审美理想的最小质素、单位为“细节”，从而改变“意境”以“意象”（“情景”）为主创构“意境”的态势，倡议以“细节”为最小质素、单位创构新的审美理想艺术境界“神味”，而“细节”和“神味”都在根本上具有“不可复”的性质：“‘神味’之本质特征为不可复，此由主体成就于世俗之现实世界各自之独特历程及其所寄寓之‘细节’之不可复所决定。‘意境’则多复而大同小异，此由‘情’‘景’易单调故也，单调之情景融合传统文化之共性、趋于固定之意蕴而成‘意象’，故‘意象’亦久之而单调，而成乏新鲜生命力之陈词滥调，唐以后之诗史足以证此；其中所浸染之传统文化之色彩，亦因趋同而易复。‘神味’之‘味’，特指‘无我之上之有我之境’经于世俗而后得者，故其性无二，寄在‘细节’，而不可复也。故‘细节’为建构‘神味’之最小元质，‘意象’为建构‘意境’之最小元质，‘神味’以‘细节’为表现之核心，‘意境’以‘意象’为表现之核心，‘细节’不可复而‘意象’可复，此两者构成要素、表现之根本区别也”①；从不同的根本思维方式的角度，即从“以有限追求无限”与“将有限（或局部）最佳化”区别角度，明辨分属于“意境”“神味”的两种不同的“大我”之境界②，从而解决了“神味”说理论体系中“大我”对“无我之境”的超越，也解决了“意境”理论根本立足的“天人合一”“物我合一”及由此衍生的“情景交融”“动静合一”“虚实互生”等艺术辩证法的不足——这种不足从新审美理想高度的角度来看是不足以为最高最上的品性的；从艺术创新和文艺史发展的角度，以“意象”和“细节”为审视对

①于永森.诸二十四诗品[M].银川：阳光出版社，2014：55.

②于永森.诗词曲学谈艺录[M].济南：齐鲁书社，2011：42-43.

象，以“意象”可复而“细节”不可复的根本性质为基础，揭示了以“意境”为最高追求的文艺在成熟之后（以诗歌为例，其成熟期为唐、宋、元代，文体的对应形态分别是诗、词、曲）即陷入重复从而失去根本上的创造创新性的道理，进而以“细节”的不可复要求作者必须强化“叙事”的力度，以“叙事”和其具体寄托形态“细节”来强化作者主体直面、介入、反映、表现现实的力度，从而也为主体自我提升到“无我之上之有我之境”提供了最根本的现实基础；从作者主体关注、表现现实的角度，规定了“细节”的质量评横标准：“由有限以求无限为量变，而寄托于情景意象；将有限（或局部）最佳化则为质变，而寄托于细节。细节者，‘神味’之灵魂也。细节之质量，以‘九度’为准衡：密度、力度、强度、深度、高度、厚度、广度、浓度、色度。故‘神味’者，非如王国维《人间词话》‘境界’之有无，而在于‘细节’所见‘九度’之程度；而‘九度’之程度，又无不缘‘无我之上之有我之境’成就之如何，其根本对应者，即无限丰富、复杂、深刻之世俗之现实世界意蕴之凝结于‘细节’，且其意蕴之愈见真假、美丑、善恶之对比、矛盾、冲突之烈者，则‘细节’之质量益佳，而‘神味’愈出。”① ……

总之，只有从更新审美理想这一具有根本意义的文化思想的角度、高度出发，中国现代以来的文艺才能取得整体的对于中国古代文学的突破，至于是否超越，那还需要持久的努力和无数经典性的作品文本，但至少在审美意识、审美趣味方面，是必须要做到超越的“先行”的。在体现“神味”说理论这一新审美理想艺术境界方面，20 世纪以后的小说表现得最为充分（当然中国古代文学的杰出作品文本已然先行，也唯有这种先行，才在根本上打破、扭转了中国传统文艺以雅正为主的态势，而向大俗大雅的方向发展，古代诗歌的主流地位也随之被打破），比如鲁迅、莫言等人的小说。而在新诗领域，除了一些极为个别的经典性作品文本（如郭沫若《凤凰涅槃》）和新时期以来的“朦胧

①于永森.诸二十四诗品[M].银川:阳光出版社,2014:55-56.

诗”及“第三代”诗人的一些杰出作品文本（如于坚《零档案》）之外，整体上尚未实现审美理想高度的“突围”——审美意识、审美趣味有所突破，但相关理论支持不够明朗，相关理论和技术手段不足以突破、超越“意境”理论的范围，新诗作品文本在整体上也缺乏普遍较高的艺术性，真正经典性的文本数量还偏少。旧体诗词领域，除了聂绀弩之外，整体仍然陷落在以“意境”为最高追求的路径里。由于北方文化及其气质、审美风貌的影响，新诗领域的“新边塞诗”在壮美审美意识方面做得不错，但其“大我”意识仍然趋于共性，缺乏个性，在主体直面、介入、反映、表现现实方面也极为欠缺——当然这种欠缺在很大程度上是由于“新边塞诗”自身限定题材内容所导致的狭隘追求引起的，其艺术性也不够经典；旧体诗词领域的“新边塞诗”如杜晓明的作品，其整体审美意识尚未突破以优美为主的束缚，在根本上也仍然以“意境”为最高的追求，同样也欠缺主体直面、介入、反映、表现现实的品性，这种情况说明，杜晓明的“新边塞诗”尚未在整体的文化层次真正对接宁夏地区独特而丰富的边塞文化。类似这些问题，都能从笔者的“神味”说理论得到解释和解决的办法。而在重新树立中华民族以“壮美”为主要特色的审美意识、审美风格，更新审美理想的历史进程之中，作为边塞文化一个富有典型性的地域，宁夏应该而且有能力做出更好更大的贡献。

晚唐五代小说集的文体特色

——以皇甫枚《三水小牍》等为例

杨立琼[①]

摘　要：唐代对小说的文体界定和自觉创作是从晚唐开始的，在众多晚唐五代小说集中可以频繁地看到“一书而兼二体”的现象，即小说家们几乎是同时在进行笔记小说和传奇小说的创作，在作品结集时也是统而收之、不分彼此。《三水小牍》是其中的突出代表。形成此特点的原因与传奇小说、笔记小说各自的发展历程，以及晚唐五代特殊的政治环境等因素有关。

关键词：晚唐五代　小说集　《三水小牍》　文体特色　“一书二体”

清代，纪昀曾批评蒲松龄的《聊斋志异》“一书而兼二体”[②]，这在无意中揭示了中国古代文言小说集的一个共同特点，即古代文言小说作品集在文体划分上并不尽如后世般泾渭分明。早于《聊斋志异》

---

①杨立琼(1983—　)，女，宁夏固原人，文学硕士，宁夏师范学院文学院讲师，主要研究方向为中国古代通俗文学、明清文学。

基金项目：2014年度宁夏高等学校科研项目“皇甫枚《三水小牍》文体研究”(宁教高〔2014〕222号)。

②纪昀.阅微草堂笔记[M].天津：天津古籍出版社，1994：469.

几个世纪的晚唐五代时期，以皇甫枚[①]《三水小牍》等为代表的文言小说作品集已经反映出了这一情况，在这一时期，小说的结集往往是兼收笔记小说和传奇小说为一家。

小说文体的界定经过了漫长的时间，许多今人耳熟能详的文体概念多为后世研究者所勘定沿用，在唐传奇等作品问世、流行的当时是没有明确的概念的。笔记小说发端悠久，它的驳杂性、纪实性、篇幅短小、叙事简单等特征在有唐一代应该已经得到了较为统一的认识，其作品数量也是极为可观的。上海古籍出版社编选的《唐五代笔记小说大观》将“一切用文言写的志怪、传奇、杂录、琐闻、传记、随笔之类的著作”统称为“笔记小说”[②]，这其中除了“传奇”有待商榷外，其他题材归于笔记小说门下是符合事实的。

传奇小说自中唐即取得了非常高的艺术成就，而传奇小说文体的得名一般认为是出自裴铏的《传奇》。裴铏生卒年不详，参考《全唐文》等可知其人是唐懿宗、僖宗时期人，唐懿宗、僖宗统治时期界定为“晚唐”当无疑问，那么即可判定裴铏及其《传奇》是晚唐时期的作家、作品。后人因《传奇》的成功将同类作品称为“传奇”，可知，唐代对于传奇小说的文体界定和自觉创作是从晚唐开始的。

在众多晚唐五代小说中可以频繁地看到上文提到的“一书而兼二体”现象，小说家们几乎是同时在进行笔记小说和传奇小说的创作，在作品结集时也是统而收之、不分彼此。《三水小牍》亦不例外。

①皇甫枚原籍安定郡朝那(音 zhu nuo)县，即今宁夏固原市彭阳县古城，属于西北著名的皇甫家族。皇甫家族自汉代即扬名于世，晋代开始逐渐迁居新安(今河南新安县)，以后的活动主要都在中原。沿袭至皇甫枚辈，家族已不复往日荣耀，皇甫枚本人长期生活在今河南、山西一带，唐亡后不接受新朝，以遗民自居。小说集取名“三水”，作者自称“三水人”，当是出于对故园的凭吊，即所谓“凭寄还乡梦，殷勤入故园”之意。详情参见笔者论文《〈三水小牍〉：晚唐五代小说佳品》，刊载于《宁夏师范学院学报》2015 年第 5 期，第 18-22 页。

②上海古籍出版社编.唐五代笔记小说大观[M].上海：上海古籍出版社，2000.3.

一、“一书而兼二体”的晚唐五代小说

第一类，以笔记小说为主，兼及传奇小说。

这一类作品集的主要代表是皇甫枚的《三水小牍》。

皇甫枚是晚唐五代文人，生卒年、生平经历均不见于史书，结合《三水小牍》中一些小说自叙行迹，大略可知其人生活于唐末中原一带，家业等在唐末战乱中被毁，唐亡后不承认新朝，以遗民自居。

《三水小牍》兼收笔记小说和传奇小说，且都取得了比较高的成就。笔记小说如《埋蚕得祸》一般被认为反映了蚕桑业在晚唐的发展状况；《永福湖水变血》写的是咸通年间崔彦真为庞勋所杀事；《董汉勋宴阵没同僚》是乾符三年、四年（876—877 年）事；《陈璠临刑赋诗》中陈璠是唐僖宗时沛的副将；等等①。笔记小说或者对时事有所反映，或者夹叙夹议，这种重纪实的文风是比较独特的，对后来的宋代小说产生了一定影响。

《三水小牍》为后世推重的主要是《非烟传》《鱼玄机》《却要》《王知古》等几篇传奇小说。其中又以《非烟传》文采出众、情节委婉，尤为后世激赏，认为此篇继承和发扬了中唐传奇的风格。

类似作品集还有薛用弱《集异记》、孙棨《北里志》、孟棨《本事诗》、高彦休《唐阙史》、康骈《剧谈录》等。

孙棨的《北里志》是一部记载士子与名妓交往的小说集，以笔记小说为主，其中《王团儿》和《张住住》两篇实为传奇。后者文辞生动，人物性格鲜明，充满了市井气息。《王团儿》则思想深刻、引人发思。

《王团儿》中女主人公福娘身世悲惨，沦入青楼后与作者结识，诗词唱酬频繁，后主动示爱于作者，但作者题诗辞谢：“泥中莲子虽无

①李剑国.唐五代传奇志怪叙录[M].天津:南开大学出版社,1993:963-973.

染，移入家园未得无。”[①] 此诗句颇能说明唐代士子与青楼女子相交的真实态度。唐传奇中不少作品描写士子与妓女的恋爱婚姻，既有李娃这样凤冠霞帔功成名就的少数幸运女子，也有如霍小玉般悲剧收场的案例，且后者更为普遍[②]。《王团儿》中“予”虽同情福娘身世，但也对彼此社会地位的差别有着清醒的认识，所以拒绝福娘是符合时代背景和事实逻辑的选择。摒除了李娃、霍小玉等故事中强烈的戏剧性，福娘的遭遇才是比较真实的、具有代表性的青楼女子的命运写照。

《唐阙史·卷下》之《韦进士见亡妓》文后，作者有一段议论文字：

> 参廖子曰：大凡人之情，鲜不惑者。淫声艳色，惑人之深者也。是以夏姬灭陈，西施破吴，汉武文成之溺，明皇马嵬之惑，大亦丧国，小能亡躯，由是老子目盲耳聋之诫，宜置于座右。[③]

这番感慨与皇甫枚在《非烟传》文后发的议论十分相近。

> 三水人曰：噫，艳冶之貌，则代有之矣，诘朗之操，则人鲜闻乎。故士矜才则德薄，女炫色则情私。若能如执盈，如临深，则皆为端士淑女矣。非烟之罪虽不可逭，察其心，亦可悲矣。[④]

这两篇小说都叙写爱情，塑造了亡妓和非烟两个悲剧女子形象，但作者的本意不是歌咏爱情，而是提出戒色的观点。两篇小说在文后不约而同地指出：女色大可误国小可误身，君子应当以此为戒！究其

①上海古籍出版社编.唐五代笔记小说大观[M].上海：上海古籍出版社，2000：1414.
②李剑国辑校.唐五代传奇集[M].北京：中华书局，2015.
③李时人编校.全唐五代小说[M].北京：中华书局，2014：2569.
④李时人编校.全唐五代小说[M].北京：中华书局，2014：2373.

原因，恐怕与晚唐五代儒林萧瑟、士风不振的困局脱不了干系，提升士子的责任感在古代总是免不了先从禁欲、修身做起。

第二类，以传奇小说为主，兼及笔记小说。

此类代表作主要是裴铏的《传奇》。

《传奇》三卷，裴铏撰。据《全唐五代小说》，共收文 34 篇，全部为传奇小说；《唐五代笔记小说大观》则收录 31 篇传奇小说，并据《四库全书》补入两篇：《金钗玉龟》和《红拂妓》①。补入的这两篇小说都是笔记小说。

《传奇》是中国小说史中地位颇高的一部作品集。传奇小说得名即据此书。其中反映剑侠的《昆仑奴》《聂隐娘》等故事具有比较高的艺术水准，对晚唐藩镇割据的状况有所暴露。《裴航》《沈德璘》等小说描写人神恋，情节跌宕起伏，颇有趣味。

陈丽荣在《浅谈唐传奇衰落时期的结构特色》一文中专门对晚唐五代的文言小说集的结构特色做了梳理，指出："这些作品向六朝志人志怪小说靠拢，谈鬼志怪倾向十分明显，作品中神仙鬼怪精魅形象增多。在艺术成就上，除少数优秀篇章，如《三水小牍·飞烟传》《三水小牍·王知古》等，仍能继承唐传奇的创作传统外，大多数作品结构零散，故事性不强，篇幅短小，甚至一些类似六朝志人志怪小说'丛残小语'般的作品也重新出现，如《三水小牍·蛇鼠斗》一文，全文只有五十五个字。传奇的情节特点在这类作品中已不复存在，没有什么艺术价值可言。它们的艺术成就与繁盛时期的唐传奇更不可同日而语。"② 此文所提出的"结构零散，故事性不强，篇幅短小"正是笔记小说的文体特点，这也从侧面印证了本文所提出的晚唐五代小说集的"一书而兼二体"的特点。

---

①《全唐五代小说》收录了《杨通幽》(第 2267 页)和《虬髯客传》(第 2190 页)，篇名不同，题材相同。

②陈丽荣.浅谈唐传奇衰落时期的结构特色[J]，沧桑，2009(3)：218-219.

二、晚唐五代小说“一书而兼二体”的原因

首先，对笔记小说实录价值的继承和开拓。

笔记小说是中国古代小说最早、最普遍的形式，经过漫长岁月、诸多作家的打磨，它已具备了篇幅短小、涉猎广泛、内容繁杂的文体特点。然而必须得承认，对于笔记小说独立的文体特性和价值的判定，在整个中国古代并没有得到一致的认识，时至今日，对笔记小说文体的研究依然比较热门即证明了这一点。

晚唐五代的笔记小说既有近乎魏晋残丛小语的寥寥数语，也有相对较完整的故事，只是表述方式不求工巧，很多时候反映了文人对时事的关注和思考。

其次，晚唐五代的小说创作受到了唐代中期传奇创作的影响。

传奇小说兴盛于中唐，以叙事婉转、文辞华艳为特点。传奇小说的兴盛与唐代的科举制度是有关系的。宋代赵彦卫《云麓漫钞·卷八》中谈到：“唐之举人，先籍当世显人，以姓名达之主司，然后以所业投献，逾数日又投，谓之温卷。如《幽怪录》《传奇》等皆是也。盖此等文备众体，可以见史才、诗笔、议论。”①当代学者吴怀东、余恕诚进一步指出：“我们不必拘泥于赵彦卫原话之字面意思，单纯关注小说行文中的诗歌或诗句本身；换言之，我们既要注意传奇小说叙事中诗歌的直接使用，更应该注意诗歌或文学精神的内在渗透。”② 小说若是作为诗才之外的本领炫技，那么作家努力将故事叙述得婉转华丽便是自然而然的追求，否则不能凸显“才”，小说创作的意义便打了折扣。但小说若只是“炫技”未免显得轻浮，唐代中期大量传奇小说反映了复杂的社会问题即证明小说家们的眼光并不短浅，如《霍小玉传》中门阀制度造成的婚姻悲剧、《柳氏传》中战乱造成的百姓流离失所等。

---

①(宋)赵彦卫.云麓漫钞[M].北京:中华书局,1996:135.

②吴怀东,余恕诚. 文·史互动与唐传奇的文体生成[J],文史哲,2010(3).

传奇小说发展到晚唐五代，虽时局已发生变化，但文学作品体察世情、关注民生的精神不会发生断裂，故而此期出现《非烟传》等优秀传奇并不突兀。小说家们在将作品结集时也会出现将优秀笔记小说与传奇小说混杂的情况。

再次，文人普遍受到政治动荡的影响和冲击。

晚唐五代的政治特征是中央衰微、地方割据，国家由苟延残喘进而堕落至四分五裂，新兴的大小政权普遍持续不久。对于老百姓而言，流离失所，朝不保夕；对于文人而言，此时没有稳定的生活和可以期待的仕途经济。反映在文学创作上，晚唐五代整体的文风不振，弥漫着消极、悲观的色彩，传统诗文和小说均显现颓势，但与此同时，文人们借刀笔针砭时弊、抒发愤懑。

通观晚唐五代小说，批判宦官乱政、朝廷腐败，反映军阀拥兵自重、百姓苦不堪言的作品比比皆是。如《三水小牍》之《王知古》《宋柔》等篇目。裴铏《传奇》之《聂隐娘》，袁郊《甘泽谣》之《红线》则将希望寄托在“剑侠”身上，匡扶庙堂的责任转为对江湖豪侠的期待，这未尝不是一种对现实的无奈屈服。

唐代宗教势力强大且几成逆流，这一点在晚唐五代小说中也有所反映。如《三水小牍》中有数十篇笔记小说是反映佛教、道教等宗教题材的，但作者对佛道二教的态度都比较克制，既没有宣扬求仙求佛，也没有全然否定宗教影响。如《王表》这篇小说，作者借佛教的因果报应给了作恶的官僚以严惩，但因之冤死的人也好、马也好并没有得到作者任何的安慰——通常我们会在古典戏剧中看到类似故事中承受冤屈的人得到转生富家或进入仙班之类的安慰——可见此文批判时弊、暴露问题才是目的，佛教的因果报应不过是载体，作者并没有被宗教所麻醉。这类小说的时代特色和政治倾向都很分明，十分犀利。

综上，晚唐五代小说文人处于特殊的政治环境中，此时，求取功名的路已不似前代通畅，安史之乱又导致文人的进取心普遍消退，加之唐末改朝换代、国破家亡的现实遭遇，小说作家更多地将注意力放在了对现实生活的记录和思考中。较之中唐文人多撰写传奇小说以炫技或投石问路，笔记小说这种短小精炼的文体更易得到晚唐五代文人的青睐。而传奇小说的技巧已成熟，作家似乎也无主动排斥此文体的道理，所以出现“一书而兼二体”的《三水小牍》等作品集便显得顺理成章。

后 记

《固原历史文化研究》已经出版了三辑，前三辑是对已经公开发表论文的整理与收集，荟萃了近三十年固原历史文化研究的优秀之作，为学者研究固原的政治军事地理、历史文化古迹与语言民俗艺术等提供了珍贵的学术资料。

即将与读者见面的第四辑，有几处新颖之处：一是收编的论文均为没有公开发表的原创文章，呈现出固原历史文化研究的最新动态。二是在栏目设置上，增设区域文化研究的热点问题，设有专栏“村落文化研究”，反映了学者对固原古村落保护与利用的现状调查与对策研究。三是开掘出新的学术生长点。民俗是固原文化研究的薄弱点，可喜的是，朱进国教授将其国家社科基金项目“六盘山地区春官词研究”的阶段性成果惠投本辑，使读者足不出户即可了解固原民俗文化中春官表演的形式与内容之美。四是从作者群体看，既有“老帅”，也有“新兵”。薛正昌、佘贵孝等固原历史文化研究的拓荒者依然笔耕不辍，引领本领域的研究。中青年学者高顺斌、安正发、苏文宝、赵红芳、马俊杰、于永森、单侠等从不同角度介入固原文化的研究，有的已经形成了独特的研究风格，有的正在成长发展。随着他们对固原历史文化研究的深入，相信会有更多更好的成果推出，而《固原历史文化研究》将是他们成果展示的“后花园”。

《固原历史文化研究》原创文章的征编工作刚刚起步，在诸多方面都有待于改进、完善，我们真诚地期待读者的批评指正。我们也期望区内外更多的有识之士关注固原这片底蕴丰厚的土地、关注固原历史文化的研究，帮助我们做好专辑，为固原的发展尽一份绵薄之力。

《固原历史文化研究》（第四辑）是自治区人文社科重点研究基地固原历史文化研究中心的成果之一，本辑能够顺利出版，得益于多方面的支持与努力。首先，要感谢每一位向本辑投稿的作者，是诸位不吝赐稿，才使固原历史文化的研究丰满而充实。其次，感谢宁夏师范学院“学人文库”对本辑的资助。最后，要特别感谢本辑编辑，她编校认真负责，话不多，却用圈圈点点，使每一篇文章更臻完美。

编　者

2016 年 11 月 28 日